国家社会科学基金项目资助

中国特色行政哲学研究

王升平 著

人民出版社

目 录 / CONTENTS ▶

前　言

2016 年 5 月，习近平总书记在哲学社会科学工作座谈会上指出："要按照立足中国、借鉴国外，挖掘历史、把握当代，关怀人类、面向未来的思路，着力构建中国特色哲学社会科学，在指导思想、学科体系、学术体系、话语体系等方面充分体现中国特色、中国风格、中国气派。"① 中国特色哲学社会科学的构建，必须落实到具体学科之中，本书就是从行政哲学的视域来为中国特色哲学社会科学添砖加瓦的一种尝试。

本书的主要目的，在于从历史与现实两个维度出发，以中国行政知识与行政实践的特殊样态为基础，对中国特色行政哲学的主要内容进行初步探索，并对中国式行政哲学的主要特质进行提炼。在内容上，本书着重突出以下三个方面。

一是强调中国特色行政哲学理论与话语的总结、抽象与提炼。中国特色行政哲学理论的构建，必须从自身的理论资源、实践逻辑与理想图景出发，必须从中国智慧与中国经验出发。经过数十年的发展，中国的行政哲学研究已经取得了较为丰硕的成果，但就目前而言，从特殊性视角来挖掘中国行政学与行政哲学基础理论与基础话语的研究仍较为欠缺。本书尝

---

① 《习近平谈治国理政》第二卷，外文出版社 2017 年版，第 338 页。

试采用从特殊到一般的视角，强调从中国的行政知识与行政实践出发，来反映、提炼、抽象中国自身的行政哲学理论与行政哲学话语。这种基于中国自身特殊视角的研究，有助于体现中国式行政哲学的思维特质和理论特质，有助于提升中国行政哲学的知识增量，也有助于提升中国式行政哲学理论与中国式行政实践之间的契合性，为中国行政实践的展开与发展提供一定的理论参考。

二是尝试突出内容的体系性。本书对中国语境中的行政哲学的关注，力求多维度反映中国特色行政哲学的主要内容，做到"立足中国、借鉴国外，挖掘历史、把握当代"。在"立足中国、借鉴国外"维度上，本书既探究了中西方行政理论交融与转化的内在逻辑，又对中西方行政理论与实践进行了行政哲学层面的比较，以凸显中国式行政哲学的内在特质；在"挖掘历史"维度上，本书以儒家、道家、法家等传统思想流派为基础，既具体探究不同流派之行政哲学思想的主要内容及其内在逻辑，又注重从传统行政哲学发展的总体脉络出发，考察中国传统行政哲学的总体特质与当代价值；在"把握当代"维度上，本书既考察了马克思主义行政哲学的主要内容，也对中国改革开放以来的行政实践进行了哲学层面的理论抽象与反思。当然，本书对中国特色行政哲学的体系化挖掘与构建，并不求面面俱到，也不求实现体系的完整性，而在于从中国式行政理论与实践所涉及的重点和核心议题出发，兼顾议题的前沿性、研究的深度性和内容的综合性。

三是综合行政知识与行政生活两个视角。行政知识的视角，主要关注的是行政知识与行政理论的内容、形态及其发展、转化问题，在本书中，其主要通过对传统与现代行政知识、行政理论进行哲学层面的梳理与反思而实现。例如，在对传统行政哲学的探究上，本书主要是从儒家、道家、法家等思想流派所构建的行政知识与理论这一维度，而非基于经验性的历史事实而展开的。这是因为，传统的行政知识与理论虽然体现了思想家个体的价值偏好，具有一定的主观性或理想性，但从总体上看，这些流派的思想都是从传统政治生态、行政实践及社会文化环境中生发出来的，其对传统行政实践产生了深远的影响，并构成了中国传统行政生活的精神内核与思想依据。因而，对这些思想流派的研究，不仅能反映中国传统行政哲学的理论特质，也能大体反映中国传统行政实践的哲学内涵。在现代意义上，本书对行政知识与行政理论的反思，主要是围绕对中国式行政知识的生产、不同行政知识体系的交融与转化的反思而展开的，主要关注中国特色行政哲学的知识生产与行政理论中西转化中的哲学问题。而所谓行政实践的视角，则主要集中于对行政实践的哲学意蕴进行探讨，侧重于对行政实践进行理论抽象或进行模式化提炼。当然，在实际的研究过程中，行政知识的视角与行政实践的视角往往是相互交织而非绝对分开的。

　　本书共包含八章内容。其中，第一章主要从总体上探讨中国特色行政哲学的主要内涵及其构建的必要性与思路；第二章主要从宏观上对中国特色行政哲学进行本体论、价值论、认识论层面的反思，并梳理中国特色行政哲学的核心话语；第三至第七章主要考察中国特色行政哲学的主要内容。在内容上，本书主要从传统行政哲学、马克思主义及其中国化视域中的中国特色行政哲学、西方行政理论本土化视域中的中国特色行政哲学、中国行政理论与实践逻辑中的中国特色行政哲学四个维度，来对中国特色行政哲学的主要内容进行梳理与反思。第八章主要从国家治理体系与治理能力现代化、真善美、德性三个具体议题出发，来对中国行政哲学的特色进行进一步考察。值得指出的是，本书中所涉及的一些思想和议题，都具有高度的综合性，从不同的学科视角出发，可能有不同的研究思路、存在不同的理解、得出不同的研究结论。例如，就传统儒家、道家、法家思想而言，不管是哲学视角，还是政治视角或法学视角，都形成了诸多研究成果。本书对这些思想的切入，意在提供一种行政哲学视角的观察和思考，并挖掘其对于现实的行政理论建构与行政实践的意义，但这并不意味着上述传统思想就只有行政哲学的价值，或其在原初立说的过程中即仅仅只是针对行政主体或行政生活而言的。

此外，尽管本书力求在中国特色行政哲学的理论构建上开展一些尝试性、探索性的工作，但真正的中国特色行政哲学理论体系构建远非本书所能完成。中国特色行政哲学的理论内涵极为丰富，议题涉及极为广泛，需要经过长期的探究与知识积累。本书与其说是一种体系化探索，不如说是个人对于中国特色行政哲学相关话题的一点思考或见解。如果本书能为学界相关研究的进一步推进提供一点思路、为行政实践的发展提供一点理论参考，并能获得学界对本书相关内容的大力匡正，则已是荣幸之至。

王升平

2020 年 8 月于广州

第一章

行政哲学的内涵及其本土化诉求

第一节　行政哲学与中国特色行政哲学

一、行政哲学研究的兴起与发展

在行政哲学的视域中，行政是基于一定的价值理念，以政府等公共组织为物质承担者，以政府权力为基础，以一定的目标追求为前提而展开的"自我完善与控制"[①]、社会引导与服务等实践。作为一种权威性、意向性存在，行政在现实实践中主要表现为政府等公共组织为实现一定的公共目标而运用公共权力、调动社会资源，通过行政计划、行政组织、行政决策、行政执行、参与吸纳、资源供给等活动而实施的领导、控制、管理和服务等行为。

作为一种权威性实践活动，行政伴随着政治性实体及国家的产生而产生，有着十分悠久的历史。在不同的历史时空条件下，思想家与实践

---

① 何颖：《行政哲学研究》，学习出版社 2011 年版，第 2 页。

者们就如何实现有效的治理①进行了深入而持续的反思，形成了丰富的行政思想与论述，这些思想与论述构成了行政学与行政哲学的丰富宝藏，为行政学及行政哲学研究的深化、行政实践的持续发展提供了重要的基础。但是，必须指出的是，在行政学作为一门学科从政治学中分离出来之前，关于行政与行政哲学的思想，都是较为零散而不系统的。行政学是一个现代范畴，学界一般认为，其起源于美国前总统、行政学家威尔逊（Thomas Woodrow Wilson）在 1887 年发表的《行政学研究》一文中所提出的政治与行政两分法，至今不过一百三十余年的历史。一百多年来，行政学在理论与实践的进步中不断发展，形成了诸多理论分支，基本完成了行政学的学科体系构建。行政哲学正是行政学学科体系的重要构成之一。

从历时态视角来看，行政哲学作为行政学的分支，萌芽于 20 世纪中期。此前，行政哲学之所以并未受到学界的广泛关注和重视，主要有如下两个方面的原因。一是受西方学界对行政的执行性、技术性的原初性定位的影响。在这一原初定位的影响下，学界一般认为，对于价值、原理、原则、规律、逻辑等宏观性问题的关注与探究属于政治实践与政治学的范畴，对于行政而言，其在实践层面上只需高效地执行政治指令，在理论层面上只需关注如何更好地实施主体激励以提升行政效率，效率成为行政理论与实践所追求的核心价值。二是受西方学界当时流行的实用主义与行为主义

---

① 本书所涉及的"治理"概念，并不完全是从现代西方意义上来理解的。西方近些年来的治理理论关注的是主体的多元化及其协作、强调政府在治理实践中的功能弱化，符合这样的精神与价值要求的实践在传统社会中虽然可能存在，但其很少是有意识的、自为式的。因此，本书中的"治理"，除第六章所涉及的特定意义之外，一般指的是一种更为宽泛或本土性的理解。在传统意义上，其主要指的是一种围绕行政权力而展开的秩序构建、管理和统治实践；而在现代意义上，其主要是一种由政府等不同主体所推进的秩序构建和公共产品、公共服务供给实践的总和。

思潮等的影响。实用主义强调价值与理论的实际效果，强调现实实践、行动与现实效用，一定程度上否定了抽象的理论思辨与价值争论的认识论意义。在实用主义认识论的指引下，行政学研究更为关注的是现实行政问题的具体解决方案或行政理论对于政府行政行为的指导意义，而非形成完整的理论解释或宏观层面的价值引导。行为主义则主张用客观的、实验的、实证的、定量的方法来研究人的行为，这使得科学化成为行政学界的主流追求，而宏观层面的哲学与文化研究则被认为是非科学的、于现实实践无益的，从而为人们所弃置或忽视。自 20 世纪中叶起，随着西方学界对行为主义的持续反思与批判，关于伦理、价值等问题的研究逐渐再次成为学界关注的重点，这为行政哲学的兴起与发展提供了良好的契机与学术环境。

20 世纪中叶西方学界对行为主义的反思，在政治学与行政学领域都有着明显的表现。在政治学领域，20 世纪 60 年代，在戴维·伊斯顿（David Easton）等人的倡导和推动下，后行为主义政治学逐渐兴起。后行为主义政治学对行为主义政治学的价值中立主张提出了质疑，对行为主义政治学过于注重研究方法的倾向进行了反思，明确提出政治学研究应关注目标、价值、道德等规范性问题。在政治哲学研究方面，法兰克福学派的阿多诺（Theodor Wiesengrund Adorno）、马尔库塞（Herbert Marcuse）、哈贝马斯（Jürgen Habermas）等对现代工业社会及实证主义的社会科学研究等进行了激烈的批判，为行政学研究对价值问题的关注提供了一定的启示；此外，从保守主义立场出发的列奥·施特劳斯（Leo Strauss）等学者对现代性及现代政治哲学进行了哲学层面的批判，认为现代西方的危机根源于政治学的科学化、理性的自负及对宏观价值问题的忽视等倾向所导致的政治哲学危机，其使得西方不再确信自己的目标，人们不知道该要什么，不知道什么是对的、什么是错的。① 施特劳斯主张回归古希腊传统，从古典政治哲学中去寻求化解现代政治哲学危机的方法。罗尔斯（John Bordley Rawls）等学者则从为政治实践确立正义的基本原则出发，从伦理学与哲学层面提出了正义二原则，其抽象的理论思辨和严密的思维逻辑，为政治哲学与政治伦理的研究提供了典范。在行政学领域，20世纪中叶以来，对行政价值等宏观问题的关注也逐渐被提上日程。早在20世纪40年代，沃尔多（Dwight Waldo）就在《行政国家》一书中探讨了美国公共行政学的政治理论或政治哲学渊源，其对美好生活、行动准则、谁应统治、权力分立、集权与分权等宏观议题进行了梳理，在效率问题上，其认为效率是具有道德意义的，效率的描述性或客观的含义，只有在一个被有意识地坚持的价值框架里，才是有效的和有用的。② 马歇尔·迪马克（Marshall Dimock）在20世纪50年代提出，行政学不仅是科学、是艺术，也是哲学，他尝试将组织目标与个人目标相结合，将客观事实与社会价值、个人发展等因素相结合，为行政哲学研究的推进作出了重要贡献。③

20世纪中后期以来，西方的行政哲学研究得以持续推进，经过数十年的发展，已取得了较为丰硕的成果。例如，沃尔多、弗里德里克森（H. George Frederickson）、全钟燮（Jong S. Jun）、登哈特（Robert B. Denhardt）等学者从行政价值反思的进路出发，对公共行政领域的新价值进行了挖掘，推进了行政理论工作者及实践主体对于行政价值的认知转型；全钟燮、赫梅尔（Ralph P. Hummel）等学者围绕行政哲学的内

① Leo Strauss, "What is Political Philosophy", *The Journal of Politics*, 1957, p.3.
② ［美］德怀特·沃尔多：《行政国家：美国公共行政的政治理论研究》，颜昌武译，中央编译出版社2017年版，第250页。
③ Marshall Dimock, *Philosophy of Administration*, New York: New York University Press, 1957.

涵、必要性等议题进行了深入探讨，为人们形成对行政哲学的正确认知、促进行政哲学学科的发展提供了一定的知识支撑；特里·库珀（Telly L. Cooper）、罗尔（John A. Rohr）、马国泉（Stephen K. Ma）等学者从伦理的研究进路出发，对公共责任、美国行政伦理的运行逻辑、伦理管理与规制等问题进行了探讨，加深了人们对于行政体系中的伦理类型、伦理冲突、伦理交往关系等问题的理解，拓展了行政哲学研究的领域；福克斯（Charles J. Fox）、米勒（Hugh T. Miller）、法默尔（David John Farmer）等学者则从后现代公共行政的思维进路出发，对官僚制、传统民主模式和行政话语进行了深刻反思，并对后现代的行政方式、行政思维方法等进行了学理层面的系统构设，具有较强的理论启发意义。

在国内，关于行政哲学的零散研究大体始于 20 世纪 80 年代中后期，而形成较为系统的学科体系则始于 20 世纪 90 年代末。经过多年的努力和尝试，目前国内学界也取得了一些具有启发意义和理论深度的成果。例如，在一般性行政哲学理论体系的构建方面，形成了颜佳华的《行政哲学论》（1998）、《行政哲学研究》（2009），张康之的《公共行政中的哲学与伦理》（2004），何颖的《行政哲学研究》（2011），姜键的《行政哲学学科体系研究》（2012）等一大批成果，其对行政哲学的概念、研究对象、具体议题、构建路径、行政价值、行政方法论等进行了宏观层面的探讨，推进了行政哲学在中国的发展。在行政伦理及行政价值研究方面，张康之、何颖、刘祖云、王伟、李建华、陈世香、张乾友、李传军、李文良等学者都做了大量工作，他们或对行政伦理与行政价值的一般性问题进行了深入反思，或编撰教材、集前人成果之大成，为行政哲学学科体系的充实与传播提供了良好的基础。在中国本土行政学及行政哲学的推进路径、研究对象等的反思性考察上，芮国强、刘鹏、孔繁斌等学者都给予了关注，其或主张将中层理论的本土化作为推进行政学理论体系本土化的切入点①；或主张加强对本土行政概念体系的梳理、构建包括行政学元理论和中层理论在内的学科体系②；或主张行政哲学要绕开行政哲学元理论的空泛讨论，而尝试"以哲学化的途径研究行政管理，亦即对行政管理学学科开展哲学化的思考"，关注"中国行政管理学的'身份危机'""公共性理论""方法论意识的觉醒""中国行政学理论及构建服务型政府"等题域，推进本土行政哲学研究的发展③，为中国特色行政哲学的构建提供了思路。总体而言，国内对行政哲学问题的研究虽然成果丰硕，但在理论的深度、广度和体系性上，都还存在着较大的发展空间，亟待进一步推进。

二、行政哲学与中国特色行政哲学的内涵

关于行政哲学的内涵，目前学界尚未形成统一的理解。在迪马克那里，行政哲学主要是一种关于行政的目标与价值等问题的思考，其关注好的政策和好的技术④，关注忠诚的美德和诚实、热情、羞耻以及所有一切有利于高效、满意服务所必备的美德和行为品质⑤。全钟燮认为，行政哲学关注公共行政中的概念性问题的研究，其以公共利益为基本追寻，着力于对习惯性的、非反思性的、常规性的、无目的的管理实践提出挑战，并

---

① 芮国强：《行政学本土化：理论与方法》，人民出版社 2013 年版。

② 刘鹏：《中国公共行政学：反思背景下的本土化路径研究》，《中国人民大学学报》2013 年第 3 期。

③ 孔繁斌：《中国行政哲学研究：主要议题析论》，《理论与改革》2012 年第 2 期。

④ Marshall Dimock, *Philosophy of Administration*, New York: New York University Press, 1957.

⑤ John M. Gaus, Leonard D. White and Marshall E. Dimock, *The Frontiers of Public Administration*, Chicago: University of Chicago Press, 1936.

对改善人类活动和民主共同体的建设提供视角。① 在全钟燮看来，推进行政哲学研究，不仅有助于理论进步、基本知识的增长，也有助于提升人们对制度和价值问题的理解。克里斯托弗·胡德（Christopher Hood）与米歇尔·杰克逊（Micheal Jackson）认为，行政哲学是指"从合理性角度把一组行政学说前后一致地结合在一起。前后一致意味着这些学说之间形成一种逻辑结构，并反映出特定的价值观倾向"②。在国内，关于行政哲学的内涵，也形成了不同的观点。如张康之认为，行政哲学是"关于行政管理的哲学，是较高层次的行政学理论和学科""行政哲学从一般哲学那里撷取的是基本观点和方法，思考的是行政管理的具体问题，所要概括和总结的是行政管理的规律，所要确定的是公共行政的性质，所要分析的是行政行为体系的构成和目标指向，所要解决的是公共行政制度和体制层面的问题，所要塑造的是政府模式"③。芮国强和乔耀章认为，"行政哲学是关于行政观的学问，是人们基于行政实践而对行政本质以及行政科学发展进程进行考察和反思的相关知识的概括和总结"④，芮国强和谢玉平指出，"行政哲学是对行政本质以及行政科学发展进程进行考察和反思的哲学"⑤，它既关注对行政实践的反思，也关注对行政科学发展的反思。何颖认为，行政哲学是对"人类行政活动过程本质与规律的认识的反思，即行政哲学是

①　Jong S. Jun, "What is Philosophy of Administration?", *Administrative Theory & Praxis*, 1993, p.1.

②　Christopher Hood, Micheal Jackson, *Administration Argument*, Hants, Vermont: Dartmouth Publishing Group, 1991, pp.12-15. 转引自朱德米：《行政哲学与管理实践：转型中的公共行政理论》，郭济编：《行政哲学导论》，黑龙江人民出版社 2004 年版，第 92 页。

③　张康之：《发展行政学要重视加强行政哲学研究》，《中国行政管理》2003 年第 1 期。

④　芮国强、乔耀章：《行政哲学：研究对象与基本问题》，《北京行政学院学报》2003 年第 5 期。

⑤　芮国强、谢玉平：《行政哲学研究的两个主题》，《江苏行政学院学报》2002 年第 4 期。

对一定的行政理念、行政认识的反思"①。颜佳华认为，行政哲学是对行政
生活的哲学反思，"行政哲学通过对现实行政生活的反思，要构建关于行
政生活的真的理念、美的理念与善的理念，引导行政生活达到真善美统一
的境界"②。

笔者认为，行政哲学是对行政生活及行政知识的哲学反思。行政哲
学既要反思以行政的实践领域为核心的行政生活，考察人们的行政行为及
行政生活的内在规律；也要考察人们在行政实践基础上形成的行政思想、
行政意识及行政科学研究。作为一门部门哲学，行政哲学具有哲学的抽象
性、思辨性和反思性，它要通过对行政生活及行政知识的反思，来挖掘行
政现象背后的内在规律，探究行政价值、行政意识、行政思想生成的内在
逻辑，从而为行政生活的完善、行政知识的提升提供理论依据和方向指
引。行政哲学关注的重点论域包括行政生活及行政知识的本体论、价值
论、认识论等。

行政哲学既要关注行政实践与行政知识的一般性问题，也要关注行
政实践与行政知识的特殊性问题。所谓行政实践与行政知识的一般性问
题，是指行政实践的一般性原理或行政知识的一般性规律。所谓行政实
践的特殊性问题，是指在特殊的行政实践及行政知识环境中所形成的对
行政实践规律与行政知识发展逻辑的特殊理解。这种理解，既可能是人
们在知识探究和获取的过程中由于认识的习惯性、倾向性或局限性而无
意中生成的，也可能是人们在推进和构建特殊的行政哲学体系的过程中
有意为之的。但无论是哪种方式，其都有可能反映了行政实践与行政知
识的某一方面的真理或为一般性真理的探究提供了一系列有效的思考和

认识路径。从现实的行政实践与行政知识生长逻辑来看，行政哲学的特殊性，主要根源于两个方面：一是实践本身的特殊性。行政哲学以行政生活与行政实践为探究对象，行政生活与行政实践的特殊性，意味着以特殊的行政实践为基点而展开的行政哲学研究，也会呈现出一定的特殊性。二是认识视角的特殊性。从不同的视角来观察同样的行政实践与行政知识，可能会获得不同的行政哲学样态。如从本体论视角来观察，所得出的可能是关于行政本质的思考；而从价值论的视角来观察，则可能会获得有关行政价值的规律性认识。这些思考和认识，都可能是反映行政规律的正确结论，它体现的是行政生活与行政知识本身的复杂性。从根本上看，决定行政实践及行政认识视角的特殊性的，有可能是历史发展的阶段、文化环境的差异、行政认识的整体水平等，总体而言，其都属于实践与认识的范畴。

中国特色行政哲学正是一种特殊样态的行政哲学，它是基于对中国特殊的行政实践与中国特色化的行政知识的反思而形成的行政哲学。中国特色行政哲学既要关注对中国行政实践与行政知识的传统资源的哲学化梳理，也要关注对现实的中国行政实践及行政知识的哲学性考察，其目的在于挖掘中国行政实践与行政知识的特殊性，从而为行政实践、行政知识的规律认知与逻辑把握提供一种不同的视角，为一般性的行政实践、行政知识的掌握提供思路与借鉴。本书所尝试进行的，就是对中国特殊样态的行政哲学进行初步的体系化构建。本书将从中国的内生性视角出发，以中国特色化的行政哲学基础理论、核心话语的梳理、构建与阐释为切入点，以中国行政哲学主要特征的提炼为基本目标，重点对中国传统行政哲学思想的内容及其特质进行梳理、对现代行政实践与行政哲学思想进行抽象与反思、对中西方行政哲学思想开展比较研究，从而推动中国特色行政哲学理论研究的系统化。

第二节　推进中国特色行政哲学体系
构建的必要性与思路

经过数十年的发展，中国的行政哲学研究已经取得了较为丰硕的成果，这些成果无论是对于行政学理论研究的深入发展还是对于行政哲学研究的进一步推进，都提供了重要的思想资源。但目前国内的行政哲学研究还存在着一些显见的不足与欠缺。其重要的表现之一就在于，国内的行政哲学研究所关注的问题主要仍为一般性的，真正基于中国传统、中国文化、中国实践的研究成果，无论在数量、质量，还是在内容的体系性上，都存在着一些不足。以中国的智慧、文化、实践为中心，推进中国行政哲学研究的议题拓展、内容深化，挖掘中国特色化的行政哲学话语，探索中国行政哲学的理论特质，形塑中国行政哲学的理论体系，仍是摆在我们面前的重要议题。总体来看，推进中国特色行政哲学理论体系的构建，既是完善中国行政学理论体系的需要，也是全球化语境下推动中西方行政理论平等对话、促进中国行政理论与实践良性互动的需要。

一、推进中国特色行政哲学理论体系构建的必要性

（一）完善中国行政学理论体系、助推中国行政理论发展的需要

理论的直接目的在于指导实践。中国行政理论对中国特色行政实践的有效指导，以中国行政学理论基础的充分构建与完善为前提。评价中国行政学理论基础是否充分和完善，至少有科学性、独特性和体系性三条标准。其中，科学性要求行政学研究必须具备清晰的研究目标与研究思路，形成完整的方法体系，具有一定的研究深度；独特性要求行政学研究必须具备充

足的知识创新，充分考虑中国经验、中国文化、中国独特的价值诉求、中国独特的生活习惯与行政理论构设之间的关联，防止理论的非反思性模仿与借鉴；体系性则要求行政学必须具备从经验层到基础理论层的完整体系，防止学科研究的无组织化、零散化。从目前的理论发展现实来看，国内行政学界有关中国本土行政理论的研究，离上述要求仍存在一定的差距。主要表现在：首先，追赶"热点"的重复性研究偏多，具有知识增量的创新性研究偏少。知识增量是研究的首要目的，但受一些学者急功近利的心理动因及尚不完备的学术评价体系等因素的影响，一些本土化的理论尝试往往成为缺乏创新和知识增量的重复性劳动，弱化了其理论与实践价值。以早年备受关注的中国行政文化研究、本土行政价值研究、儒家行政思想研究等为例，这些主题都曾涌现过大量研究成果，但其中真正对中国行政文化，行政价值，儒家行政思想的特质、结构、因由、形态等基础性问题进行深入探究的并不多，一些成果存在着主题重复、内容重复、观点和方法缺乏突破等问题。这种知识增量上的欠缺，遮蔽了中国公共行政的深层次理论特质，也在一定程度上使得中国公共行政的独特智慧和世界性贡献隐而不彰。其次，从研究深度上看，描述性、梳理性成果居多，而注重理论提升与升华的成果较少。以学界对先秦行政思想的研究为例，目前的相关研究多侧重于介绍和梳理孔子、孟子、老子等思想家的行政思想的内容及其启发意义等，而对传统行政思想的宏观逻辑、演变主线进行细致考察，对中西方传统行政思想的观念差异及其生成根源等进行深入挖掘的较少。这种重个体、轻总体，重孤立研究、轻比较分析的思路，很容易遮蔽传统行政思想的演进规律和总体特质，也难以揭示同一思想流派在不同历史阶段的断裂与承续关系。再次，对一系列源自西方的基础理论及元理论的"问题化"[1]不够。

---

[1] 邓正来：《学术自主性与中国法学研究》，《社会科学战线》2007 年第 4 期。

从目前来看，对于一些为学界所广泛使用的基础性理论、概念、话语等，一些学者往往将其视作不可置疑的前提，而较少去质疑和反思其适用的限度及可能存在的缺陷等。这种对理论的"前反思性接受"，既限制了理论创新的可能性，也为西方的意识形态渗透与支配提供了可能。

行政学研究中上述问题的解决，都要求大力推进中国特色行政哲学研究。其一，加强中国特色行政哲学理论研究，有助于打破中国行政学研究的理论与视角瓶颈。目前行政学研究中所呈现出的重复性研究、表层化研究等问题，与中国行政学基础理论创新不够、可供运用的行政学基础理论和话语体系创新不足紧密相关，而加强行政学基础理论创新、摆脱行政学在基础理论上对西方的过度依赖，是解决上述问题的关键。这是因为，中国特色行政哲学以本土行政学基础理论和基础话语探究为目的，其有助于拓展中国行政学的分析工具、增加中国行政学研究的话语选择、拓宽中国行政学的研究思路、提升中国行政学的理论深度和体系性。其二，对中国特色行政哲学的考察，也是助推行政学理论本土化的必由之路。公共行政学的本土化首先涉及的是文化的适应和匹配问题——或者说，公共行政学的本土化，从最根本的意义上说，就是要使行政学反映中国的文化资源和哲学诉求，使其与中国的传统、惯习、思维逻辑等相配套，使其与中国人的生存智慧、中国行政系统的实践智慧相配套。而实现这种配套的前提，就是要对中国的传统、惯习、智慧等进行系统化的界定，明确其内核和体系。中国特色行政哲学正是以宏观的中国行政文化和行政生活为反思对象的，它关注中国行政生活所立基的文化环境和哲学环境、关注行政现象和行政生活背后的逻辑和理路，有助于为中国行政学研究提供一套明确的世界观和方法论，从而增强学界推进行政学本土化的理论自觉，助力行政学本土化实践的有效展开。其三，行政哲学的审思性有助于将习惯问题化，从而激发行政学人的学术创新意识。行政学的学术构建作为人类的一项实践活动，其动力既来源于人们对其内在价值的认知，也来源于人们对理想行政发展状态和现实行政发展状态之间差异的认知。而行政哲学作为一门"探索行政之真、追求行政之善、塑造行政之美"①的学问，是以行政理想状态作为其基底的，由于行政的现实状态与行政的理想状态之间总是存在着一定的张力，就使得行政哲学始终能够保持对现实的行政生活与行政学理论的适度审思。行政哲学的这种审思，正是推进行政生活不断完善的动力，也是推动行政学理论不断进步的动力。

（二）彰显行政学领域的中国智慧、推进中西方行政学平等对话的需要

全球化时代是一个知识、信息与学术高度互通的时代，这种知识、信息与学术的互通，为学科与理论的发展提供了重要的动力。20 世纪 80 年代以来，基于西方行政学理论发展较为完备而我国尚处于起步阶段的事实，对西方理论的引鉴是我国推进行政学学科快速构建的重要路径。几十年来，尽管我国在行政理论的自我创新及本土行政理论体系的构建方面做了大量工作并取得了一些成果，但到目前为止，仍没有完全改变行政学基础理论主要出自西方的现实。这在一定程度上阻碍了中国行政学与西方行政学的平等对话、阻碍了行政学领域的中国智慧与中国经验的提炼与传播，也为西方以行政理论为载体而对我国行政学进行意识形态支配、渗透提供了可能。

推进中国特色行政哲学的理论构建，对于促进行政学领域中国智慧的彰显、对于中西方行政学学术交流之对等性的实现，都具有十分重要的意义。

---

① 颜佳华：《行政哲学视野中的政府决策》，《湘潭大学学报（哲学社会科学版）》2005 年第 3 期。

　　一是有助于充实中国行政学理论的不同层次，推动中西方行政学核心理论交流的对等。根据思维方式和研究对象的不同，中国特色的行政理论大体可划分为微观理论、中观理论和哲学宏观理论三个层次。其中，微观理论主要是经验性、描述性、具体性的，它是中国特色行政理论的经验基础和素材来源；中观理论是对微观理论的抽象和升华，是介于微观理论和宏观理论之间的过渡形态；哲学宏观理论是对行政生活及行政知识的抽象化概括，它既着眼于反思行政生活，也着眼于反思行政学研究本身，其对行政学本土化进程的推进、对本土行政学核心概念的建构都具有根本性意义。一个完整的本土行政学理论体系，应是一个微观理论、中观理论和哲学宏观理论之间相互印证、相互支撑的理论集合。但是，从目前国内的情况来看，立基于中国特色行政实践及行政知识的行政哲学体系并没有完全建立起来，中国特色行政核心概念体系的建构过程也远未完成。一些致力于中国行政理论构建的学者出于对西方行政学基础理论占主导地位之现实的考虑，主张暂时搁置对中国行政哲学及行政学元理论的探讨，而以中国的行政经验及行政现实问题为基础，推进行政微观理论和中观理论的本土化，实现"经验层—中层—基础层"的理论递进。尽管这种思路因其看到了经验和实践对于理论构建的基础性意义而具有极为重要的价值，但其也可能存在如下两个方面的问题：首先，经验虽然可以为行政理论提供素材和基础，但实际上，在绝大多数情况下，行政经验本身就是在一定的行政理论的指导下展开的，因此，那些基于现实经验而总结出来的微观理论虽然在形式上可能较为新颖，但很可能仅是对那些用于指导经验和实践的原始理论的再注解，实质上并没有太多创新性可言；换言之，从经验中总结理论的做法，很容易陷入"理论—经验—理论"的无效循环，使理论的自我创新过程付诸阙如。更值得注意的是，如果用于指导实践和经验的原始理论本身就是借鉴自西方的，那么这种"经验—理论"式的行政学本土化逻辑就很可能导致从经验到理论的全面西方化，这样一来，其不但不能实现推进行政学本土化的理论初衷，反而可能导致一些行政学理论虽然披着本土化的外衣，但其实质上却反映着西方行政学的思维逻辑甚至价值理念的现象，这样的理论或将具有更大的价值风险。其次，经验层的本土化理论虽然可以作为推进行政学本土化的切入点，但如果仅限于经验的总结而不将其上升到宏观理论（基础理论）层次，则必然会导致中西方学术对话的不平等。这是因为，真正平等的中西方行政学理论对话，应是一种本土微观理论对西方微观理论、本土中观理论对西方中观理论、本土宏观理论对西方宏观理论的对话，一旦弃置或忽略了行政学宏观理论的本土化，将可能导致中西方行政学的宏观理论层面的交流变成一种西方的独白。因此，中国特色行政学理论的理想结构配比，应是一种本土的经验层理论、本土的中观理论、本土的宏观理论（基础理论）相得益彰、齐头并进的状态。其中，经验层和中观理论的本土化为行政学宏观理论的本土化提供素材和经验支撑，而行政哲学、行政学元理论的本土化则为行政经验层理论和行政中观理论提供宏观指引和理念支持。加强宏观层面的本土行政哲学构建，是推进行政学理论整体进步的关键一环，是彰显中国的行政文化优势、体现中国的行政哲学特性、实现中西方行政学理论平等对话的重要前提。

二是有助于推进行政学界对意识形态支配的自觉化反思。在全球化时代，意识形态安全成为一个核心问题。中国特色行政学理论体系的推进，是国内行政学确立其自主性的一种尝试。但是，西方行政学对国内行政学界的支配，既可能是技术层面的显性支配，也可能是价值层面的隐性支配。技术层面的显性支配因其直观性，较易为学者们所察觉和注意；而价值层面的隐性输入则易为学者们所忽略。就目前而言，价值层面的隐性支配至少有两种表现形式：其一是问题设立上的支配[①]，即通过对西方行政问题之界定的输出，使国内学者前反思性地认同行政问题生发的普遍性，从而使学者们在无意识中不加反思地接受西方行政学界对社会中所存在的行政问题的界定并模仿其问题处理的方式。问题支配的本质在于将西方社会的特殊行政问题普遍化为一般性行政问题，使学者们因忽略行政问题的生态性和特殊性，而出现问题界定和问题处理上的误置。其二是"范式支配"[②]，即由于西方"现代化范式"的示范所导致的对西方理论体系的前反思性认同与非理性追随。它使得学者们将西方的行政学思维模式和学术体系作为一般性的评价标准，并以此来否认中国传统行政思想的进步性、科学性及内在价值。总体而言，无论是"问题支配"还是"范式支配"，其实质都在于通过使国内学者忽略知识体系的地方性、特殊性，而使其在无意识中成为西方价值体系的实践者和注解者，这对于行政学本土化的实现、对于中西方行政学平等交流和对话的展开，都具有明显的阻碍作用。中国特色行政哲学作为一门反思性学科，其有助于推进对惯常性概念的积极反思，有助于防止对西方行政学基础理论与概念的前反思性接受，有助于防止西方行政学理论对中国的隐性支配，从而推进本土行政学理论的自主性，使中西方行政学真正站在平等的立场上进行深入的交流与对话，也有助于进一步推进本土行政学基础理论的世界话语权，从而为世界行政实践与行政理论的发展贡献中国智慧、提供中国方案。

（三）促进中国行政理论与实践良性互动的需要

在理论与实践的关系中，实践是理论的来源与基础，而理论则以解

---

① 这种问题设立的支配，秦晖将其称之为"问题殖民"。参考《秦晖教授主讲"警惕'问题殖民'：西学东渐中的问题误置"》，2013 年 8 月 23 日，见 http://econom-ics.efnchina.com/show-2206-33326-1.html。

② 邓正来：《中国法学向何处去（中）——建构"中国法律理想图景"时代的论纲》，《政法论坛》2005 年第 2 期。

释实践、引导实践为目的。长期以来，中国的行政理论为行政实践的发展提供了良好的理论支撑，为行政机构改革、行政效率提升、行政价值构建等提供了良好的理论指引。例如，改革开放以来，我国陆续推进了行政领导学、行政组织学、公共关系学、公共政策学、行政文化学等行政学分支学科的构建，这种学科构建与理论发展，无论是对行政组织的完善、行政关系的协调，还是对行政决策的科学化、民主化、法治化等，都提供了重要的支撑。可以说，中国行政理论与行政实践的发展总体上保持了协调、同步。此外，在价值问题上，我国行政学界长期以来对行政价值问题给予了高度关注，有力地推动了行政价值理论与行政价值实践的良性互动，有效实现了主流行政价值理念从管理到治理、服务的变革，推动了实践中的行政价值观的日益完善。

虽然我国行政理论与行政实践的互动已基本进入了良性轨道，但也存在一些不足与欠缺。主要表现在：其一，行政理论的预见性和前瞻性仍不能完全满足行政实践的需求，导致行政理论对行政实践的引导作用仍未充分发挥。在理想层面上，理论不仅要追踪现实、反映现实、解释现实，还要引导现实。而理论对现实的引导，要求理论本身具有良好的超前性和预见性。这种超前性和预见性，是以理论对行政规律的准确把握为前提的。从目前来看，中国行政理论对行政的规律性、趋势性内容的深度研究仍存在欠缺，对于诸如行政实践运行过程中所存在的矛盾、逻辑、联系等问题的挖掘不够深入。这就使得行政理论在一定程度上成为被行政实践引导的工具，现实中推出什么改革、提出什么概念，就扎堆性关注和探讨，在为行政实践中出现的问题提供解决方案时，存在"头痛医头、脚痛医脚"的现象，缺乏对问题的有效预见与预防；在行政理论与行政实践的互动方面，一定程度上陷入了行政理论期盼行政实践创新，以为自身提供实践素材，而行政实践又期盼行政理论创新，以支撑行政实践发展的困境，凸显了理论创新主动性的不足。其二，行政理论的核心框架多借鉴自西方，缺乏对中国特殊行政实践的科学匹配。由于目前的行政基础理论很多都是从西方引鉴而来，其对中国实践的解释，存在着用西方理论来套用中国实践的情况。这一层面上的理论研究，只是用中国的行政实践来为西方的行政基础理论提供注脚，其学术增量十分有限。事实上，中国的行政实践与传统文化中存在诸多值得提炼与深入挖掘的行政基础理论，但学界对这些行政理论的追问存在深度不够、力度不足的问题，对诸如传统行政人格有何特质？其是否存在着内在的冲突？"运气"对于行政实践有着怎样的影响？"德"作为一种治理工具影响行政生活的深层次逻辑是什么？"天"作为一个重要概念在传统行政理论与实践中发挥着怎样的功能？等等，都没有深入、系统的探究。一些学者甚至将传统文化视作遗毒而加以弃置，这种对传统文化的非客观、非理性态度，使其中可能存在的理论创新来源被忽视。

进一步推动中国特色行政哲学的深入研究与体系构建，对于解决上述问题、推动行政理论与行政实践之间的良性互动有着重要的意义。这是因为：其一，中国特色行政哲学致力于从宏观规律层面上反思本土行政理论与本土行政实践之间的关系，有助于增强行政理论的预见性、增强行政理论对于行政实践趋势的把握能力，从而最终推动行政实践的创新、促进行政实践的跨越式发展。其二，中国特色行政哲学致力于构建中国个殊化的行政学基础理论，由于其以中国经验、中国文化和中国习惯为基础，因而，其与中国的实践之间具有更好的契合性。这种契合有助于更好地发挥本土理论对于本土实践创新的推动作用。其三，中国特色行政哲学的反思化立场有助于推动行政实践的问题化，从而防止因习惯而固化的行政思维，推动行政观念的革新，进而促进行政实践的革新。习近平总书记指出，"创新是引领发展的第一动力"①，对于行政发展、治理实践而言，亦是如此。中国特色行政哲学的反思化立场，有助于推动中国行政学研究在坚持党的领导、坚持中国特色社会主义制度的前提下，不断发现问题、进行行政理论创新，从而使中国的行政理论真正成为推进国家治理体系与治理能力现代化的有效助力者。

二、中国特色行政哲学理论体系构建的思路与方法

（一）以行政生活反思与行政知识反思为基础

中国特色行政哲学是对中国语境中的行政生活与行政知识的哲学反思。中国特色行政哲学的体系构建，也要以对中国个殊化的行政生活及行政知识的反思为基础。

首先，中国语境下的行政生活与行政知识是中国特色行政哲学体系构建的源头活水。一方面，只有从中国特定的行政生活与行政知识出发，才能有效挖掘中国语境中的行政思想与实践的发展规律，才能把握中国特定的行政价值选择与行政伦理诉求。这些基于特殊情境而揭示的规律及基于特殊情境而生发的价值与伦理，都是标示中国行政哲学的特色、构成中国特色行政哲学体系的不可或缺的内容，是支撑中国行政哲学及行政学理论大厦的内在基石。另一方面，中国特色行政哲学体系的构建、中国特色行政哲学核心话语体系的生成，都要从中国独特的行政生活与行政知识中去挖掘、总结和抽象。没有对中国行政生活与行政知识的深入挖掘，就不会形成反映中国特色的行政哲学话语，更不会形成具有中国特色的行政哲学理论体系。因此，在本书中，笔者将从行政知识与行政生活的互动视角

---

① 习近平：《决胜全面建成小康社会　夺取新时代中国特色社会主义伟大胜利——在中国共产党第十九次全国代表大会上的报告》，人民出版社 2017 年版，第 31 页。

出发，既注重从实践中提炼和反思中国行政哲学的总体特质、运行逻辑，也注重从理论与知识逻辑中探讨中国行政哲学的内容与结构。在具体内容上，将以中国传统行政哲学、马克思主义行政哲学、西方行政理论本土化逻辑中的中国特色行政哲学、中国行政理论与实践逻辑中的中国特色行政哲学等为考察与反思的主要对象，并对国家治理体系与治理能力现代化、真善美、德性等中国行政哲学中的一系列理念与实践议题进行深入考察。这种基于中国实践与中国理论视角的全面探究，既是深入挖掘中国行政哲学内涵的需要，也是全面揭示中国行政哲学核心特质的需要。

其次，从时间分期上看，中国的行政生活与行政知识都包含着历史与现实两个维度。其中，加强对传统行政生活与行政知识的反思，是中国特色行政哲学体系构建的必然要求。对传统行政哲学的反思，主要有两种基本思路，一种是对传统人物及流派思想的提炼与反思，即以传统行政思想家及行政实践主体的行政哲学思想为反思对象，从客观性立场来考察其行政哲学思想的内涵、构成及价值；另一种是总体性反思视角，即从传统行政理论与实践的总体演进出发，对传统行政理论与实践的特征进行总体性的提炼与抽象。对于中国特色行政哲学体系的构建而言，这两种研究思路都是十分必要的。因此，在本书中，笔者将一方面以儒家、道家、法家三大主流思想流派为基础，对不同流派的思想进行细致梳理，并基于比较分析的视角，来探讨不同流派行政哲学思想的特质及其实践影响；另一方面从总体性视角出发，将儒家、道家、法家文化得以存续的先秦至清朝的整个历史时期作为一个整体，从宏观上考察其行政哲学的总体特性，挖掘其总体的话语特质及借鉴价值。

再次，反思是中国特色行政哲学体系构建的基本理路。反思的本质即是基于客观性立场，对习以为常的内容提出疑问，进而梳理其可能的走向、揭示其内在的趋势与规律。对实践的反思，就是把实践问题化，防止因对行政实践的习惯性认知而遮蔽其所可能存在的偏误；而对知识的反思，就是使知识逻辑化，要基于客观的立场，使知识呈现出条理性和逻辑性，防止对知识的前反思性接受，树立起中国行政知识的理论自觉。基于上述认知，本书对中国行政生活与行政知识的反思，将尽量不拘泥于既有的行政理论话语、既有的行政理论议题或既有的相关结论，而是尝试从行政生活与行政知识本身演进的内在视角出发，实现对中国特色行政哲学话语的形塑，达致对中国文化与哲学情境所可能引致的行政实践效应的审思。这种反思不一定是解构性的、批判性的，而可能是建构性的、增量性的。也即，本书所强调的行政生活与行政知识反思，不单是一种否定性意义上的反思，而更多的是一种获取行政知识增量、促进理论与实践双重进步意义上的反思。

（二）坚持历史与逻辑相统一

历史研究强调的是对过往的经验、事实、思想等的挖掘、总结与梳理。从本质上看，历史经验、历史事实与历史思想等都是对历史行政生活与行政知识的反映，因此，评价历史研究有效性的根本标准之一，就是要看其能否真实、全面地反映历史行政生活与行政知识的形态。这种反映在实践中往往并不是（或不仅仅是）一种机械式的还原，它在某种程度上还要反映研究者自身的视角选择和思维特质，正如柯林伍德所说，"思想史，并且因此一切历史，都是历史学家在自己的心灵中重演过去的思想""一切思维都是批判的思维；因此重演过去思想的思想就是在重演之中批判它们"①。这意味着，历史研究不仅要认识过去，而且还要从中获得自我认知，谋求人类进步。与历史方法不同，逻辑方法关注的是事物之间的内在联系，它力求通过对事物表象的观察、通过对零散材料的整合，挖掘事物

---

① ［英］柯林伍德：《历史的观念》，何兆武、张文杰译，中国社会科学出版社1986年版，第244—245页。

的内在联系、揭示事物发展的内在规律。具体到行政哲学研究而言，历史方法的目的在于揭示传统哲学思想的丰富内涵、反映传统行政哲学思想的基本样态，而逻辑方法的目的在于"通过揭示行政思想的历史嬗变与辩证运动，揭示其发展的基本线索与内在逻辑，达到对行政思想发展演变的本质和规律以及历时态行政生活世界的深刻把握"①。

在行政哲学研究中，历史方法与逻辑方法是一个统一的整体，二者缺一不可。这种整体性，具体有两个方面的表现。其一，历史还原是逻辑抽象的前提。只有充分运用历史方法对过往的行政生活与行政思想进行准确的揭示与还原，逻辑抽象才能具备充足的素材，才不至于成为无源之水、无本之木。换言之，逻辑抽象是对历史现象、历史事实与历史思想的抽象，没有充分的历史还原，就不可能准确归纳历史的演进逻辑和规律。这一点，对于思想史研究尚处于起步阶段的行政哲学来说尤其如此。其二，逻辑抽象是对历史还原的提升。中国特色行政哲学研究的目的不仅是为了反映中国行政哲学的原貌，更是为了通过对规律的挖掘，实现对现实行政生活的镜鉴，获取真正的知识增量。只有充分运用逻辑方法，才能实现对零散材料的体系化梳理、理论化提升，才能实现对行政的内在规律与趋势的有效挖掘与呈现。因此，在本书中，笔者一方面将采用历时态的思想史研究方法，通过对传统行政生活与行政思想的事实性梳理，来反映传统行政哲学的具体内容，展现中国传统行政经验与行政知识中所内蕴的对行政价值、行政伦理、行政人格、行政规律等问题的内在理解，同时亦从历时态视角展现新中国成立以来当代中国在行政哲学方面的思想创造与动态演化；另一方面，笔者也试图通过分析、综合、比较、归纳、演绎、因果推理等逻辑方法，来实现对历史规律的抽象，实现从行政表象向行政哲

① 颜佳华：《行政思想史视域中的行政哲学探讨》，《中国行政管理》2007 年第 7 期。

学的转化，实现历史经验与现实启示之间的联结，从而使历史发挥其对于现实行政生活的指导意义。

值得指出的是，本书所开展的历史视角的、思想史视角的行政哲学研究，并不试图去构建一种行政思想或行政哲学通史，这是本书的篇幅所不及的。本书尝试搭建的中国特色行政哲学体系，是一种问题与历史、历史与逻辑相一体的学科体系。一方面，对历史的挖掘，是基于问题视角的挖掘，不同的问题选择，决定了对历史行政哲学思想的取舍，这种取舍，要兼顾问题的深度、前沿性、资料的可及性等，其并不是面面俱到的；另一方面，在逻辑的挖掘上，本书侧重于运用比较研究法，试图基于对不同传统思想流派的比较、基于中西方对同一问题之不同看法的比较，来彰显中国特色行政实践运行的基本逻辑，体现中国特色行政哲学的核心特质。

第二章

中国特色行政哲学的基础理论与核心话语

第一节　中国公共行政的本体论、
　　　　价值论与认识论阐释

　　哲学是一门关于智慧的学问，它是一种"较高层次的理性思维方式"，所关注的是"无条件的、整体的、全局的知识"①。哲学的内容构成是极为丰富的，但总体上，其主要内容大体可归结为本体论、价值论、认识论三个方面。中国特色行政哲学作为一门基于中国行政理论与行政实践而抽象出的智慧之学，具有一般哲学的核心特质。因此，对中国特色行政哲学的探究，也可以从本体论、价值论、认识论的视角出发，对中国行政实践与行政知识的不同侧面进行宏观性考察。

一、中国公共行政的本体论阐发

　　本体论是指关于事物"本然的状况或性质"②的学说。哲学本体论的

---

① 赵成文、顾坚男、徐旭开主编：《哲学概论》，北京理工大学出版社 2017 年版，第 2 页。

② 方克立：《中国哲学大辞典》，中国社会科学出版社 1996 年版，第 186 页。

目的是透过现象关注对象的深层本质，明确事物的本源，它是人们把握事物的一般性和内在规律的尝试，具有高度的抽象性、宏观性和终极性。如孙正聿所言："哲学作为人类关于自身存在的自我意识理论，以理论的方式表现了基于'生活'本身的人类思维的'至上性'要求，从而构成了对'人类存在何以可能'的反思与追问，也就是构成了哲学的本体论""哲学的本体论是一种追本溯源式的意向性追求，一种理论思维的无穷无尽的指向性，一种指向无限性的终极关怀。它以寻求'终极存在'、'终极解释'和'终极价值'的方式，为人类自身的存在寻找'根据'、'标准'和'尺度'；它又以自己所承诺的'本体'作为根据、标准和尺度，批判地反思人类一切活动和全部观念的各种前提，为人类的'生活'提供'安身立命之本'或'最高的支撑点'。哲学的本体论追求表现了哲学的特殊性质，即表现了哲学'追根究底'、'从头问起'并且'穷追不舍'、'一问到底'的特殊性质。"①

从形态上看，哲学本体论以追问事物的一般性为其目的，但是，受人类的认识能力及实践的时空特性等的影响，人们对事物之一般性本质与本源的探究，总是会呈现出多样性和特殊性。在人类历史长河中，人们对于世界及万物的存在与本质的追问，形成了不同的理解，如古希腊的水论、火论、原子论、理念论，近现代以来的"自然本体论""物质本体论""实践本体论"等。而从本体论的视角来对中国公共行政进行探究，就是要基于中国公共行政的理论特质、实践特质、思维特质等，来反思中国对于公共行政之本质及其本源等问题的独特理解。与一般本体论一样，对于中国行政哲学的本体论反思，也是一般性与特殊性的统一。在一般性意义上，中国行政本体论要体现和反映行政的一般本质、挖掘一般性行政

---

① 孙正聿：《解放何以可能：马克思主义本体论革命》，《学术月刊》2002 年第 9 期。

规律的具体内容；而在特殊性意义上，中国行政本体论要考察中国公共行政的特质，从中国的时空条件出发，来挖掘行政实践的地域性、阶段性内涵及其特征。

在中国的传统行政实践中，人们对于行政的本质提出了诸多不同的理解。如在西周时期，"上帝"与"天"曾被视为行政生活的终极来源，在这一意义上，行政本质上是基于"上帝"与"天"的意旨而展开的，其在一些特定情形下是实现"上帝"与"天"的意旨的工具。这样的本体论，或可称之为上帝本体论或自然本体论。总体来看，在中国传统的行政本体论逻辑中，上帝本体论或自然本体论虽然具有一定的地位，但其对于传统行政生活的影响却并不十分显著，其在传统行政哲学思想体系中也并非主流。主流的传统行政本体论，是从现实的行政生活出发的，其可以说是一种行政生活本体论或行政实践本体论。例如，在儒家的视域中，行政被视为一种与德性紧密相关的权力性、领导性实践，呈现出明显的实践性色彩。孔子说："政者，正也。子率以正，孰敢不正？"（《论语·颜渊》）在孔子的思维逻辑中，行政作为一种实践主要包含三个方面的要素：一是行政主体的自我德性；二是行政权力与行政职位的层级差异；三是规范能力（即"正"的能力），这种规范既是对自我的规范，也是对社会的规范，其中，对自我的规范是实现对社会的规范的前提。所以，在以孔子为代表的儒家学者那里，行政可被概括为是一种以权力为基础的导引性实践，这种导引的实现，是以行政权力和德性为基本工具而展开的。而在道家的视域中，万物皆分有道。万物对道的分有决定了万物皆有其自身的运行逻辑，这意味着社会存在着一种自然性的、自生自发的秩序，而好的行政，应是一种顺应道、以道为基础的补充性、给养性实践。这样的本体论阐释，虽然肯定了行政的自然性色彩，具有一定的自然本体论特质，但其最终目的仍然是实践指向的。

从行政实践运行的内在逻辑来看，传统意义上的行政本质上是一种沟通行政主体与社会的中介性存在。传统的行政主体是家族化、具象化的（即行政的核心主体通常与某一特定家族相对应），这种家族化和具象化决定了行政主体既具有为公性特质，也具有为私性特质，它是行政体系为维护权力稳固及社会稳定而展开的以行政权力为核心、以行政技术为手段的控制型交往实践。由于行政权力实践的随意性，其必然会造成行政主体与被治者之间的矛盾与对立，从而使行政的合法性出现危机。现代意义上的中国行政实践是在现代国家观念的背景下展开的，作为沟通国家与社会的中介，其具有一定的抽象性色彩，在行政主体上，其具有机构、组织的相对稳定性和具体人员的相对不确定性，因而其相对于家天下式的传统逻辑而言，更好地去除了行政的为私性特质，使其呈现出更强的公共性色彩。在国家与社会相融共生的一体化语境中，行政本质上是基于人民的行政权力赋予而展开的一种以服务社会、促进社会福祉提升为目的的发展性、意向性、交往性实践。

所以，现代意义上的中国公共行政，本质上具有三个方面的要素和特质。一是具有解放性和发展性。人类社会的历史是一部不断解放与发展的历史。中国公共行政作为中国社会历史与社会实践的重要构成部分，也具有明显的解放性与发展性。这种解放与发展，既表现为对中国行政体系自身的不断解放与发展，也表现为其通过与社会的良性互动而促进社会的解放与发展。公共行政自身的解放与发展，是中国公共行政的自我完善过程，它既表现为行政体系的理念完善、制度完善、行政文化提升、行政技术进步，也表现为作为行政体系组成部分的行政主体的德性提升、行政能力进步、思想观念发展等。而行政体系对社会解放与发展的促进，则主要表现为行政通过不断的自我完善，实现对社会解放与发展所需资源的有效再分配、实现对社会解放与发展所需秩序与公共服务的有效供给。这一意义上的行政，是实现社会个体全面自由发展的推动力，是促进社会整体不断进步、实现共同富裕的重要力量。

二是具有价值性和意向性。中国公共行政的价值性和意向性，主要表现为中国特色公共行政是党和人民意愿的执行者，它体现的是行政体系的自我功能与社会需要的统一。公共行政的价值诉求与社会体系的价值诉求的一致化与统一化，是构建中国公共行政合法性的基础。但是，这种统一性并不排斥行政体系与社会体系之间在价值上的相对独立性。其中，社会体系的相对独立性，意味着其必然要不断向行政体系提出价值上的新要求，这是促进中国公共行政体系自我完善的外在动力；而行政体系的相对独立性，则意味着其可以根据社会发展的趋势与规律，在反映和顺应社会现实价值诉求的基础上，促进社会体系在需求导向上的不断发展和进步。在这一层面上，行政体系又成为促进社会发展的重要推动力。

三是具有交往性和互动性。任何公共行政系统与社会系统本质上都存在着交往关系，但并非任何交往都是良好的互动型交往。中国传统的行政交往更多的是权力型交往，它是行政权力体系占据主导地位的不平等型交往。在这样的交往体系中，社会对于行政体系具有明显的依赖性，由于血缘型文化体系的影响，行政交往的过程中还具有明显的人情取向和关系取向，这种人情取向和关系取向，本质上是行政交往与社会交往在逻辑上的相互混杂、在价值取向和交往逻辑上的相互交织；而现代社会的行政交往是服务型、互动型、制度型的交往，它是在民主、法治保障下所展开的良性交往。这样的行政交往，通过在技术上打造行政系统内部沟通的无缝隙及行政系统与社会系统之间沟通的无缝隙，实现了行政系统与社会系统之间在信息与价值上的相互交换，使社会系统与行政系统之间实现了相互依托、相互促进、相互完善。

二、中国公共行政的价值论意蕴

在价值论视角中，价值与价值观是两个相伴相生的概念。其中，价值是客体满足主体需要的属性。价值是指"客体的存在、作用以及它们的变化对于一定主体需要及其发展的某种适合、接近或一致"①。事物价值的大小，既取决于客体的属性，也取决于主体的需要。所以，价值本质上是一个关系范畴，具有主观与客观的双重属性。与价值不同，价值观体现的是人们对事物有无价值及价值大小的看法，它是人们对事物价值进行评估所形成的判断，其具有更浓厚的主观性色彩。从价值论视角来探讨公共行政，既要关注价值问题，也要关注人们的价值评价即价值观问题。

在公共行政领域中，价值具有复杂多样的类型及表现形式，不同的价值类型或价值表现形式之间既存在价值上的契合，也存在价值上的冲突，对此，本书从三个方面来加以考察。

第一，它表现为自我价值与社会价值的区分。自我价值是由公共行政自身作为一种目的性、意向性实践的特性所决定的，它体现的是行政体系作为一个整体的价值追求及行政体系中的个体的职业化价值追求。在整体层面上，公共行政作为一种人类实践，必然会有其自身的价值追求，这种价值追求既可以表现为服务、效率、精简等自我完善意义上的价值，也可以表现为自我扩张、权力导向等具有负外部性的价值。而从个体层面来看，它既可以表现为为公、崇尚效率、追求公平等正面价值，也可以表现为以权谋私、"官本位"等负面价值。公共行政的社会价值，是公共行政作为一种公共性实践的必然要求，它表明了公共行政在社会价值的分配过程中所要实现的社会价值状态，如促进结果的公平与促进机会的公平，促

---

① 李德顺：《价值论》，中国人民大学出版社 1987 年版，第 13 页。

进社会的发展效率，提升社会的行为自由等。公共行政的社会价值，表征了公共行政存在的核心意义与终极价值。

第二，它表现为一元价值观与多元价值观的区分。一元价值观强调存在某种统摄性的价值观念或关于善的统一标准，其可以弥合不同价值体系之间的冲突。价值一元主义往往与价值上的普遍主义相伴相生。而价值多元主义者则肯认了价值之间的不可通约性，强调了不同价值之间可能存在着的冲突与对立。如柏林认为，"我们在日常经验中所遭遇的世界，是一个我们要在同等终极的目的、同等绝对的要求之间作出选择，且某些目的之实现必然无可避免地导致其他目的之牺牲的世界"①，"人类的目标是多样的，它们并不都是可以公度的，而且它们相互间往往处于永久的敌对状态"②。对于公共行政实践来说，对价值一元与价值多元的理解往往会对其价值分配的实践产生重要影响。其中，一元价值观的持有者往往具有较为明确的价值主张，进而在价值的分配上具有相对的强势性，在实践中，与这种强势性相伴随的，往往是行政权力的相对集中。多元价值观的持有者在社会价值的分配与创造上更注重考虑不同主体的需求，其意味着行政实践对社会价值的相对包容，但这种包容往往也意味着行政系统自我立场的欠缺，甚至在面对多元价值的冲突时，因为共识的欠缺而导致价值分配的无所适从。

第三，它表现为目的价值与手段价值的区分。"目的是指对一定需要的满足本身，手段则是达到目的所需要的条件和过程。目的和手段是两种最普遍的价值。"③公共行政的目的价值在形式上包含阶段性的、一般意义上的目的价值与终极性的目的价值，它们在不同程度上体现了公共行政的意向性特质和理想性特质。目的性价值为公共行政的展开提供了内在的动

---

① [俄] 以赛亚·柏林：《自由论》，胡传胜译，译林出版社 2011 年版，第 217 页。
② [俄] 以赛亚·柏林：《自由论》，胡传胜译，译林出版社 2011 年版，第 220 页。
③ 李德顺：《价值论》，中国人民大学出版社 1987 年版，第 100 页。

力，它也是公共行政实践的意义所在。而手段性价值则是作为公共行政服务于其目的实现的中介而存在的，它体现的是价值实现过程的操作策略选择。手段和工具本身有符合伦理的、不符合伦理的，有效的、无效或低效的，其可以组合成符合伦理的有效工具、不符合伦理的有效工具、符合伦理的无效工具、不符合伦理的无效工具等几种形式，其价值依次递减。公共行政的目的性价值与手段性价值的关系是较为复杂的，对于行政个体来说，将行政生活作为一种目的性价值，可以激励其发挥最大的潜能，但就行政生活对于社会的意义来说，它必须偏向于是手段性的，只有当行政实践服务于社会价值的创造、成为社会价值创造的手段时，行政权力的负面效应才能得到最大限度的削减、其合法性才能得到最大限度的彰显。

在价值论的视域中，中国公共行政以中国的行政实践与文化特性为基础，呈现出自身鲜明的价值特色。

首先，在传统的行政价值体系中，从目的与手段的关系上看，其对行政体系本身的目的性价值往往进行了过分的凸显，社会价值在一定程度上反而成了手段。拿传统的民本理念来说，虽然其强调社会价值的重要性，但就其最终目的而言，却是为了稳固行政权力，实现行政体系，尤其是君王利益的最大化。这使得本应是目的性价值的社会价值具有了一定的手段性色彩。而拿传统法家的法制理念来说，虽然其通过严刑酷法而实现了社会治理的有效性，在一定程度上实现了社会价值的构建，但就其首要目标来说，仍然是行政价值本位的。同时，由于其手段的严酷性，使得其与社会的伦理诉求相背离，这样的治理工具即使有效，也难以获得社会合法性、难以维护其持续性。在现代中国的行政体系中，行政价值本身的目的性被弱化，而社会价值的目的性得到了充分的彰显。中国共产党领导下的公共行政实践，突出了"全心全意为人民服务"的价值内蕴，彰显了人民的目的性价值。这种目的性价值的彰显，本质上也是对行政的公共性价值的充分肯认。对公共性的充分肯认，使得行政价值与社会价值之间实现了价值上的相互促进、相互生成、相互实现。

其次，从一元价值与多元价值的结构及其互动关系上看，传统公共行政在价值上强调自我价值与社会价值的高度同一性，这种同一性的实现，是通过行政价值对社会价值的覆盖而达致的。这种覆盖式的价值构建模式虽然有助于行政体系自身维持社会价值的稳定性，但却消弥了社会价值自我创造的可能、弱化了社会活力。而在现代社会中，中国公共行政是以价值的多元性为核心特质的。这种价值的多元，既表现为行政体系自我的价值追求是多元的（如效率、民主、平等、服务等），也表现为治理体系对于社会多元价值的认同和肯定。在马克思主义的公共行政逻辑中，对社会多元价值的认同，是实现思想的不断解放、促进人的全面自由发展的重要路径之一。值得指出的是，中国社会中的价值多元，不是一种分散的、无序的价值多元，而是一种基于社会核心价值认同基础上的价值多元。一方面，基于重叠共识而实现的社会核心价值，成为社会价值秩序的凝聚点；另一方面，社会核心价值的存在，也成为行政价值与社会价值实现有效沟通的基础，成为实现行政价值合法性的重要根基。因此，现代意义上的中国行政价值体系，是一种"共识—多元"型价值体系，其实现了社会自我的价值共识、社会与行政体系之间的价值共识，并在共识的基础上，维护了社会价值与行政价值的多元性。

三、中国公共行政的认识论意蕴

认识论是从哲学视角对人类认识问题的研究，其重点关注的是人类认识的来源及认识的过程与方法等。

在马克思主义的认识论视域中，行政认识既可以表现为一种实践，也可以表现为一种结果。作为一种实践，它体现的是人们力求使主观反映行政客观、使行政思维与行政存在相一致的努力；作为一种结果，它体现的是人们在实践进程中所形成的对行政的内涵、目的、价值、发展趋势等的认识，也就是说，作为结果的认识即是经由认识过程而形成的行政知识。

总体来看，行政认识的基本特征在于：首先，从行政认识与行政实践的关系上看，一方面，行政认识来源于人类的实践，是人类实践成果在行政意识领域的反映；另一方面，实践是行政认识的目的与归宿，正确的行政认识能够反作用于行政实践，推动行政实践的进步与发展，反之，错误的行政认识则会阻碍行政实践的进步与发展。其次，从行政认识的发展历程来看，人们的行政认识过程是一个不断发展与上升的过程。行政认识的目的是获取行政之真，但行政之真的获取过程不是一蹴而就的，而是在行政实践的不断发展、累积中渐进获取的。在真理的获取过程中，实践与认识都可能存在着反复、甚至出现阶段性的倒退，但从历史发展的总体趋势来看，行政认识与行政实践必然都是进步的、发展的。再次，行政实践是检验行政认识的唯一标准。行政认识正确与否，需要将其投放到行政实践中加以检验。正确的行政认识由于其反映了行政发展的趋势，在历史的发展进程中，必然能够推动行政实践的进步；如果行政认识不能推动行政实践的发展，则往往是因为行政认识在对行政规律的反映过程中出现了偏离。这时，就必须对行政认识的逻辑过程进行反思、对认识的错误及时进行纠正，以防止其对行政实践的负面影响的扩大。在现实实践中，由于受人们的思维习惯、现实利益、权力的结构化等因素的影响，这种对错误的发现、承认与反思，正是最难以做到的。

行政认识及作为其结果的行政知识，由于制度体系、认识水平、文化环境等的差异，必然会带有一定的个殊性色彩。我国个殊化的文化环境及行政实践，也决定了中国的行政认识与行政知识不可避免地会带有自身的特色。

首先，从我国传统行政体系的视角来看，中国的传统行政认识带有强烈的精英主义色彩和保守性特征。传统行政认识的精英主义色彩，表现为其相关的行政认知更多的是由行政精英和知识精英建构出来，进而在社会中加以推广的。从中国传统行政认识的发展历程来看，以儒家为核心的知识精英是行政知识体系的核心构建者，其通过影响行政精英而实现了行政认识与行政实践之间的"联姻"。或者说，正是基于知识精英与行政精英就行政认识与行政知识达成的共识，才实现了对社会总体的行政认识的有效建构。在这个过程中，社会总体的行政认识具有明显的被动性色彩——当然，这种被动性并非是绝对的，因为，社会对这套由知识精英所构建出来的行政知识体系是否认同，往往反向影响着其能否被行政体系所接纳。传统行政认识的保守性特征，则表现为行政知识体系一旦形成，就鲜有根本性的发展和演变，保持着良好的历史延续性。对于在历史发展进程中所形成的新的行政认识而言，证明其认识的正当性、真理性的重要标准，就是看其是否与儒家经典的行政认知相符合。因此，中国数千年的行政认识发展，很大程度上都是在儒家经典的基础上展开的，离开了儒家经典行政认识体系这一基础，新的行政认识的合法性就难以确立。这样的行政认识逻辑，在一定程度上阻碍了传统行政知识体系的进步与增长。

其次，从现代行政认识体系来看，中国的行政认识具有典型的学习逻辑与自我生成逻辑两重属性。中国行政认识的学习逻辑的形成，一方面是基于行政体系对于社会体系的开放性而实现的。在社会主义民主行政实践中，人民的目的性使得行政体系必然要从社会中吸取营养，必然要依据人民的诉求来实现行政认知的构建，只有这样，行政体系才能突破自身理性的局限，实现对社会理性的有效吸纳，在这一过程中，行政的人民性才能得到有效确保、人民的利益才能得到有效维护。另一方面，行政认知的学习逻辑，也是由行政实践的执行性特质所决定的。行政作为党和政府的执行性实践，必然要遵守党和人民代议机构的价值要求，只有这样，才能保证行政实践与党和人民的价值诉求相一致，实现价值上的相互配合、相互促进，共同促进社会主义事业、促进人民事业的有效发展。而中国行政认识的自我生成，则是由行政作为一种特殊实践领域的基本属性所决定的。行政作为一门专业技术，必须实现实践经验的不断总结，在实践中形成对行政的规律性认识，并将这些规律性认识用于指导行政实践的更好开展。在现实的行政实践过程中，行政认知或行政知识的具体形态，既可以表现为全国统一层面的普遍性知识，也可以表现为基于地方特色、部门特色而发展起来的地方性、部门性行政知识，这些复杂的行政知识体系的加总，构成了中国复杂的行政知识体系。

再次，在动力来源上，中国行政知识生产与行政认识创新的动力具有内源与外源两个方面。在中国行政知识的创新过程中，内源性动力来源于行政实践的自我发展及行政体系的自我完善意识，这是由行政体系的自我目标设定、自我实践创新而实现的；而外源性动力则来源于不同部门、不同地方的创新性竞争、上下级压力赋予、社会的认知与诉求输入等。在中国的行政认识提升及行政实践发展中，不同地方及不同部门间的行政绩效竞争是一种十分重要的推动力量。由竞争所促进的地方性行政知识生产，经由实践性的知识检验，许多又得到了普遍化推广，成为一种具有普遍意义的行政知识。这是中国行政知识生成与增长的一种重要逻辑。

第二节　中国特色行政哲学的核心话语体系

所谓核心话语体系，主要指的是一系列在特定实践领域、理论体系或具体学科中处于中心地位，能表述或标示这一实践领域、理论体系或具体学科的内容、观点、思路、方法，揭示其基本特质的概念与语言系统。对于中国特色行政哲学而言，其核心话语体系也即在中国行政理论与实践中具有较高使用频次和认同度，对于中国行政哲学问题的提出、分析和解决具有关键性意义的一系列概念与范畴。任何实践体系中的核心话语体系的形成，都是这一实践体系的核心特质和特定界域形成的标志；同样，任何一个理论体系的核心话语体系的形成，都是该理论体系成熟的基本标志。因此，中国特色行政哲学的体系构建，必须加强对中国行政理论与实践中的核心话语的挖掘、提炼和形塑，为中国行政哲学理论体系的构建提供话语支持、为行政哲学学科合法性的构建提供基础与前提。本节将从我国行政理论与实践发展的历程及趋势出发，对传统行政哲学的核心话语体系、马克思主义及其中国化视域中的行政哲学核心话语体系、当代中国行政理论与实践逻辑中的行政哲学核心话语体系①进行总体性梳理。

---

① 在本书对中国特色行政哲学来源的界定中，笔者认为其包括中国传统行政哲学、马克思主义及其中国化视域中的中国特色行政哲学、西方行政理论本土化逻辑中的中国特色行政哲学、当代中国行政理论与实践逻辑中的中国特色行政哲学四个组成部分。本节之所以抛开西方行政理论本土化逻辑中的中国特色行政哲学这一维度，主要是出于以下考虑：其一，在现实中，这一层面的中国行政哲学话语更多的是以"西方外壳、中国内核"的方式存在的，即在行政话语表现形式上虽然相同或具有相似性，但在行政话语的内涵上存有较大差异。若单从话语形式角度来理解，难以体现中国行政哲学的核心特质。其二，从今后中国行政理论与行政哲学的发展视角来说，要真正实现行政理论与话语的本土化，虽然对西方行政理论与行政哲学话语的引鉴必不可少亦无可厚非，但其或不应成为主流的方式。其三，与西方理论引荐相关的行政核心概念和内容，在本书第六章中还会有较为详细的阐释，为避免内容上的重复，本节暂不赘言。

一、传统行政哲学核心话语体系

中国数千年的行政理论与实践发展历程，积累了丰富的行政哲学话语。从内容上看，至少包含如下五个方面。

一是道德话语体系。在儒家的思想体系及实践逻辑中，"德"的核心地位是毋庸置疑的。无论是在行政思想的建构中，还是在行政实践的现实运行中，"德"都具有关键性意义。在传统社会中，德的有无与高低，既是评价行政体系及行政体系中个体的行政实践行为是否合理的基本判准，也是评价行政实践的社会意义与社会价值的核心要素。儒家之德是一个总括性的概念，具体到实践中，其包含着极其复杂的德目。在这个复杂的德目中，儒家重点突显了"仁""中庸""义""恭""宽""信""敏""慧"等关键内容，其是一种以"德"为总揽、以具体德目为基本表征的德性行政核心话语体系。

在儒家的视域中，无论是"德"，还是具体的德目，都既是对个体性的行政主体所提出的道德规约，也是对行政总体运行形态的一种理想化描述。例如，儒家之"仁"既表现为个体层面之仁爱、宽厚，也表现为体制层面之"仁政"，是儒家行政哲学中沟通个人与行政系统，进而沟通行政系统与社会系统的重要基础；而"中庸"作为一种德性，既是对行政主体的行政态度所提出的要求，也是对行政的合理社会效果的理想化描述。可以说，德目是"德"的具体化，抽象之"德"正是在对德目的践行中得以具体实现的。

二是本体话语体系。行政本体话语关注的是对于行政之本质、生成根源及终极归宿等的描述与阐释。在儒家的思想体系中，"天"作为主宰者、道德规约者、命运安排者等[1]，在传统行政本体的阐发中具有极为重

---

① 冯友兰：《中国哲学史》（上），华东师范大学出版社 2011 年版，第 78 页。

要的意义。无论是在组织层面上、还是在个体意义上，行政权力的获取、运用过程都与天的赋予、规约等紧密相关。到宋明时期，朱熹等儒学传承者从"理"的视角出发，对行政的本质问题进行了更为深入的思考。在朱熹那里，"理"具有明显的宇宙本体论色彩，其是包括行政生活在内的万事万物运行的内在依据，它既对行政生活提出了质的规定，又对行政主体乃至作为治理对象的社会主体提出了伦理要求。总体而言，理学视域下的行政，是一种以理的内在要求为基本遵循、以控制人欲之私为主要路径、以"公""仁"的实现为基本目标的实践活动。在道家那里，"道"是其行政哲学的逻辑起点，是评价行政主体行为的合理性、构设理想行政模式的根本依据。"道"作为一种自然性存在，具有不依人的主观意志为转移的规范性，这种自然性和规范性，决定了政治体系与行政体系只有顺应"道"的安排，才能实现其合法性的维护，进而彰显行政的内在本质。

三是行为规范型话语体系。在传统行政哲学的话语体系中，行为规范是十分重要的内容。就其宽泛意义而言，前述的德、天、理等都含有行政行为规范的意蕴，抑或说，其都从宏观、抽象的意义上对行政主体的行为或价值选择等提出了要求。在儒家的思想体系中，"礼"是一种直观的行为规范体系。"礼"通过对行政主体的行为程序与行为方法的明确，为儒家行政实践提供了技术依据、程序保障及方法支撑。法家的行为规范体系，则更侧重于"法"。法家之"法"以其对人性、道德的独特理解为基础，以"术"为方法依托、以"势"的确立为目标追求，以强制性赏罚为基本方式而实现对社会行为的规范与秩序的供给，体现了法家的行政技术选择路径，更体现了法家行政哲学的现实主义导向。

四是行政关系型话语体系。"关系"是传统行政哲学体系中的一个核心要素。行政体系内部不同主体之间、行政体系与其他不同体系之间的关系定位，是传统行政哲学关注的重点。例如，在君臣关系上，儒家强调君对臣之"礼",强调臣对君之"忠",这体现的是在等级化的行政权力模式中的尊重与服从关系,对"礼""忠"等关系话语的持守,是维持君臣关系之稳定性的基础;在天人关系上,传统儒家强调"天人合一",这样的定位,为行政权力谋求了超验层面的合法性基础,其使行政权力具有了一定的神秘性色彩,同时,也使行政权力要受到"天"这一道德主体的伦理和道德规范,从而使行政权力得以保持在符合社会公共福祉要求的范围之内;在君民关系上,儒家强调"君舟民水"的依赖性,强调了社会对于行政权力构建的基础性地位。

五是价值型行政话语体系。在价值层面上,传统公共行政对"和""民本""均平"等进行了重点强调。在传统语境中,"和"是一种秩序形态,以"和"为基础的理想秩序的构建,是万物孕育共生的根本。对于行政体系来说,维护社会的和谐、促进社会的秩序与安全,是实现社会良性发展的前提,也是行政权力的基本目的之一。在传统社会中,万物共生、社会和谐是建立在等级化建制基础之上的,而要维持这一建制的稳定性,就需要对"民"予以重视。"民本"价值,正是在以行政权力为中心、官本位色彩较为浓厚的传统社会中对于社会的主体地位的强调。"民本"与其说是一种社会现实,不如说是人们期待以"民本"的价值观念来规范行政主体行为的努力,其凸显了中国传统行政哲学试图沟通行政与社会、确保二者之间相合性的尝试。如果说"和"是一种基础性价值、"民本"是一种主体性价值的话,"均平"所呈现的则更多的是价值分配的结果,它是实现"和"的秩序形态的操作性价值,是人们在贫富分化的现实面前对资源分配的均衡、无差异状态的期待。传统社会的均平是以"均"为核心的,其区别于现代平等话语的地方之一在于,现代平等概念是融合性的,其强调了身份平等、政治平等及基于身份、政治平等基础上的资源分配的相对均衡等多重内涵。对于现代平等概念而言,由于身份与政治平等的加持，主体对分配均衡的获取是带有主动性和可选择性的；相较而言，传统的"均平"则更多地被局限于资源分配领域，在实现形态上，其更多地依赖于行政权力的被动授予，正因如此，行政权力体系对于均平价值的认可与否，往往决定着资源分配现实领域的"均平"能否得到一定程度的实现，在这一过程中，社会主体的参与维度被弱化了。

二、马克思主义及其中国化视域中的行政哲学核心话语体系

马克思主义是中国特色社会主义的理论指导。在长期的革命、建设与改革历程中，马克思主义与中国的具体实践有机结合，得到了丰富和发展。马克思主义及其中国化的理论成果，是中国特色行政哲学体系构建的理论基石，其为中国当代行政哲学核心话语体系的提炼、构建与发展提供了坚实的思想指导与理论支持。总体来看，以马克思主义及其中国化的相关成果为基础的中国行政哲学核心话语包括四个方面的内容。

一是实践。马克思主义是一种实践性的理论体系。作为一种实践性的理论体系，马克思主义"反对感觉世界与超感觉世界的划分和对立，尤其反对将超感觉世界看作是真实的存在、真正的实在；它以'意义论'取代'终极论'；强调面向'事物本身'，返回'生活世界'，取代超感知世界；不再致力于构建大而全的概念范畴体系，强调行为、实践的首要性"[1]。马克思是实践哲学的奠基者，其推进了哲学从"解释世界"向"改变世界"的转变，使哲学从唯心主义式的逻辑演绎与理论建构，变成了一种面向现实实践、从客观物质世界和现实生活出发的解放性力量。以马克思主义为指导的中国行政生活，也是以实践为始基的。其对实践的重视表

---

[1]　黄颂杰：《走向实践哲学》，《文汇报》2004年9月5日。

现在：中国的公共行政并不是教条式的，也不是一成不变的，而是高度强调了行政生活的情境性、时代性，强调从实际出发来实现行政目标；在政策的制定与执行上，中国的公共行政强调渐进试验，强调基于现实的行政效果来评价理论或政策的有效性。这种实践导向的行政哲学，正是中国行政实践与社会发展取得巨大成功的重要因素之一。

对于行政哲学理论而言，要达致中国特色行政哲学有效构建的目标，也应摒弃那种从理论到理论、为理论而理论的抽象性思维，而是应切实深入到中国独特的行政生活之中。一方面，要注重从中国特殊的行政实践出发来达致对行政发展的一般规律的认识，从实践中抽象理论，使行政认识准确反映中国特色行政实践的内在逻辑；另一方面，要注重以中国特色行政哲学理论的构建为基础，用本土化的理论来指导中国行政实践问题的解决、在实践中检验中国特色行政哲学理论的正确性，促进中国特色行政理论与实践的双重进步。在这个意义上，行政实践正是中国特色行政哲学反思的始基，是中国特色行政哲学理论体系构建的逻辑起点。

二是发展。在马克思主义的视域中，发展是一个内涵极为丰富的概念，其至少包含四个方面的特质。首先，发展具有必然性。在马克思主义的理论体系中，进步与发展是历史演进的内在逻辑，具有必然性。世间万物都要经历"由小变大、由单一到多元、由低级到高级、由旧质到新质的发展步伐，无一例外，人类的发展也是在进行着从低级向高级、从杂乱向规整、从简单向复杂的进步阶段"[1]。在马克思主义的发展视域中，新事物必定要战胜旧事物，事物发展的总趋势是前进的、向上的，但事物发展的道路是曲折的、而非直线的。其次，从发展的动力来看，人民群众是推动历史发展的主体，历史发展是实践中的人的合力作用的结果。再次，从发

---

[1] 胡雪艳、郭立宏：《马克思主义发展观的坚守与突破：以人民为中心的发展思想》，《人文杂志》2018 年第 4 期。

展的目的来看，马克思主义强调的发展首先是人的发展与社会的发展，其理想形态是共产主义社会的实现与人的全面自由发展的实现。最后，从发展的内容上看，强调经济发展在社会发展中的基础性地位，同时也强调上层建筑和意识形态对于经济基础的反作用。马克思主义对于发展的重点及其内容的认识是动态的，在中国改革开放以来的实践历程中，其经历了从党的十二大强调物质文明与精神文明"两手抓，两手都要硬"，到党的十二届六中全会强调要坚定不移地推进社会主义经济体制改革、政治体制改革和精神文明建设，再到胡锦涛同志提出"中国特色社会主义事业的总体布局，更加明确地由社会主义经济建设、政治建设、文化建设三位一体发展为社会主义经济建设、政治建设、文化建设、社会建设四位一体"[①]，然后到党的十八大强调实现政治、经济、文化、社会、生态五位一体发展的逻辑过程。这种对社会主义事业总体布局的不同理解，体现了不同阶段中国共产党对社会主义建设与发展规律认识的不断深化，体现了马克思主义关于发展的理论与实践都是随着时代的变化而变化、与时俱进的。

　　总体上，马克思主义关于发展的基本原理及其实践，对于我们正确认识行政发展的必然性、正确把握行政发展的内在动力、正确理解行政发展的基本走向等，都提供了有效的指引。它启示我们：其一，在推进行政发展、推进行政体制改革的实践中，必须紧跟党的政治路线、坚定执行党的决定，必须看到行政发展的光明前景，使本土公共行政持续成为社会发展的有力促进力量；其二，要正确认识行政发展的推进主体是人民群众，必须紧紧依靠人民群众来推动行政发展；其三，发展是动态性的发展，在不同的时代和发展阶段，行政发展具有不同的任务设定，必须根据社会发展的需要来设定行政发展的目标，实现行政发展与社会发展之间的良性

---

① 　胡锦涛：《在省部级主要领导干部提高社会主义和谐社会能力专题研讨班上的讲话》，《人民日报》2005 年 6 月 27 日。

互动。

三是矛盾。在马克思主义的视域中，矛盾是事物所包含的既排斥又依存、既对立又统一的关系。具体来看，矛盾至少包含三个方面的内涵：首先，矛盾存在于一切事物之中，贯穿于事物发展过程的始终，其无处不在、无时不有。矛盾是事物发展的动力。其次，矛盾双方具有相互依存性与相互转化性，一方的存在以另一方的存在为前提，双方共处于一个统一体中，在一定的条件下，矛盾双方可以向各自相反的方向转化。再次，对于不同矛盾而言，有主要矛盾和次要矛盾之分；在同一对矛盾中，又有矛盾的主要方面和次要方面之分。在对矛盾的把握上，必须抓重点、抓主要矛盾；必须认清事物的主流和主要方面，坚持两点论与重点论的统一。

马克思主义关于矛盾的上述观点，为中国本土对行政矛盾问题的认识提供了根本依据。在中国的情境中，无论是行政目标的设定、行政任务的确立，还是行政价值的厘定等，都是基于对社会主要矛盾的认识而展开的。总体上，马克思主义行政哲学对于矛盾问题的基本认识在于：首先，行政是矛盾导向的行政，矛盾在行政实践进程中具有普遍性，矛盾是行政发展的动力。在行政实践中，必须勇于面对矛盾、利用矛盾，而不能刻意回避矛盾、忽视矛盾。其次，行政实践过程必须注重矛盾的化解。在现实的行政实践中，既要化解行政体系自身的内在矛盾，也要及时发现和化解社会矛盾，以促进行政体系自身与社会体系的双重发展。再次，在行政实践中，要正确运用和化解矛盾，就必须正确把握社会的主要矛盾及矛盾的主要方面，必须用两点论、两分法来观察和分析行政实践、面对和处理行政问题。只有在此基础上，才能实现对行政体系自身及对整个社会体系的有效治理，促进行政体系内部的有序化，促进社会的和谐安定，确保公共福祉的实现。

四是价值及价值观。在马克思主义的视域中，价值既是一个理论问题，也是一个实践问题。在理论视域中，马克思主义价值论一方面强调了价值的关系属性，其从主体—客体关系的视角，强调了事物属性与人的需求之间的契合，认为"价值来源于主体启动和主导的主体和客体相互作用的社会实践，价值的本质在主体的内在尺度与对象自身尺度的统一，价值的标准是否适合或有利于人类本性的发展"①。另一方面，马克思主义强调价值及价值观的上层建筑色彩，作为一种上层建筑，它以社会的物质条件和生产力发展水平为根本前提。马克思指出，"在不同的占有形式上，在社会生存条件上，耸立着由各种不同的、表现独特的情感、幻想、思想方式和人生观构成的整个上层建筑。整个阶级在它的物质条件和相应的社会关系的基础上创造和构成这一切"②。因而，价值是具有阶级属性、阶层属性和个体属性的。在实践领域中，一方面，马克思主义从劳动的角度对商品的价值问题进行了探讨，指出商品的价值是凝结在商品中的无差别的人类劳动，在价值创造上，它是由人们的抽象劳动所生产出来的；另一方面，马克思主义也强调价值对于社会凝聚的重要意义，尤其是强调社会主义核心价值观的建构对于社会整合的不可或缺性。在中国的马克思主义行政哲学视域中，行政体系的价值选择强调以人为本、全面、协调、可持续、共享等内容，强调以"富强、民主、文明、和谐，自由、平等、公正、法治，爱国、敬业、诚信、友善"为核心的社会主义核心价值观认同；在行政主体层面上，强调行政主体要树立公仆型、服务型价值理念；在行政的社会价值上，强调行政要促进价值分配的公平性、提升行政体系自身的行政效率；等等。这些价值内涵和价值话语，为当代行政哲学的理论构建提供了重要的基础与启示。

---

① 高齐云：《马克思主义哲学原生形态探微》，广东人民出版社 1998 年版，第 258 页。
② 《马克思恩格斯全集》第 11 卷，人民出版社 1995 年版，第 159 页。

三、当代中国行政理论与实践逻辑中的行政哲学核心话语体系①

新中国成立以来，尤其是改革开放以来，中国在行政理论与实践层面进行了诸多深刻的尝试与创新，形成了独特的行政哲学话语。这些行政哲学话语既体现了中国行政思想的历史延续性，体现了当代行政理论与实践对中国行政文化与行政习惯的独特传承，也体现了中国在行政理论与实践上的创造性和创新性，具有鲜明的特点。从内容上看，当代中国行政理论与实践领域的行政哲学核心话语主要涉及四个方面。

一是情、理、法与行政。情、理、法在行政实践中一般指的是"人情""道理""法治"等内容，其或潜在、或明显地对中国行政实践与行政主体的行为选择发挥着支配性、结构性的作用。首先，在中国的文化体系中，"人情"作为一种隐性支配因素对行政实践具有重要的影响。在社会层面上，寻求人情的给予、获取人情的"期权"回报，成为部分行政主体或社会主体的一种习惯性思维；在行政层面上，基于社会文化环境的结构性力量，很容易使行政体系中的个体因人情因素的影响而在行政权力的运用上偏离制度规范的方向。其次，法治是现代行政体系的基本要求，其基于对行政体系运行实践的制度化规范及对行政权力的制度化限制，而实现行政交往秩序的供给。人情与法治本质上都是行政交往的结构性力量，其目的都在于影响或支配行政交往的形式；在人情与法治的二元选择中，法治的确定性和公共性特质，使其与行政交往所要求的规范性和公共性之间存在着更多的契合。在中国的行政哲学体系中，法治话语已然成为一种核心话语，其也是规范人情因素之负面效应的重

---

① 本书所称的当代，在中国语境中，以 1949 年中华人民共和国的成立为界分点。

要工具，是实现国家治理体系与治理能力现代化目标的基本路径。再次，在行政实践领域中，理是证明行政实践与行政行为之合理性的基础，也是"情""法"证明其正当性的基础所在。以情或法为基础的行政行为如果合"理"，就能得到社会层面的认同和理解；反之则容易受到人们的质疑。而行政行为是否合理的评价标准，又与人们的道德直觉、文化传统、行为习惯等因素紧密相关。总之，人情、道理、法治三者之间的关系是极为复杂的，在中国的行政实践中，其既可能相互配合，又可能相互冲突，如何实现三者之间的有效平衡，正体现着中国行政实践的生存性智慧。

二是民主与协商。在中国的行政视域中，民主的核心在于"人民当家作主"。民主行政是中国特色社会主义行政体系所追求的重要目标，是实现人民当家作主的重要方面。社会主义的民主行政不是一个口号，而是一种实践，它所寻求的是一种基于党的领导、人民当家作主、依法治国有机统一的、不同于西方式民主的民主形式，主张推进民主形式的多样化与多元化。社会主义的协商民主，正是中国特色社会主义民主的一种特殊形式，是中国国家治理实践的一大特色。社会主义协商民主具有极为丰富的内涵，其包括政党协商、人大协商、政府协商、政协协商、人民团体协商、社会协商、基层协商等诸多形式。而行政体系的协商，是政府协商的重要构成部分，其为民主行政实践的发展提供了重要的创新路径。总体来看，行政实践中的协商，是一个利益的交互过程，是一个理性的汇集和碰撞过程；行政协商既是一种行政交往实践，也是一种行政监督实践，对于行政决策的完善、行政价值的实现、行政目的的达成都有着不可忽视的意义。

三是群众、人民、以人为本。在中国特色社会主义的行政实践中，人是行政管理的根本目的，因此，对"群众""人民""以人为本"等为代表的核心话语的强调，成为中国行政哲学的重要特色。总体来看，中国行政实践对人的强调，呈现出如下三个方面的特征：其一，在行政方法上，强调群众路线。在行政实践中，群众路线的本质在于使行政决策真正实现"一切为了群众，一切依靠群众""从群众中来，到群众中去"。在方法层面，其要求行政主体通过与群众打成一片、基于有效的调查研究，而实现对群众意见与诉求的系统汇集。总体上，群众路线是中国式民主行政逻辑的一种重要表征和重要实现形式，它一方面强调行政主体在意识与价值层面上应将群众置于首位，并在实践层面上主动深入群众、接触群众、为群众着想，着力实现行政认识与社会认识的统一；另一方面也强调通过制度的有效构建与设计，来发挥群众自身的主动性，实现有效的参与。基于群众路线逻辑的行政民主，具有较强的建构性民主（即行政体系是民主形式的设计者和民主的实质性转化的推动力量之一）、价值性民主（即基于行政体系对民主价值的认同而展开）、主动性民主（即强调行政体系主动深入社会进行意见吸纳）的特质。其二，从导向上看，人民是目的。社会主义公共行政的人民性逻辑，主要表现为行政的目的是实现人的自由全面发展，行政是人的发展的推动者，长期来看，行政本身不是目的，而是实现人民自身目的的辅助性工具。其三，中国行政哲学所强调的人与人民是具体的，而不是抽象。这种具体性表现在人是现实的、物质的人，行政必须满足其基本的生活和经济需要，解决其衣食住行的问题；同时，人的具体性，还表现在它不同于西方所理解的普遍性的、抽象性的人，而是具有社会属性、阶级属性的人。这种社会属性、阶级属性意味着，一方面，行政必须在一般意义、抽象意义上具备服务于社会、提升社会总体福祉的基本属性；另一方面，在具象意义上，社会主义初级阶段的行政并不能排除其专政功能，行政是依照党和人民的意志协调各类矛盾、依法打击犯罪，保障人民各项合法权益、保障人民民主、维护国家安全的重要工具。

　　四是改革与创新。中国传统行政带有强烈的保守性色彩，对经典与权威的坚守、适配，是传统行政哲学与行政实践之合法性的来源。例如，在分封与郡县的选择议题上，即使在郡县制已经践行数千年、得到广泛认可的封建社会中后期，尚有思想家或实践者主张回归分封制及其相应的行政模式；在德性议题上，先秦儒家是以西周的德性治理实践为理想范本的，而秦汉之后的儒者在阐释相关行政理论与实践问题时，也都试图从先秦经典文本中寻求逻辑依据，以证明其合理性。与传统理论与实践不同的是，当代中国的公共行政实践对于创新与改革给予了高度的重视，历史进步主义成为中国行政实践与行政发展的核心信仰。这在当代中国的行政改革与行政创新实践中都有着极为明显的表现。在改革开放之前，中国的行政实践中流行的是革命话语，其实践过程带有一定的激进色彩，群众运动等运动性治理模式是化解社会问题的重要方式。这是一种相对激进的破旧立新的形态。改革开放后，中国的行政创新则更多的是渐进性的，在这一时期的行政创新实践中，探索与试错是其典型的特质，其成功经验的获取带有强烈的实验性和累积性，因此，"摸着石头过河"式的探索型行政成为这一时期行政实践的基本特征。党的十八大以后，中国的行政改革与创新进入全面深化阶段，这一时期，行政的全面革新、对社会各个领域的全面改革成为主流，行政改革的话语内涵也由原来的"机构改革""精简""职能转变""管理"等转化为"全面""深化""转型""升级""治理""整合""监督""制度的笼子"等，其所回应和契合的是"全面从严治党"的现实诉求和推进"国家治理体系与治理能力现代化"的总体目标。

　　总体来看，中国特色行政哲学的核心话语体系是多元化、开放性、发展性的。本节对中国特色行政核心话语体系的探讨，并没有穷尽中国行政哲学的核心话语，而毋宁说是提供了几种宏观的观察视角。实际上，对处于初创时期的中国特色行政哲学研究来说，只有兼收并蓄，着力从不同学科及行政实践中吸取营养，才能实现中国行政哲学对行政实践反映的精准化、科学化、独特化，也才能真正有效地搭建具有自身特色的中国行政哲学话语体系与理论体系。

第三章
儒家行政哲学的主要内容及其特质

在中国特色行政哲学的理论体系中，儒家行政哲学是其极为重要的构成内容及渊源之一。作为中国传统行政哲学的主导力量，儒家行政哲学既决定着传统行政生活与行政知识的发展方向，决定着传统的行政行为方式与行政道德标准，同时，其也对当代中国的行政文化品格与行政价值选择等产生着深远的影响。

从历程上看，儒家行政哲学在中国古代的发展，大体可划分为三个阶段。① 其中，以孔子、孟子、荀子等为主要代表的先秦时期是儒家行政哲学发展的第一阶段，其确立了儒家行政哲学发展的总体基调。以董仲舒

---

① 在新儒家那里，儒学的发展主要有三阶段说和四阶段说的区分。三阶段说主要以牟宗三为代表，其认为"儒家学术的第一阶段，是由先秦儒家开始，发展到东汉末年。……宋明理学是儒家学术发展的第二个阶段，就是对着前一时期的歧出而转回到儒家的主流，理学的本质即在道德意识的复苏。儒家学术第三期的发展，所应负的责任即是要开这个时代所需要的外王，亦即开新的外王"。（牟宗三：《政道与治道》，广西师范大学出版社 2006 年版，第 4—8 页）。在三阶段说那里，汉儒并没有被认为是一个独立的发展阶段。四阶段说以李泽厚等为代表，其指出，"我所谓'四期'，是认为孔、孟、荀为第一期，汉儒为第二期，宋明理学为第三期，现在或将来如要发展，则应为虽继承前三期，却又颇有不同特色的第四期"。（李泽厚：《己卯五说》，中国电影出版社 1999 年版，第 2—31 页）。以李泽厚为代表的四阶段说将汉儒单列，认为其是一个独立的儒学发展阶段，突出了汉儒的影响。

为代表的汉代儒学是儒家行政哲学发展的第二阶段，董仲舒将阴阳五行等理念引入儒学，实现了对儒家思想的政治化改造，使儒学与政治生活、行政生活得以更深层次地联结。儒家行政哲学发展的第三阶段主要以宋代的朱熹为代表。其通过理学思想的系统构建，使儒家思想进入了新的境界、提升到了新的高度。本书将根据儒家思想的上述分期，来对三个阶段儒家行政哲学的主要内容及其特质进行考察与提炼。

第一节　先秦儒家行政哲学的主要内容及其特质

先秦时期，儒家思想家完成了儒家学说的理论奠基。以孔子、孟子、荀子等为代表的先秦儒家思想家，以开放的心态对儒学进行了不断的构建、充实和发展，使先秦儒学的思想深度不断巩固、理论特质不断明晰。先秦儒家思想内容博杂，从不同视角进行探索和解读，可以得出不同的启示。但总体来看，先秦儒家的核心关切之一在于现实行政体系的运作及其有效性，现实行政体系的价值选择、行政主体的德性修炼、行政运行的社会效果等，是先秦儒家思考的重要立足点。因此，从行政哲学的视角来探究先秦儒家思想，不仅能为先秦儒家研究的深化提供一种新的视角，也能为当今行政理论与实践的发展提供新的思路与方向。本节从行政本体论、行政价值论、行政人格论三重视角出发，来对先秦儒家行政哲学的核心内容进行梳理。

一、先秦儒家的行政本体论

先秦时期，由于政治与行政的高度混杂，先秦儒家并没有生成现代意义上的行政观念，但其对于行政实践与行政生活的反思，却蕴含着丰富的行政本体论思想。先秦儒家行政本体论的核心内容，大体可从三个方面来加以考察。

（一）行政是一种目的性实践

在先秦儒家的视域中，行政首先是一种目的性实践。这种目的性主要有两个维度的表现：一是行政体系自身的目的性维度。在这一意义上，良好的行政是实现行政体系自身的稳定、确保行政权力结构之稳固的基础。二是社会目的维度，在社会目的维度上，行政是实现社会有效治理、确保社会安居乐业的重要工具，同时，其也是行政之为公性的基本表现。

先秦儒家对于行政主体及行政体系的自利性目的并不绝对否定，这主要表现在：首先，儒家并不否认正当之利。在孔子看来，"富与贵，是人之所欲也……贫与贱，是人之所恶也"（《论语·里仁》）。"富而可求也，虽执鞭之士，吾亦为之。"（《论语·述而》）正当的利益追求，是人的生存之道，是人作为人的本能，具有天然的正当性。对于行政主体而言，通过参与行政体系，开展行政实践而实现自身基本生活条件的获取，或通过主体德性的提升而跻身于行政体系，实现在行政等级体系中的职位提升，进而实现行政权力的获取，实现自身社会身份的提升，都具有其合理性。这是从人的自然性角度对行政生活提出的一种本体性解释。其次，在社会和伦理维度上，行政权力的获取对于行政主体而言不仅是一种利益，更是德性主体的内在职责。因为，这是实现"己立""己达"与"立人""达人"之内在统一的根本。其中，通过德性修养而实现个体能力的提升、进而实现对行政体系的参与，是"己立""己达"的表现，它体现的是行政主体的自我实现。这种自我实现不仅是个体的选择，也是社会责任外在要求的结果——因为，在儒家的视域中，德性主体对行政权力的掌握，是实现社会公共利益的基本路径，只有当德性主体积极参与行政生活并正确地使用行政权力时，社会福祉才有实现的可能。因此，在先秦儒家那里，个体性目的与社会性的责任要求是具有高度一致性的。再次，对于行政体系来说，其自我稳定的目标追求与社会稳定的价值追求之间具有同一性。先秦儒家的行政逻辑具有强烈的权力中心主义、行政中心主义色彩，这意味着，对于先秦儒家而言，行政及其相应的权力体系对社会治理的有效性发挥着基础性、决定性的作用。换言之，没有行政体系的稳定，也就不会有社会的稳定，行政体系的稳定是实现社会稳定的工具与前提。因此，从社会稳定与行政体系稳定的辩证关系来看，先秦儒家如果要肯定社会稳定之价值，就必然要肯定行政体系自身稳定的目标追求的合法性，二者一旦割裂，其逻辑基础也就不复存在。

先秦儒家对行政之自利性的肯定，以自利的无害化为前提，它要求自利服务于公利，或至少使自利不侵害公利。在先秦儒家的视域中，这种自利的无害化，或自利与公利之间的和解，主要经由两重逻辑而实现：一是在行政主体层面上，强调行政主体的自利必须存在一定的界域，其不能忽略社会之"义"。孔子说："不义而富且贵，如我于浮云。"（《论语·述而》）在孟子与梁惠王的对话中，当梁惠王问孟子"亦将有以利吾国乎"时，孟子说："王，何必曰利？亦有仁义而已矣。"（《孟子·梁惠王上》）这实际上都是强调，对于行政主体来说，尽管利不可或缺，但"义"才是根本性的，也是最难以达致的。无论是孔子还是孟子，其"义"的规范，都是对于行政治理者所提出的要求，即行政主体必须将公利放在自我的财富获取和权力、身份的稳固之前。财富、权力的获取及身份的跻登，都必须以对"义"这一伦理原则的维护为前提。"义"的本质及内在诉求之一在于利他，在义与利的优先性排序中，义是根本性的，而利是第二性的。二是在行政体系层面上，承认自利与社会公利的互目的性，并以行政体系的"仁""义"化来确保社会公利的根本性。自利性目的对于权力高度集中的传统行政体系来说，具有一定的必然性。甚至，对于行政权力体系的自利性的认同，是知识精英获取行政权力体系之信任的根本。在儒家那里，公利与自利之间始终都具有明确的手段与目的之二重辩证关系。换言之，自利对于行政体系本身来说是目的性的，但其对于社会来说，又是工具性的，在社会层面上，只有当行政自利性被工具化时，才能够真正实现其自利目标的维护。反过来，特定的行政体系的自利性要求，也是这一行政体系实现社会的公利性目的的重要动力，行政体系自我稳固和权力扩张的需求，是其实现良治的内在驱动源。在儒家的视域中，行政体系的这种自利性的实现，要求行政体系在道德上的"仁""义"化，"仁""义"化正是实现行政体系自利之无害化的基础，也是沟通自利工具性与公利目的性的中介。在孟子那里，"仁""义"被具体化为了"仁政"，其指出："王如施仁政于民，省刑罚，薄税敛，深耕易耨，壮者以暇日修其孝悌忠信，入以事其父兄，出以事其长上，可使制梃以挞秦、楚之坚甲利兵矣。"（《孟子·梁惠王上》）仁政作为一种以公利为追求的行政，通过对行政体系之自利的适度限制，使行政体系之自利与公利的和解成为了可能，其既有助于行政合法性的最终获取，也有助于构建自利与公利之间的良性循环，进而达致自利与公利双重实现的目标。

（二）行政具有权力与认同两个维度，但认同维度具有更重要的价值

权力与认同是行政体系与社会体系的互动和交往所必然涉及的两项核心内容。其中，权力作为一种行政交往工具以强制为基础，而认同作为一种行政交往方式，则以社会主体对行政体系的接纳和认可为基础。从二者的相互关系上看，权力代表的是行政体系相对于社会的自主性，而认同则更多体现的是行政体系对于社会的适应（或在一定程度上也体现为社会相对于行政体系的自主性），它是在行政体系与社会的良性交往与互动中

形成的。

先秦儒家对行政的权力性因素进行了充分的肯定。例如，在孔子那里，行政权力掌握的有效性及其集中性程度，是评价"有道社会"与"无道社会"的标准："天下有道，礼乐征伐自天子出；天下无道，礼乐征伐自诸侯出……天下有道，则政不在大夫；天下有道，则庶人不议。"（《论语·季氏》）孔子认为，行政与治理权力是否集中于某一统一的主体，或者说，行政体系中的不同主体是否遵从行政权力的传统等级体系和权力分配结构，是一个行政体系是否有道、是否符合"道统"的基本判准。事实上，孔子对"礼"的强调、对"臣忠于君"的强调，都是要维护行政权力的等级性结构，从而使行政的权力秩序不至于错位。同时，孔子对"仁"与"礼"的强调，在其现实效果上，也是要使行政体系与社会体系在自身的位置上安守本分，一方面防止行政权力的僭越，另一方面也使社会服从于行政权力的安排。荀子对于行政权力维度也给予了高度的重视，在荀子看来，"分均则不偏，势齐则不壹，众齐则不使。有天有地而上下有差，明王始立而处国有制。夫两贵之不能相事，两贱之不能相使，是天数也……先王恶其乱也，故制礼义以分之，使有贫富贵贱之等，足以相兼临者，是养天下之本也"（《荀子·王制》）。权势、地位的差等与分化，是实现行政体系的自我治理，同时也是实现对社会有效治理的关键。荀子强调了礼、乐、法等行政工具的控制性功能，认为"由士以上则必以礼乐节之，众庶百姓则必以法数制之"（《荀子·富国》），"以善至者待之以礼，以不善至者待之以刑"（《荀子·王制》）。这种区分化的、礼法结合的行政与治理方式，立基于对人的本性的有效把握、立基于对社会发展的差异化逻辑的体认，其对于提升行政的针对性、实现行政职位的合理分异、实现对差异化社会的区分化治理、确保行政权力差异化结构的稳固等，都具有重要意义。

不难看出，强制性的权力型行政工具，在儒家的视域中具有举足轻重的作用。其核心在于权力是行政有效性得以生成的重要影响因素。权力性因素体现了行政体系自身的自主性和独立性，而行政体系相对于社会的自主性和独立性，是实现行政对社会秩序规范的基础。在儒家的行政中心主义思维逻辑中，如果行政体系与社会之间的权力型交往关系无法维持，社会的稳定与秩序等目的性价值也就无法得到确保。换言之，行政权力是评价一个治理体系的稳固性和自我保存能力的重要基础，这种稳固性与自我保存能力，实际上也是社会秩序和公共利益能否得到有效维护的重要前提。从形式上看，这样的权力型工具，本质上是一种体系化、组织化的能力，它表现在权力控制能力的大小，权力结构的规范性、有序性等方面。

相较于对权力的强制性服从而言，先秦儒家更强调对行政权力的认同性服从。这种认同性服从，是以行政主体基于德性的自我修养而实现的个人魅力及基于德性化的行政体系所能达致的对社会绩效的有效提升而实现的。在以权力为基础的强制性服从与以德性为基础的认同性服从中，孔子明确指出了其对于认同性服从的偏向性。如当被问及："如杀无道，以就有道，何如？"孔子曰："子为政，焉用杀？子欲善而民善矣。"（《论语·颜渊》）对于孔子而言，认同性服从的优势表现在："道之以政，齐之以刑，民免而无耻；道之以德，齐之以礼，有耻且格。"（《论语·为政》）孟子则从君民关系的角度提出，"桀纣之失天下也，失其民也；失其民者，失其心也。得天下有道：得其民，斯得天下矣"（《孟子·离娄上》），指出了社会认同对于确保行政权力体系之稳固的重要意义。荀子也指出，一定的行政体系能否得到认同，是王道政治的根本。在荀子看来，"天下归之之谓王，天下去之之谓亡"（《荀子·正论》），商汤、武王之所以能够拥有天下治权，是因其"修其道，行其义，兴天下之同利，除天下之同害，而天下归之也"（《荀子·正论》）。这是一种基于行政主体的个人德性和治理绩效而实现的社会认同。在先秦儒家的逻辑中，社会认同是行政权力行使的根基，社会认同具有强化权力的作用，是巩固行政权力的必由之路。

如果把对行政权力的认同分为基于理性的认同与基于信仰的认同两类的话，儒家的行政权力认同更倾向于前者。这是因为，在先秦儒家的视域中，行政权力认同的构建是基于以下两个方面而实现的：一是基于权力的正向性作用，即行政权力能够给社会带来利益的增进，这是以社会主体的自利性为基础而实现的理性化认同；二是通过行政主体、行政体系的自我修养、自我提升与发展，使行政权力体系与社会主体在交往过程中实现价值的同向性，从而实现社会的认同，这样的认同在一定程度上也是以价值的理性比较为基础的。总体上，儒家式的理性化认同，离不开行政权力体系对社会治理绩效的有效确保，当行政权力无法有效维系社会治理秩序、无法有效维持公共善与公共益品的供给时，其合法性基础就会受到质疑。

（三）行政是一种主体性实践，也是一种主体间性实践

在先秦儒家的逻辑中，行政主体是行政实践的核心，是决定行政实践之正当性、有效性的关键。其主要表现在于：

其一，儒家强调行政主体对于行政的基础性意义，行政主体在行政生活中的角色是积极主动的，而非被动的、机械的。这种主动性的重要表现在于，行政主体本身的特质决定了行政实践的效果和社会意义。因此，行政主体的自我修养与完善成为实现良善治理的基本前提。例如，孔子对于修身与兼济天下之间的关联进行了充分的强调。在《论语·宪问》中，孔子对于子路关于君子的问询，提出了"修己以敬""修己以安人"和"修己以安百姓"三条标准。对"修己以敬""修己以安人""修己以安百姓"

的强调，具有两重意蕴：一方面，修己是实现安百姓这一社会性目的的前提，只有自我主动化的能力与德性提升，才能促成更广泛的社会福祉；另一方面，安人、安百姓是修己的目的，主体的能动化修身，指向的是更广泛的社会性目的之实现。由此可见，在先秦儒家的视域中，行政主体不仅要基于外在的推力而开展其公共性实践，也要将公共性实践作为自身的一种内生性价值追求，达致主体对公共价值践履的高度自觉。

其二，主体性实践意味着行政主体具有广泛的行政价值选择空间。在先秦儒家那里，无论是作为天命安排意义上的行政权力，还是世俗性行政权力，都不是完全依附性的，而是具有强烈的自主性。这种自主性，在先秦儒家的视域中，主要表现为行政主体对于自身的行政价值与行政行为选择的自主性。孔子说："为仁由己，而由人乎哉？"（《论语·颜渊》）"我欲仁，斯仁至矣。"（《论语·述而》）表明行政主体的自主性选择是仁德践履的关键。总体来看，对于先秦儒家而言，个体修身的根本在于肯认个体与社会之间的联结性，个体必须实现良好的社会价值选择，平衡好个体价值与社会价值之间的关系，实现对个体私欲的控制与约束。

除主体性外，儒家对于行政的主体间性的强调更是其突出的特征。这种主体间性既体现在行政体系内部，也体现在行政体系与社会之间。

在行政体系内部，行政的主体间性主要通过天子与诸侯、君与臣的交往实践而得以体现。在孔子那里，其对于天子、诸侯及臣下的主体间关系的理想化构设，是一种天子集权型模式。孔子理想视域中的有道之治，是一种"礼乐征伐自天子出"的统一化、服从式治理。在孔子看来，治理权力越是分散，社会的可治理性或治理的可持续性就越低："自诸侯出，盖十世希不失矣；自大夫出，五世希不失矣；陪臣执国命，三世希不失矣。"（《论语·季氏》）对于君臣之间的主体间性，孟子的见解也极为深刻。孟子认为，"君之视臣如手足，则臣视君如腹心；君之视臣如犬马，则臣视君如国人；君之视臣如土芥，则臣视君如寇仇"（《孟子·离娄下》），君臣之间的关系形态，主导方在君，臣对君的态度、认同甚至依附，要取决于君对臣的基本态度。

而在行政体系与社会层面，儒家的主体间性主要体现在其对治理体系与民众之关系的理解上。孟子君民观的核心，即上文所提到过的"得民心者得天下"，孟子指出："得其民有道，得其心，斯得民矣；得其心有道，所欲与之聚之，所恶勿施，尔也。"（《孟子·离娄上》）荀子说："君者，舟也；庶人者，水也；水则载舟，水则覆舟。"（《荀子·王制》）能否得民心，是在与民众的互动过程中实现的，这种互动的过程，是一个需求的相互满足过程，是一个价值的匹配与相互契合的过程，其主体间性思想是非常明确的。在先秦儒家那里，主体间的价值契合性不仅决定着民心的向背，也决定着知识精英的价值选择，尤其决定了主体是否参与行政生活的行为选择。如孔子说："笃信好学，守死善道；危邦不入，乱邦不居；天下有道则见，无道则隐。"（《论语·泰伯》）在孔子的视域中，是否参与行政生活，取决于行政体系本身是否符合道的标准，在天下无道之时退隐，是在行政体系弃置道的现实情境中，儒家式的知识精英实现自保的一种无奈之举和消极抵抗。

总体来看，先秦儒家对行政的主体性与主体间性的强调，与现代西方的技术主义行政有着明显的差别。在现代西方的技术主义行政逻辑中，主体在行政实践中的地位被弱化了，取而代之的是科层逻辑的运用、治理科技和治理技术的拓展与实施等。在这种科层式的、技术导向的思维逻辑中，主体是各类治理技术中的一个机械式的、可替换的环节。因此，对于现代西方科层制及技术主义行政而言，关键的不是以谁为主体来开展行政实践，而是行政组织的架构是否合理、行政制度的安排是否精密、技术的运用是否先进，在这样的行政架构中，行政主体更倾向于消极型的，其与先秦儒家的积极型行政主体形成了鲜明的对比。

二、先秦儒家的行政价值观

先秦儒家关注的重心之一，在于形塑行政主体的价值与行为并构设一种政治与行政生活的合理标准。其中，个体与组织的价值及价值观，是先秦儒家构设和论证理想行政生活、推进个体完善的重要切入点，亦是其理论探究的始基。因此，对先秦儒家行政哲学的关注，离不开对其行政价值观的深入探讨。先秦儒家行政价值观的核心内容及其特征，可从如下三个方面进行考察。

（一）强调行政之"公"

在先秦儒家的视域中，"公"至少包含两个方面的内涵：其一，从价值分配的角度而言，"公"表达的是社会价值、社会财富等在现实视域或理想情境中的分配状态；其二，"公"表征的是行政主体或行政体系所持守的一种以社会利益为导向、以社会福祉为优先的公共精神样态。这种公共精神样态对于行政主体及行政体系所提出的基本要求，在于行政主体必须具备高度的利他性，必须谋求社会福祉的增进，在价值上以公共善的实现为优先考量。先秦儒家对于行政之为公性的强调，在上述两个维度都有明确的表现。

具体而言，第一，在社会价值的分配状态上，先秦儒家以价值分配的均平化为理想追求。如孔子指出："不患寡而患不均，不患贫而患不安。盖均无贫，和无寡，安无倾。"（《论语·季氏》）在孔子的逻辑中，社会价值分配的相对均平，是实现治理有效性的前提。这种治理有效性的基本逻辑在于，均平是一种具有广泛的社会认可度、为社会所广泛追求的一般性价值，基于均平原则的价值分配政策，更容易获得社会的高度支持。所以，先秦儒家的行政之"公"，首先必然要表现为社会财富与价值分配的无偏私性，这种无偏私性的实质，是要实现行政之特殊价值的一般性转化，从而达致行政价值与社会价值的统一。

价值分配的无偏私性，存在着机会赋予的无偏私性和分配结果的无偏私性两重逻辑，其中，前者是过程性的，后者则是结果性的。先秦儒家所强调的价值分配的无偏私性，具有明显的结果导向色彩，或者说，其所强调的理想化的分配形态，更多的是价值分配最终结果的均平性。因此，在理想社会形态的选择上，先秦儒家强调的是带有强烈均平性色彩的大同社会："大道之行也，天下为公。选贤与能，讲信修睦，故人不独亲其亲，不独子其子，使老有所终，壮有所用，幼有所长，矜寡孤独废疾者，皆有所养。男有分，女有归。货恶其弃于地也，不必藏于己；力恶其不出于身也，不必为己。是故谋闭而不兴，盗窃乱贼而不作，故外户而不闭。"（《礼记·礼运》）儒家理想逻辑中的大同社会，是一种贤能当政的，治理德性与社会德性高度发达、高度统一的社会，无论是治理主体还是社会主体，都具有高度的利他性，为公性和利他性成为社会的主流价值追求。在这一社会运行逻辑中，社会价值分配的均等性促进了价值之利他性的生成，而价值上的利他性，又进一步促进了社会价值分配的均等性，促进了人的欲望的均平化满足、并在一定程度上消弥了基于价值分配的差异而导致的身份性差异。

第二，强调行政生活的社会有利性。在先秦儒家那里，尽管行政有其自利性目标，但是其终极指向在于对社会利益的增进。这种对社会利益的增进，一方面离不开行政主体对自我之利与社会之利的共通性的体认，另一方面也离不开行政德性主体的价值驱动。

在自我之利与社会之利的共通性维度上，孔子、孟子、荀子等都进行了强调。在孟子那里，行政的社会有利性主要是通过对仁政的强调而得以阐发的。所谓仁政，本质上就是掌握行政权力的主体对于民众的亲善性。在孟子的逻辑中，这种亲善性带有明显的相互性色彩，也即：行政权力主体对于社会的亲善性是实现社会秩序与社会认同的基础。在孟子看来，"有人不得则非其上矣。不得而非其上者，非也。为民上而不与民同乐者，亦非也。乐民之乐者，民亦乐其乐。忧民之忧者，民亦忧其忧。乐以天下，忧以天下，然而不王者，未之有也"（《孟子·梁惠王下》）。孟子揭示了行政主体与社会主体实现主体间关系和解、达致和谐共生的基本逻辑，其本质就在于，行政主体在价值上必须达致一般化，实现其与社会价值诉求的一致性。荀子对于行政主体与社会主体交往的相互性逻辑也给予了充分的重视。荀子认为，理想化的行政主体必须具备忠信、平和、公正的气质，做到"使民夏不宛暍，冬不冻寒，急不伤力，缓不后时，事成功立，上下俱富"，只有这样，才能做到"百姓皆爱其上，人归之如流水，亲之欢如父母，为之出死断亡而愉者"（《荀子·富国》）。在荀子的逻辑中，只有当行政成为社会价值的创造者，成为公共善的生产者和增进者时，社会才能以友善的态度来对待行政主体，实现对行政主体的信任与归附。在这一互动逻辑中，行政体系的价值选择是决定性的，其是行政与社会之价值共生关系能否达致的关键性因素。

从主体的价值驱动维度来看，行政对于社会的有利性的生成，存在着消极与积极两个维度。在消极意义上，其着眼于通过行政主体的德性修养及以"礼"为核心的行为规范的推进，来实现对主体行政行为的理性节制，进而防止行政权力对社会利益的侵害。换言之，在行政权力成为一种必然的、无须反思和质疑的社会存在时，对行政权力的主体性规范是确保其正向功能发挥的基础与手段。在积极意义上，行政对于社会的有利性的生成，也在于通过主体的自我修养与自我能力的增强，而实现对社会福祉的增进，达致"己欲立而立人，己欲达而达人"的效果。在理想意义上，先秦儒家的积极型行政主体存在着一定的自为性，其基于对"公"的价值认同、基于个体的主观能动性的发挥，而达致增进社会福祉的目的。

总体来看，在儒家的视域中，"反身向内"与"外王"是一个无法分割的统一整体，这就决定了基于"反身向内"而实现的德性提升以及基于德性提升而实现的行政权力的理性化和无害化，绝不是儒家所追求的终极状态。儒家的积极型特征，决定了其必然要使理性化和无害化的行政权力实现对社会的有利性、使其成为社会价值与公共善的增进者。无论是"反身向内"的德性提升与自我价值形塑过程，还是"外王"式的社会福祉增进过程，都是永无止境的、"永远有待完成"的过程，换言之，儒家式的行政主体与行政体系，是在不断地自省、修炼、与社会交往的过程中逐渐完善，逐渐实现与社会价值的同一化，进而实现对社会价值的不断增进。

（二）具有明确的行政价值体系

先秦儒家的行政价值思想都具有明显的体系性，这种体系性不仅表现为其所主张的行政价值形态都具有明显的多元性，更表现为其行政价值思想都呈现出中心价值与外围价值、理想价值与支撑性价值、原生性价值与衍生性价值并举的结构性特征。例如，孔子突出了"仁"的重要性，对于"仁"的认同与践行，是行政主体能否维持君臣共治结构之稳定、能否获取行政体系之社会认同的根本。但在孔子那里，仁并不是一种孤立的价值观，而是具有明显的体系性。孔子指出，能行"恭、宽、信、敏、惠"五者于天下，为仁矣。对于五种价值的具体意义，孔子认为，"恭则不侮，宽则得众，信则人任焉，敏则有功，惠则足以使人"（《论语·阳货》）。在孔子的"仁"这一价值体系中，"恭、宽、信、敏、惠"等是"仁"的外围价值，其起着支撑"仁"，促进"仁"由抽象向现实、由话语向实践转化的作用。以"仁"为核心，以"恭、宽、信、敏、惠"等为内容，孔子形塑了一种"核心—支撑"型的完整行政价值体系。

孟子的行政价值思想也具有明显的体系性。在孟子的视域中，仁、义、礼、智、乐是行政价值的核心，这些价值之间也存在着明显的层次性特质。孟子曰："仁之实，事亲是也；义之实，从兄是也；智之实，知斯二者弗去是也；礼之实，节文斯二者是也；乐之实，乐斯二者，乐则生矣；生则恶可已也，恶可已，则不知足之蹈之，手之舞之。"（《孟子·离娄上》）在仁、义、礼、智、乐的优先性排序中，仁义具有前提性和根本性，"事亲"和"从兄"都是仁义的外在表现；而智、礼、乐则带有一定的衍生性色彩，其中，"智是对仁义的认识、辨别、了解和坚持，礼是对仁义实践的调节修饰，乐是在仁义的实践里得到悦乐"①。

相对于孔子与孟子而言，荀子则更突出地强调了仁、义、礼、乐之间的内在关联，提升了义、礼在行政价值体系中的重要性，突出了义、礼对于实现仁、支撑仁的关键性意义。荀子认为，"仁义礼乐，其致一也。""君子处仁以义，然后仁也；行义以礼，然后义也；制礼反本成末，然后礼也。三者皆通，然后道也。"（《荀子·大略》）在荀子的视域中，义是实现仁的路径，而礼又是实现义的方法。对荀子而言，义、礼虽然带有一定的工具性色彩，但其对于仁的实现过程却并非是可有可无的，只有实现和践行这些次生性价值，才能促进仁这样的原生性价值的真正实现，同时，也只有将仁、义、礼结合起来，使其相辅相成、相互作用，才能达致"道"的境界。

（三）强调价值完善与行政实践提升之间的关联

在先秦儒家那里，行政价值是支撑主体行为的内在要素，行政价值的根本指向不是理论性的，而是实践性的。因此，如何实现行政价值与行政现实之间的联结、如何以行政价值的完善来促进行政现实的提升，是先

---

① 陈来：《孟子的德性论》，《哲学研究》2010 年第 5 期。

秦儒家所关注的重要内容之一。

一是以价值修养—价值认同—行为践履为基本逻辑，构建起行政价值与行政实践之间的关联。对于先秦儒家而言，行政价值的修养过程是行政主体主动获取行政价值、探求行政价值的过程；其直接目的是实现对正确的、有利的行政价值的内化，并实现对错误的、不利的行政价值的否弃。曾子说，"吾日三省吾身"（《论语·学而》），孔子说，"择其善者而从之，其不善者而改之"（《论语·述而》），所体现的就是这样一个价值与德性扬弃的过程；在孟子那里，对于仁、义、礼、智等价值或德目而言，"有是四端而自谓不能者，自贼者也；谓其君不能者，贼其君者也。凡有四端于我者，知皆扩而充之矣，若火之始然，泉之始达。苟能充之，足以保四海；苟不充之，不足以事父母"（《孟子·公孙丑上》）。仁、义、礼、智扩而充之的过程，就是一个价值修养、价值内化的主动过程。价值修养的目的，是实现对善性价值的认同并实现人的完善与发展。价值认同的完成及与之相伴随的人的完善与发展，是沟通价值修养与价值践履的中介，其最终目的是要实现行政主体对善性价值的践履。孔子曰："诵诗三百，授之以政，不达；使于四方，不能专对；虽多，亦奚以为？"（《论语·子路》）在先秦儒家的视域中，如果仅仅停留在理论与话语层面，而不能进入实践的过程，这样的理论和价值是缺乏有用性的、是没有意义的。先秦儒家面对知识精英与行政精英二元分割的现实，为使其思想主张在现实的行政实践中得到践行，采取了一种教导式的、价值传播式的方式。其希求的是通过行政实践主体对儒家价值观念的认同而实现其价值理念的现实转化。

总体上，儒家的行政价值认同逻辑不是封闭的，而是螺旋上升式的。其终极的价值目标是实现仁、义等价值或德目的内化，使其成为人的构成部分，从而实现人本身的发展；其终极的实践目的是通过行政实践体系的改善，来达致社会福祉的提升与社会治理的有效性。这种价值上的认同与实践上的转化都是在"苟日新，日日新，又日新"（《大学·释"新民"》）的循环往复、渐进累积过程中实现的。这种渐进性的、上升性的逻辑，由于正确揭示了人的发展的内在规律，而呈现出较强的可操作性与较好的实践效应。

二是其追求行政价值观与社会价值观之间的同向化的过程，具有主动与被动的二元特征。对于先秦儒家而言，行政体系要确保其稳定性与合法性，必然要求行政体系保持与社会价值观之间的同向性。但在确保社会价值观与行政价值观的同向性方面，先秦儒家并不主张完全被动式的适应，而是强调进行积极主动的建构。《论语》中孔子与冉有的对话较好地说明了这一点："子适卫，冉有仆，子曰：'庶矣哉！'冉有曰：'既庶矣，又何加焉？'曰：'富之。'曰：'既富矣，又何加焉？'曰：'教之。'"（《论语·子路》）在富的层面上，其体现的是社会的价值期待，是绩效合法性的构建基础；在教的层面上，则是要将德性化的社会价值观灌输给社会、实现对社会价值观的主动化塑造，进而实现两者在价值诉求上的同一性。总体而言，在先秦儒家那里，行政价值观与社会价值观的关系在于行政价值观要塑造、引导社会价值观，而社会价值观也要影响行政价值观，两者是一种相互建构的关系，行政价值观在其中是主导性的。也正是行政价值观的主导性，使得行政主体的价值追求具有举足轻重的作用，当行政价值观与社会价值观之间的互构遇到障碍时，首先要反思的是行政价值观的合理性，要从行政主体自身的角度来找原因。因此，孟子说："爱人不亲，反其仁；治人不治，反其智；礼人不答，反其敬。行有不得者皆反求诸己，其身正而天下归之。"（《孟子·离娄上》）关爱别人，别人却不亲近我，就要从自我的角度来反思自身的关爱是否足够；治理百姓却无法达到预期的效果，就要反思自己的智慧是否到位；对别人以礼相待别人却不加以理会，就要反思自己是否有足够的敬意。[①] 从行政主体着手来进行价值反思，是实现行政价值观的普遍化与一般化，进而促进其与社会价值观的一致化的基本路径。

三、先秦儒家的行政人格论

关于行政人格的内涵，可从如下两个方面来理解。首先，在群体意义上，行政人格是指作为一个群体的行政主体区别于其他社会成员的"内在规定性"[②]，这一意义上的行政人格，强调的是行政主体作为一个整体在价值选择、心理倾向、行为方式上相对于其他社会主体的独特性；其次，从个体意义上看，行政人格是指行政主体基于其个体经历及其对行政本质的独特理解所形成的特殊的行政态度、行政价值观与行政行为。行政人格的形成，既是社会总体的价值观、态度与行为的反映，同时也与行政体系的价值塑造、行政主体的个体选择密切相关。

先秦儒家对行政人格问题进行了深入的思考，形成了独特的行政人格思想，其内容与特质主要包括三个方面。

（一）德性行政人格是儒家行政人格追求的理想形态

德性在先秦儒家的行政人格体系中具有关键性意义，是儒家行政人格观的核心特征，其基本特征可概括为两个方面。

1. 德是不同行政人格类型的主要界分与评价标准

对于德，先秦儒家设定了复杂的价值与德目体系，不同的德性要求与德目设定，体现着先秦儒家对于行政人格的多元化诉求。在孔子那里，以核心德目为依据，主要存在着两种不同的德性行政人格类型。第一种可

---

① 《孟子》，方勇译注，中华书局 2015 年版，第 132 页。
② 张康之、杨艳：《论行政人格的历史类型》，《江海学刊》2004 年第 6 期。

称为仁德型行政人格。其表现为一种以仁为内在核心、以礼为外在表现的行政人格模式。儒家之仁具有极为丰富的内涵，在仁的具体表现形式上，孔子提出了"克己复礼为仁"（《论语·颜渊》）意义上的人生最高目标、"人而不仁，如礼何？人而不仁，如乐何"（《论语·八佾》）式的行为准则，以"恭、宽、信、敏、惠"（《论语·阳货》）、"刚、毅、木、讷"（《论语·子路》）等为外围价值的价值体系，及以"己所不欲，勿施于人"（《论语·卫灵公》）"仁者安仁，知者利仁"（《论语·里仁》）为核心的心灵境界等内容。[①] 在孔子的逻辑中，"仁"是一种总括性的德性行政人格模式，在这一行政人格模式中，是否具备上述不同的行为模式、价值观照、心灵境界等，则成为评价行政主体是否具备仁德、是否能够成就仁德型行政人格的评价标准。在仁与礼的关系上，孔子通过对仁的引入，使礼具备了精神内核，从而为自西周以降礼制的形式化所导致的礼制危机提供了一种化解方案。[②] 第二种德性行政人格类型，可称为中庸型行政人格。对于中庸，孔子曰："中庸之为德也，其至矣乎！民鲜久矣。"（《论语·雍也》）如果说仁是从人的内心修养角度提出的德性要求，其所关注的是行政主体的公共精神之修养的话，那么中庸则更多的是对主体行为的"度"提出的一种规范，中庸所要求的不偏不倚，体现的是行政主体的理性与节制。换言之，中庸型德性行政人格的实现，是以对行政生活的理性态度和对行政主体行为的自我控制为基础的。从其与仁的关系来看，中庸可以说是实现仁的一种操作性德性，是实现仁所要求的为公性品性而提出的一种自我修养。

---

① 景怀斌：《孔子"仁"的终极观及其功用的心理机制》，《中国社会科学》2012 年第 4 期。

② 颜炳罡：《论孔子的仁礼合一说》，《山东大学学报（哲学社会科学版）》2001 年第 2 期。

在孟子那里，其德性行政人格的目标追求，是以"仁义"为核心的。可以说，"仁—义"构成了孟子德性行政人格思想之基本架构。① 孟子对仁义德性的理解，主要包含四重特性：其一，强调仁义有其内在的人性基础。这种人性基础表现为，"恻隐之心，仁之端也；羞恶之心，义之端也"（《孟子·公孙丑上》）。对于行政主体而言，仁与义是基于"恻隐""羞恶"等人的一般性特质而存在的，对仁与义的认同与践行，是人之本性的体现。其二，强调仁与义之间的二元互动。孟子认为："仁，人心也；义，人路也。"（《孟子·告子上》）在仁、义的关系上，仁是人的理想化的精神状态，是人的构成性部分，但仁的实现只有在对义的强调中才有可能。同时，孟子也认为："人皆有所不忍，达之于其所忍，仁也；人皆有所不为，达之于其所为，义也。"（《孟子·尽心下》）说明仁义在孟子看来都是主体的一种行为理性，它是对忍与不忍、为与不为的权衡，这种权衡，正是达于仁义之德性与德行的基本路径。其三，仁义德性体现的是一般性与差等性的统一。在朱熹看来，孟子的仁、义之差别，体现在"仁，只是流出来底便是仁；各自成一个物事底便是义。仁只是那流行处，义是合当做处。仁只是发出来底；及至发出来有截然不可乱处，便是义。且如爱其亲，爱兄弟，爱亲戚，爱乡里，爱宗族，推而大之，以至于天下国家，只是这一个爱流出来；而爱之中便有许多差等"②。可见，在孟子之仁、义所体现的爱中，仁是根本性的、一般性的爱，其构成了义的内在基础，而义是具体性的、可以存在差等的爱。在以义为基准的行政交往逻辑中，行政交往主体和类型的分化决定了交往实践中所体现的爱的程度与形式也存在差异。其四，仁义德性是高阶道德与底线伦理的统一。在仁义结构中，"出于恻

---

① 陈乔见：《羞恶、义与正当——孟子"羞恶之心，义之端也"详解及其理论内涵》，《中山大学学报（社会科学版）》2016 年第 2 期。

② （宋）黎靖德编：《朱子语类》（第 7 册），中华书局 1986 年版，第 2527 页。

隐和仁爱而要求提供积极帮助的行动，是较高的道德义务，但却不是不得不为的道德义务；而出于羞恶和义的行动，则近于底线的道德义务，不为不义的禁制性道德义务更是如此"①，孟子之义所规定的义务，更多的是禁制性的。对于行政主体而言，所谓"义"，更多的是要求其不以权力为恶，但对于以权力为善的高层次道德义务，则更倾向于是由仁所赋予的。可见，"仁—义"德性结构对于行政主体的规范，既是普遍性的，也是特殊性的；既是消极层面的，也是积极层面的。

2. 从主体上看，先秦儒家的德性行政人格是普遍性和特殊性的统一

儒家德性行政人格的普遍性，主要有两个方面的表现。其一，德性是对行政主体提出的一般性要求，即，对于先秦儒家而言，无论行政主体处于行政体系的何种位置，加强德性修养、实现德性行政人格的自我塑造，都是不可或缺的。如《大学》就明确指出，"自天子以至于庶人，壹是皆以修身为本"（《大学·经文》），强调了主体人格塑造的身份无涉性，德性修养是人之为人的一种内在构成。这种身份无涉性也表明，在先秦儒家的理想逻辑中，行政主体的选拔并不只是在精英内部完成，而是具有高度的开放性。其二，德性行政人格的普遍性，也表现在其养成路径的程式化上。在先秦儒家那里，德性行政人格养成的基本逻辑在于"格物""致知""诚意""正心""修身""齐家""治国""平天下"，这是一种以自我修养为起始，由内而外展开的"内圣外王"逻辑。不论何种身份和层级的行政主体，要实现"外王"的目的，都首先要实现"内圣"这一人格的自我修养环节。内圣的始基就在于"格物"与实践，在于"闻见之知"与"德性之知"的获取。这一逻辑过程是不以主体的转移而转移的，是一种一般性逻辑。

_____

① 陈乔见：《羞恶、义与正当——孟子"羞恶之心，义之端也"详解及其理论内涵》，《中山大学学报（社会科学版）》2016 年第 2 期。

先秦儒家德性行政人格的特殊性，主要表现为主体修身的效果并非是均一化的。在现实的德性修养实践中，德性的个体水平存在着高低和差异，这种分化，必然会引致德性行政人格的个殊性。德性行政人格的这种差异逻辑，对行政实践的影响主要在于两个方面。其一，在先秦儒家"德位一致"的理想期待中，德性修养的特殊性与差异性必然要引发"位"的差异。孔子曰，"不患无位，患所以立。不患莫己知，求为可知也"（《论语·里仁》），强调了修身与知识、能力的提升相对于位的获取的优先性。荀子也提出："故明主谲德而序位，所以为不乱也；忠臣诚能然后敢受职，所以为不穷也。分不乱于上，能不穷于下，治辩之极也。"（《荀子·效儒》）在荀子看来，君王根据德行来分配行政职位，忠臣根据自己的德性与才能来接受职位，是确保治理有效性的基础；德与位的精确对应，在实践中是以君王对臣下德性的精确衡量及臣下对自身德性的准确评估为前提的，德不称位者对于君王的授位应进行理性的拒斥，以维护德与位之间的一致性。其二，德性修养水平的差异也决定了德性行政人格的培养路径。先秦儒家德性行政人格的理想形态，是一种高德性者掌握高职位、并实现对社会的引导和教化的逻辑。只有当居于高位者具有更高的德性，并通过德性示范而实现社会总体德性的构建与提升时，社会的可治理性才能得到有效提升，这就是孔子所谓的"举直错诸枉，则民服；举枉错诸直，则民不服"（《论语·为政》）。在先秦儒家那里，一方面，德性行政人格能否养成，直接决定了其能否胜任相应的职位；另一方面，对于高德性—高位者而言，其具有教化低德性—低位者及其他社会主体的职责。因而，先秦儒家所构设的行政教化体系，是一种典型的层级示范体系。孔子所强调的"为政以德，譬如北辰，居其所而众星共之"（《论语·为政》）及"政者，正也。子帅以正，孰敢不正"（《论语·颜渊》）等，实际上都是强调了以上率下的示范性对于德性行政人格养成的重要性。

(二) 消极型行政人格与积极型行政人格相统一

所谓积极型行政人格，主要指的是一种以积极行动、主动参与等为表征的心理特质与行为模式，积极型行政人格强调"公共行政人员不仅有自我和谐、自我发展、自我实现的需要，更有实现这些需要的建设性力量"[①]，在个体心理样态上，其关注行政主体之主观能动性的充分发挥，主张通过行政主体的积极有为而实现对社会价值的引导及对社会福祉的增进。而所谓消极型行政人格，则主要是一种以内隐、无为、被动等为表征的心理特质、思维方式与行为模式；从生成根源上看，其或导源于行政主体对人的有限性的认知，或导源于主体对社会福祉的理性计算（即无为比有为更能促进社会福祉）。先秦儒家的行政人格观具有明显的积极色彩，但其也呈现出一定的消极性特质，这种消极性特质，有时是行政主体在面对治理情境时的一种策略性选择。

先秦儒家行政人格的积极性特质，主要有两个方面的表现。首先，强调行政主体自我修养的主动化。具体来看，其一，主体的自我修养是以其自我选择为前提的。换言之，在先秦儒家那里，德性知识的增进及由此所引发的人的自我发展是一个内在的能动化过程，其只有经由自我选择、自我主动化修炼才能实现和完成。主体对于德性修养的能动化选择及行政主体内在的德性追求与现实的德性状态之间的张力，往往决定着行政主体修身所能达致的现实效果。先秦儒家所强调的反身自省，体现的正是这种主动化的德性行政人格修养过程，这种提升以行政主体对理想德性行政人格形态的期望为基础，经由自我的理性反省、自我批判，最终实现人格的不断扬弃与进步。其二，主体自我修养过程的积极性特质，还表现在修身的持续性上。先秦儒家所强调的行政德性提升在成效上是渐进的、持续

---

① 徐苏兰、段鑫星：《积极行政人格：理念与框架》，《学海》2018 年第 3 期。

的，其是一个量变积累与质变生成的辩证发展过程。孔子曰："吾十有五而志于学，三十而立，四十而不惑，五十而知天命，六十而耳顺，七十而从心所欲，不逾矩。"（《论语·为政》）这说明在不同阶段，人所能获得的修身效果是存在差异的，阶段性的质变只有在不断的积累中才能完成。这种修身的持续性，正体现了主体对于修身这一目的性追求的恒心，这种恒心是以主体的自我意志为前提的，它是主体不断修身的动力来源。

总体来看，儒家的德性修养主体既包括行政主体，也包括社会主体。行政主体的德性提升，体现的是儒家实现"得君行道"，或是实现行政主体自我的权力获取，进而增强自我政治主张的现实化能力的过程。而社会主体的德性提升，一方面体现的是儒家通过"有教无类"式的德性的普遍化教导而实现德性精英的培养，从而为行政实践提供后备人才支撑的努力；另一方面也体现了儒家通过有效的社会德性培育，提升社会可治理性的努力。在孔子看来，"唯仁者能好人，能恶人"，"苟志于仁矣，无恶也"（《论语·里仁》），社会主体的德性提升正是达致社会良好治理的基本路径。

其次，先秦儒家行政人格的积极性，也表现在其对于社会福祉的主动增进上。如果说修身在一定程度上体现了先秦儒家行政主体的自我发展与实现，是一种个体化的自我责任的体现，那么，先秦儒家对行政主体的社会性及社会责任的强调，则体现了其对人的理解的一定程度的同情化与普遍化。这种同情化与普遍化，表明了先秦儒家的行政个体不可能仅通过自我的内在化或仅通过转身向内而实现人的本质的完成与实现，他必然要向外、到社会与公共性实践中去寻找人的本质。这种外向性，正是儒家社会责任意识的根源。孔子对君子的界定是要能做到"修己以安人""修己以安百姓"（《论语·宪问》），并在行政生活中保持高度的主动性，做到"居之无倦，行之以忠"（《论语·颜渊》）。孟子主张"人皆可以为尧、舜"，关键在于切实地去行动，认为"子服尧之服，诵尧之言，行尧之行，是尧而已矣"（《孟子·告子下》），只有切实践行圣人的行为，才能真正踏上成圣之途。这一点，充分体现了先秦儒家行政哲学的实践特性。所以，先秦儒家行政人格的积极性特征，不是停留在道德和言语层面上的，而是实践性的，这种实践过程是一个沟通主体自我与社会治理对象的过程——即行政主体要通过对自我的改造，而实现对社会的改造，使内在化的自我提升转化为客观性的"公"化现实。这种"公"化现实的转化，在先秦儒家那里，是一个艰苦卓绝的利他过程，对于行政主体而言，其必须要有百折不挠的精神——正如孟子所言，"故天将降大任于是人也，必先苦其心志，劳其筋骨，饿其体肤，空乏其身，行拂乱其所为，所以动心忍性，曾益其所不能"（《孟子·告子下》）。只有持守内心、心性坚定，在困境面前不改其志，才能实现自我的不断提升，才能实现自我价值与公共目标的统一，最终达致"安百姓"的良善性社会诉求。

先秦儒家的理想行政人格有其积极的一面，但并不完全是积极性的，在特定情形下，其也会呈现出一定的消极色彩。具体来看，集中表现在如下三个方面。

第一，肯认人在天、命、自然等因素面前的有限性。一方面，先秦儒家的消极型人格，表现为对天、命等超验性、先在性、偶然性因素的认可与遵从。例如，在行政之"位"的更替上，孟子强调"莫之为而为者，天也；莫之致而至者，命也"（《孟子·万章上》）。行政之"位"的更替无法超脱于天的主宰、命运的左右，这体现了行政主体在天、命面前消极与被动的一面。荀子则指出，"天行有常，不为尧存，不为桀亡。应之以治则吉，应之以乱则凶"（《荀子·天论》）。强调人在治理过程中对"天"的规定性的顺悖会带来治理实践中的正面或负面效应。尽管孟子与荀子对天的内涵的理解存在着一定的分异（一般认为，孟子所指的天更倾向于命运之天与主宰之天，而荀子所指的天则更倾向于自然之天），但在二者那里，天对于行政生活的规范性作用却是基本一致的。值得指出的是，在先秦儒家的视域中，尽管天、命对于行政生活的规范具有不可悖逆性，但并不意味着行政主体只能消极等待命运的审判。相反，真正的顺天、顺命，必须积极回避与原始的命运安排或自然规律不相符合的各种风险和不确定性。孟子曰："莫非命也，顺受其正。是故知命者不立乎岩墙之下。尽其道而死者，正命也；桎梏死者，非正命也。"（《孟子·尽心上》）指出了真正顺应天命的人，是不会明知岩墙有坍塌的危险还处于危险境地的，相反，对危险的不回避，才是对原始天命的违背。[①] 可见，无论是对天、命的消极顺从，还是对风险性因素的回避，其中都包含着基于主体理性的积极人格因素。消极顺从体现的是人在认识到了其理性的有限性时所采取的适应性态度；而积极回避则是基于对天、命之原初规定的认识而达致的对于各种利益性因素的有效权衡。

另一方面，先秦儒家的消极型行政人格，也表现在其对于自然的顺应上。孟子指出了消极型行政人格对于实现有效治理的意义："不违农时，谷不可胜食也；数罟不入洿池，鱼鳖不可胜食也；斧斤以时入山林，材木不可胜用也。谷与鱼鳖不可胜食，材木不可胜用，是使民养生丧死无憾也。养生丧死无憾，王道之始也。"（《孟子·梁惠王上》）对于行政主体而言，顺应农时，不违逆自然规律，才能实现社会财富的聚积、社会的安定，促进社会良善治理的实现。这是一种基于对自然生长规律和生命发展逻辑的正确认识而生成的消极型行政人格。荀子同样认为，理想的圣王之治在自然规律面前也应有其消极型特征："圣王之制也，草木荣华滋硕之时则斧斤不入山林，不夭其生，不绝其长也；鼋鼍、鱼鳖、鳅鳣孕别之

---

① 《孟子》，方勇译注，中华书局 2015 年版，第 257 页。

时，罔罟毒药不入泽，不夭其生，不绝其长也；春耕、夏耘、秋收、冬藏四者不失时，故五谷不绝而百姓有余食也；洿池、渊沼、川泽谨其时禁，故鱼鳖优多而百姓有余用也；斩伐养长不失其时，故山林不童而百姓有余材也。"（《荀子·王制》）在荀子的视域中，顺应自然规律的消极型行政人格的生成，不仅要有长远的眼光，还要克服欲望所引发的对真理的遮蔽，可以说，它是基于人的理性而实现的人与自然的和解，但在现实中，要践行这种理性，对于行政主体来说并非易事。总体来看，先秦儒家对于天命、自然的尊重，表征着其对于消极型行政人格与积极型行政人格于治理有效性之辩证关系的深刻体认。先秦儒家的消极型人格，不是一种避世的态度，更多体现的是其行政哲学的灵活性。换言之，适度的消极在一定的情境下是实现社会有效治理的重要路径，它是主体主动选择的结果，体现了消极与积极之间的对立统一关系。

第二，以对行政体系的消极态度，来表达对传统行政权力体系无德或道德偏离状态的拒斥。先秦儒家知识精英和士人对于现实行政生活的反思，是基于理想与现实的比对而展开的。其中，与"道"治及"圣王"之治的比对，是先秦儒家评估现实行政体系合理性的基本依据，也是决定先秦儒家知识精英及士人行为选择的基本依据。在行为层面上，面对先秦时期不完美的行政生活现实，以孔子为代表的知识精英既着力于对行政主体进行德性的教导，以试图进行有效的转化，也通过对特定行政治理体系的不配合，来表明自身的价值态度。对于先秦儒家而言，这种行为与态度上的不配合与消极，本质上是知识精英在君王的现实德性与治理实践无法与其所构设的理想世界达成一致时的一种拒斥。这种消极性的拒斥，在孔子那里主要有两种表现形式。其一是在行政体系内部推进的消极化态度的构建。如孔子曰："宁武子，邦有道，则知；邦无道，则愚。其知可及也，其愚不可及也。"（《论语·公冶长》）当现实的行政体系无法实现士人所期待的"道"治时，"愚"式的消极态度就成为先秦儒家维护其内心理想及其理想行政价值选择的基本策略之一。其二是"用脚投票"。如《论语》中记载："齐人归女乐，季桓子受之，三日不朝，孔子行。"(《论语·微子》)这表明，在面对行政主体德与礼失范的现实时，以孔子为代表的儒家知识精英以消极回避的方式来表达其内心的不满，进而维护其行政价值信仰。孟子详细列举了在传统情境下知识精英是否参与行政生活的不同层次的标准："迎之致敬以有礼，言将行其言也，则就之；礼貌未衰，言弗行也，则去之。其次，虽未行其言也，迎之致敬以有礼，则就之；礼貌衰，则去之。其下，朝不食，夕不食，饥饿不能出门户，君闻之曰：'吾大者不能行其道，又不能从其言也，使饥饿于我土地，吾耻之。'周之，亦可受也，免死而已矣。"(《孟子·告子下》)知识精英是否参与行政体系、成为权力共治体系中的一员，关键的变量在于行政体系对于知识精英的尊重以及对于其主张的采纳程度，这两个变量都能得到最大限度满足的状态，是一种最理想的状态。而知识精英去职、弃官的消极型行为及行政人格，正是在君王对于知识精英不尊重、对于其主张不能采纳时的一种拒斥。

第三，基于对德性规范的遵守而体现出的主体行为选择上的消极性。这一层面上消极型行政人格的呈现，导源于一些行政德目对于行政主体所提要求的二元性，即其既有消极方面的要求，也有积极方面的要求。如颜渊问孔子何谓仁。孔子曰："克己复礼为仁。一日克己复礼，天下归仁焉。为仁由己，而由人乎哉？"颜渊曰："请问其目？"子曰："非礼勿视，非礼勿听，非礼勿言，非礼勿动。"(《论语·颜渊》)孔子指出治理主体要实现"仁"德，即要实现对自我的克制，这种克制更多的是一种内在化的人格体现，即内心欲望的节制及对仁与礼的内在认同。同时，孔子也指出，除了内在的克制之外，在外在化的行为选择与实践方面，还要做到勿视、勿听、勿言与勿动，以使其视、听、言、行等符合礼的规范。荀子也提出了士君子之所能为与所不能为的标准。其指出："君子能为可贵，不能使人必贵己；能为可信，不能使人必信己；能为可用，不能使人必用己。故君子耻不修，不耻见污；耻不信，不耻不见信；耻不能，不耻不见用。是以不诱于誉，不恐于诽，率道而行，端然正己，不为物倾侧，夫是之谓诚君子。"（《荀子·非十二子》）荀子认为，君子可以通过自身的积极行为而被尊重、被信任、被任用，但他不会去刻意追求，更不会强迫别人去尊重、信任、任用自己。在积极与消极的辩证关系中，消极型行政人格正是基于主体的理性与德性内化而实现的，其既是理想型行政人格的外在体现，也是实现和践行理想型行政人格的重要内容与基本路径。

（三）工具型行政人格与目的型行政人格并存

所谓工具型行政人格，指的是忽略行政实践的内在品性和价值诉求，将行政实践、行政主体及行政客体作为达成目的的手段的思维类型与行为模式；而目的型行政人格则是指关注行政本身的目的性价值、将行政主体及行政客体当作行政的根本目的，以实现人的价值、需求等为核心的行政思维类型与行为模式。在一定的历史条件下，工具型行政人格往往是依附性的，它依附于权力或某种外在的物质性因素，并将权力与物质性因素等手段性内容目的化，而目的型行政人格虽然也关注权力与物质性因素，但权力与物质性因素是工具化的，是其实现行政实践的发展与完善，促进人和社会发展与完善的手段。在先秦儒家行政哲学思想中，工具型行政人格与目的型行政人格都得到了一定程度的体现。

首先，先秦儒家行政人格的工具性与目的性，表现在其既怀有对传统行政权力的依附性、工具性思想，同时又追求行政实践本身的目的性价值上。春秋战国时期的行政权力结构，是一种以周王及诸侯权力等为基础的复杂的等级化结构。对于特定的权力体系而言，行政体系中的个体在价值选择、物质分配、职位安排等方面，都高度依赖于位于行政权力体系顶端的君王（或诸侯），存在着服务于王权的依附性、工具性倾向。这样的非制度化行政情境，使得君王本身的德性水平与治理能力成为行政能否保持良好的价值导向、能否有效的关键因素。因此，"贤君期盼""得君行道"是先秦士人和士大夫的基本价值选择。先秦行政实践的权力依附结构，使得行政的有效性具有较强的偶然性色彩，如果贤良的君王没有出现，而共治体系中的其他主体又因其依附性、工具型人格而成为无德之君的共谋者时，治理的有效性必然要大打折扣。正是在这样的依附性行政结构中，孔子曾发出"凤鸟不至，河不出图，吾已矣夫"（《论语·子罕》）的感慨。孔子虽然具有至高的思想抱负，但由于行政权力主体和哲学精英的二元分离与冲突，其思想抱负无法实现与行政权力的有机结合，在知识与权力的二元分化结构中，知识精英具有强烈的被动性色彩。

事实上，先秦儒家行政人格的依附化或工具化，是内在于先秦等级化的礼制规范，并具体化于其对君臣关系及行政与社会体系的关系定位之中的。在先秦儒家的思想逻辑中，这种依附性和工具化，也正是实现治理秩序构建的基础，它并不存在过多质疑的空间。尽管如此，在先秦儒家的理想行政人格期待中，其仍然呈现出较强的独立性和目的性色彩。这种独立性和目的性，主要表现为先秦儒家并不主张对君王的盲从，而是高度强调了行政实践本身的为公性价值追求。在先秦儒家对"道统"与"政统"的二元选择中，道是相对优先的，而政是相对次要的，这种优先性排序，充分展现了先秦儒家行政人格的目的性。如在评价史鱼和蘧伯玉时，孔子曰："直哉史鱼！邦有道，如矢；邦无道，如矢。君子哉蘧伯玉！邦有道，则仕；邦无道，则可卷而怀之。"（《论语·卫灵公》）孔子赞赏史鱼，因其不论治理体系是否有道，都保持了相对独立的行为与价值选择；而蘧伯玉则基于行政治理体系是否有道，做出了是否参与行政体系、是否发挥其才智的不同选择，以此来表达其对于行政体系及治理模式的认同与否。二者虽然行为选择不同，但都体现了在先秦儒家的理想视域中，行政主体在人格上是相对独立的，其要遵从现实的行政权力安排，更要持存内心对行政之道的目的化坚守。

其次，强调工具与目的之间的层级性与辩证性。在先秦儒家的思想体系中，目的与工具是带有层级性和可转化性的。这意味着，在人格与价值层面上，其具有高度的灵活性。例如，在礼制体系中，礼作为一种目的和价值追求具有相对的优先性，在成就礼的过程中，一系列形式和工具（如时间、财物）的适度消耗，是可以接受甚至必不可少的。如《论语·八佾》记载："子贡欲去告朔之饩羊。子曰：'赐也！尔爱其羊，我爱其礼。'"在这里，孔子对用于供奉的羊未置可否，而强调了对于礼本身的偏爱。这表明，礼的优先性要高于工具性的物。进一步而言，在仁与礼的二元选择中，就礼是为了实现仁、践行仁这一目的而言，仁又成为目的性的，礼则成为工具性的，这就凸显了仁在先秦儒家价值体系中的优先性。这说明，在不同的价值情境中，目的与工具是可以相互转化的，并非完全固定。

这种价值选择与人格特性上的灵活性，从义与利的二元结构来看更为明确。在先秦儒家的义利逻辑中，义是目的性的，而利则呈现出更多的工具性。孔子曰，"君子以义为上。君子有勇而无义为乱，小人有勇而无义为盗"（《论语·阳货》），荀子则指出，"从道不从君，从义不从父，人之大行也"（《荀子·子道》）。可以说，道义在先秦儒家那里是"绝对正当的价值准则"，是"社会生活的价值来源"[①]，其对于目的性的义的偏向性是非常明确的。但是，在先秦儒家的逻辑中，对道义的目的性追寻并不是要否弃工具性的利。孔子曰，"富而可求也，虽执鞭之士，吾亦为之"

---

① 王磊宁：《道义优先于功利：先秦儒家义利、王霸之辨的政治哲学阐释》，《理论与现代化》2019 年第 5 期。

（《论语·述而》），表明以孔子为代表的先秦儒家即使在利的获取途径并不如其先前所期待的情境下，也要去追求一种用以维持生存的物质性条件。因此，对于先秦儒家而言，与其说是要否定利，不如说是要对利、尤其是经由行政权力而获取的利进行充分的限定，这种限定一方面表现为，在人的目标层级中，个私性的利本身绝不能被目的化。个私性的利被目的化的程度，甚至是评价个体德性高低的基本标准。另一方面则表现为，利的获取要在义的规范之下展开，以防止"不义而富且贵"（《论语·述而》）的倾向。放到行政体系中而言，对道义的目的性坚守，就是要确保"公"的底线，使权力成为具有利他性的、谋取公利的手段，只有在"公"的前提下，"义""利"之间才能做到相互促进、相互成就。

总之，在先秦儒家那里，工具型人格与目的型人格具有一定的混杂性，但从总体上看，目的型人格的优先性是毋庸置疑的。先秦儒家对目的型行政人格的优先性的强调，或源自于对人的善性取向的乐观（孔、孟），或源自于对人性的悲观（荀子），无论是乐观还是悲观，其都试图通过目的对工具的有效控制，来防止行政权力造成负面性影响的现实效果。

第二节　董仲舒与儒家行政哲学的演进

儒家行政哲学发展的第二阶段主要以西汉的董仲舒为代表。董仲舒一方面吸收了先秦诸子的思想精华，充实了儒家理论体系的内容；另一方面，他也将"儒家推上了封建帝王专制国家占统治地位的意识形态"[①]。可

[①] 曹影：《董仲舒的四大历史贡献》，《东北师大学报（哲学社会科学版）》2016 年第2 期。

以说，董仲舒不仅是儒家理论的发展者和推进者，更是儒家理论进一步实践化、政治化的助推者。这种实践化与政治化，使儒家哲学与行政实践之间形成了一种稳固的相互支撑关系。在董仲舒那里，这种支撑关系主要是通过两条路径来完成的：一是对天人关系的梳理与强调。董仲舒通过将阴阳五行理论引入儒学，强调了天人合一、天人感应等理念，为天与行政实践、天与行政权力、天与行政行为之间的关联提供了思想基础。天的存在，既为董仲舒的行政哲学提供了超验的逻辑起点，也为现实行政实践的规范提供了终极的权力依据。对于现实行政体系而言，即使是出于稳固行政权力的目的，其也要在一定程度上遵从掌握着终极决定权、惩处权的天的安排，而天的具体安排的内容，在一定程度上又是由儒家思想家来界定和解释的，这实际上是强化了儒学的思想性权力。二是通过思想上的大一统而实现的。董仲舒在"师异道，人异论，百家殊方，指意不同，是以上亡以持一统；法制数变，下不知所守"①的背景下推行思想的大一统，罢黜百家、独尊儒术，儒学从百家思想中脱颖而出。这样的大一统产生了两重行政效应，一方面，它是君王维护和稳固其行政权力的重要手段，通过社会思想的单一化，有效提升了社会的可治理性；另一方面，其也在一定程度上实现了对行政权力的规范，既降低了行政权力为害社会的可能，也降低了行政权力体系弃置儒家式思想认同的可能，从而维护了行政权力体系与儒家行政哲学之间的同一性、确保了二者之间联结的稳定性。

总体来看，董仲舒式儒家行政哲学的主要内容及其特点，可从三个方面来考察。

---

① （汉）班固：《汉书》，中华书局 1962 年版，第 570 页。

一、阴阳五行与行政生活

在中国的传统哲学语境中，阴阳五行是一个古老的概念，其构成了"传统思想文化的'骨架'"、是"传统宇宙观的理论基础"[①]，具有极为重要的地位。从源起上看，阴阳与五行并非一体共生的，而是在思想演进中达致相互渗透、相互交融的。阴、阳之义最早可追溯到商周之前，但其最初只是对两种自然现象的描述，就作为一种辩证法则及宇宙生成论之意涵而言，其大体始源于《易经》与《易传》。战国中后期，阴阳、五行逐渐结合成相对稳固、严密的阴阳五行说体系，成为人们解释宇宙运行及人类生活的重要法则。在中国传统哲学中，阴阳五行与政治生活、行政生活之间的关联，是人们关注的重点。例如，《黄帝四经》探讨了自然逻辑、社会逻辑及行政逻辑中的阴阳结构，其指出："凡论必以阴阳大义。天阳地阴，春阳秋阴，夏阳冬阴，昼阳夜阴。大国阳，小国阴；重国阳，轻国阴。有事阳而无事阴，信（伸）者阳而屈者阴。主阳臣阴，上阳下阴，男阳女阴，父阳子阴，兄阳弟阴，长阳少阴，贵阳贱阴，达阳穷阴。取（娶）妇姓（生）子阳，有丧阴。制人者阳，制于人者阴。客阳主人阴。师阳役阴。言阳黑（默）阴。予阳受阴。"在黄老道家的视域中，"阴阳"结构是宇宙万物的一般性、普遍性存在样态，其既存在于天地、四时等自然领域，亦存在于国与国、君与臣、上级与下级之间的关系逻辑中，表征了不同关系逻辑中所内蕴的辩证性意义。管子更详尽地考察了"四时""五行"与行政生活之间的联系，指出："日至，睹甲子木行御。天子出令，命左右士师内御。总别列爵，论贤不肖士吏。赋秘，赐赏于四境之内，发故栗以田数……睹丙子火行御。天子出令，命

---

① 冯兵：《论先秦宇宙观的形成与结构——以阴阳五行说为中心》，《贵州社会科学》2018 年第 2 期。

行人内御。令掘沟浍，津旧涂。发臧，任君赏赐……睹戊子土行御。天子出令，命左右司徒内御。不诛不贞，农事为敬……睹庚子金行御。天子出令，命祝宗选禽兽之禁、五谷之先熟者，而荐之祖庙与五祀，鬼神飨其气焉，君子食其味焉……睹壬子水行御。天子出令，命左右使人内御。其气足则发而止，其气不足则发撌渎盗贼。"① 在管子那里，不同时节，对应着不同的五行之德，这对行政主体的行政行为选择提出了不同的要求。四时五行的安排，体现的是天道自然对于行政主体行为选择的内在规定性。

在前人的思想基础上，董仲舒对于阴阳五行与行政生活之间的关联进行了进一步梳理。董仲舒认为，"天地之气，合而为一，分为阴阳，判为四时，列为五行"②。在董仲舒看来，阴阳关系的基本逻辑在于"贵阳而贱阴"③，基于此，其对行政关系中的主导性、优先性结构进行了划定。一方面，在行政的主体间关系上，董仲舒认为天、君、父、夫对应的是阳，而地、臣、子、妇对应的是阴，从而确立了天、君、父、夫在行政关系逻辑体系中的主导地位。这实际上是对传统行政身份关系及社会交往结构的一种本体论证明。另一方面，在行政的基本模式上，董仲舒以德为阳，以刑为阴，论证了德治相对于刑治的主导地位。在董仲舒的视域中，由于"天贵阳而贱阴"，因而对于君王而言，其在价值选择上应做到"近天之所近，远天之所远；大天之所大，小天之所小。是故天数右阳而不右阴，务德而不务刑。刑之不可任以治世也，犹阴之不可任以成岁也。为政而任

---

① 《管子》，李山译注，中华书局 2016 年版，第 235—240 页。

② （汉）董仲舒：《春秋繁露》，张世亮、钟肇鹏、周桂钿译注，中华书局 2012 年版，第 487 页。

③ （汉）董仲舒：《春秋繁露》，张世亮、钟肇鹏、周桂钿译注，中华书局 2012 年版，第 412 页。

刑，谓之逆天，非王道也"①。

在阴阳五行中，五行与行政生活的关系是董仲舒关注的重点。董仲舒指出，"行者，行也，其行不同，故谓之五行。五行者，五官也，比相生而间相胜也。故为治，逆之则乱，顺之则治。"②董仲舒将五行具体化为五种官职，认为五官中相邻近者相生，相间隔者相胜，行政生活只有顺应阴阳五行法则，才能实现治天下、安天下的目标。通过五行与具体行政职位之间的对应，董仲舒实现了阴阳五行理论与行政实践之间的联结。具体来看，金、木、水、火、土"五行"与现实行政职位之间的对应关系在于：木代表司农，火代表司马，土代表司营（司空），金代表司徒，水代表司寇。根据司农、司马、司营、司徒、司寇的品行要求与职能特性，董仲舒具体阐述了其间的相生相克关系。

一是相生关系。五行及其对应官职之间的相生关系主要有五种表现。其一，东方属木，木是农业之本，对应司农之职，司农的仁义，才能使司马有充实的谷物保障。"司马，本朝也。本朝者，火也，故曰木生火"③，司马是朝廷的官职，其对应五行之火，因此说木生火。在这里，司农对于司马具有前提性意义。其二，南方属火，其对应司马之职。董仲舒认为，司马如果德才兼备，具有预见性，忠厚仁义，就能实现对君王的良好辅佐，为官吏治理提供良好的保障。而"官者，司营也。司营者土也，故曰火生土"④，司营五行属土，司马与司营之间具有相生关系。其三，中央属土，

---

① （汉）董仲舒：《春秋繁露》，张世亮、钟肇鹏、周桂钿译注，中华书局 2012 年版，第 417—418 页。
② （汉）董仲舒：《春秋繁露》，张世亮、钟肇鹏、周桂钿译注，中华书局 2012 年版，第 487 页。
③ （汉）董仲舒：《春秋繁露》，张世亮、钟肇鹏、周桂钿译注，中华书局 2012 年版，第 488 页。
④ （汉）董仲舒：《春秋繁露》，张世亮、钟肇鹏、周桂钿译注，中华书局 2012 年版，第 490 页。

如果司营诚信有礼、崇尚圣贤、及时激励君王、纠正君王的过失，就有助于国家稳固、社会安定，"大理者，司徒也。司徒者，金也，故曰土生金"①。司徒五行属金，所以土生金。其四，在董仲舒那里，西方属金，对应司徒之职，主要行使的是军事职能。司徒如果崇尚正义、讨伐有罪、声讨不义，就能实现"百姓附亲，边境安宁，寇贼不发，邑无狱讼"②的效果。掌管司法的是"司寇"，其在五行中属水，因此金生水。其五，司寇如果崇尚礼仪、"据法听讼，无有所阿"，则能使"死者不恨，生者不怨，百工维时，以成器械。器械既成，以给司农"③。良好的法度有助于促进农业生产的发展，而"司农者，田官也。田官者木，故曰水生木"④。总体而言，在五行相生关系中，不同行政职位之间呈现的是一种支持关系，体现了不同的行政分支与行政职能对于行政体系的整体功能与整体价值。而这种整体功能得以发挥的前提，是作为整体之构成要素的不同行政主体必须具备良好的德性与行政技术，它是一种环环相扣的循环关系。

二是相克关系。对于五行及其对应的官职之间的相克关系，董仲舒也进行了详细的阐释。其主要内容有：其一，金胜木。司农属于五行之木，如果"司农为奸，朋党比周，以蔽主明，退匿贤士，绝灭公卿，教民奢侈……"⑤，就应当由司徒来对其加以诛责，这种以司徒来制约司农的

---

① （汉）董仲舒：《春秋繁露》，张世亮、钟肇鹏、周桂钿译注，中华书局 2012 年版，第 491 页。
② （汉）董仲舒：《春秋繁露》，张世亮、钟肇鹏、周桂钿译注，中华书局 2012 年版，第 492 页。
③ （汉）董仲舒：《春秋繁露》，张世亮、钟肇鹏、周桂钿译注，中华书局 2012 年版，第 493 页。
④ （汉）董仲舒：《春秋繁露》，张世亮、钟肇鹏、周桂钿译注，中华书局 2012 年版，第 493 页。
⑤ （汉）董仲舒：《春秋繁露》，张世亮、钟肇鹏、周桂钿译注，中华书局 2012 年版，第 495 页。

过程，就是金胜木的过程。其二，水胜火。如果"司马为谗，反言易辞以潜慝人，内离骨肉之亲，外疏忠臣，贤圣旋亡，谗邪日昌……"①，那么执法之人（司寇）就应将其诛灭。"夫火者，大朝，有邪谗荧惑其君，执法诛之。执法者，水也，故曰水胜火。"②其三，木胜土。土代表司营，如果"司营为神，主所为皆曰可，主所言皆曰善。謅顺主指，听从为比，进主所善，以快主意，导主以邪，陷主不义……"③，则必然会招致百姓的反叛。"夫土者，君之官也，君大奢侈，过度失礼，民叛矣。其民叛，其君穷矣，故曰木胜土。"④土对应的是司营之职，如果司营不尽其劝谏之责，阿谀奉承，纵容偏袒，就可能导致百姓的反叛，百姓是从事农耕之人，代表五行之木，百姓的反叛必然使君王陷入穷途。其四，火胜金。在董仲舒看来，掌管军队的司徒如果破坏法纪、独揽大权、滥杀无辜、有令不行、有禁不止，这样的司徒，司马应该将其诛灭。"金者，司徒。司徒弱，不能使士众，则司马诛之，故曰火胜金。"⑤其五，土胜水。司寇如果不能做到公平公正，表里不一、偏袒私党，司营就应当将其诛灭，以确保执法的公平性。"夫水者，执法司寇也。执法附党不平，依法刑人，则司营诛之，故曰土胜水。"⑥总体来看，阴阳五行的相克，体现的是各种行政权力之间

---

① （汉）董仲舒：《春秋繁露》，张世亮、钟肇鹏、周桂钿译注，中华书局 2012 年版，第 496 页。

② （汉）董仲舒：《春秋繁露》，张世亮、钟肇鹏、周桂钿译注，中华书局 2012 年版，第 497 页。

③ （汉）董仲舒：《春秋繁露》，张世亮、钟肇鹏、周桂钿译注，中华书局 2012 年版，第 498 页。

④ （汉）董仲舒：《春秋繁露》，张世亮、钟肇鹏、周桂钿译注，中华书局 2012 年版，第 498 页。

⑤ （汉）董仲舒：《春秋繁露》，张世亮、钟肇鹏、周桂钿译注，中华书局 2012 年版，第 499 页。

⑥ （汉）董仲舒：《春秋繁露》，张世亮、钟肇鹏、周桂钿译注，中华书局 2012 年版，第 500 页。

的相互制约关系，其本质上是从消极意义上反映了不同行政职位的伦理与德性要求。当不同的职位及对应的主体符合德性的规范性要求，并能与其他行政主体形成良好的交往关系时，这种行政体系就是协作良好的、有效的；反之就应该由另一种行政权力来发挥其规范和纠偏功能，以防止权力与价值的失范。

董仲舒的阴阳五行观通过将阴阳五行的自然逻辑、辩证机制与行政逻辑相关联，强调了以阴阳五行为基础的自然逻辑及其所内蕴的德性因素对于现实行政体系的规范性意义。从现实效果上看，其一方面为君权的至上性提供了自然性基础与证明，另一方面也为行政体系的权力行使提供了一种自然性、终极性的规范。

二、"以人随君、以君随天"的行政合法性论证体系

"天"在董仲舒的行政思想体系中具有基础性、关键性意义，是董仲舒儒学体系的最高原则。[1] 从内涵上看，董仲舒对天的理解是多元的，其既指涉神灵之天，也指涉道德之天与自然之天。在神灵之天维度上，"天"是带有自我意志的人格神，是人类行为与目的的命定者、安排者与操控者；在道德之天维度上，天具有全善性，它是人类行为的道德判准者；在自然之天维度上，天又是具有广泛涵容性的万物的总称。[2] 董仲舒行政哲学思想中的"天"，与行政生活是高度关联的，而其具体的关联形式，则主要可从如下两个方面来考察。

（一）天人合一与行政关系结构

董仲舒认为："为生不能为人，为人者天也。人之为人本于天，天亦

---

① 周辅成：《论董仲舒思想》，上海人民出版社 1961 年版，第 1 页。
② 金春峰：《汉代思想史》，中国社会科学出版社 2006 年版，第 122 页。

人之曾祖父也，此人之所以乃上类天也。人之形体，化天数而成；人之血气，化天志而仁；人之德行，化天理而义；人之好恶，化天之暖清；人之喜怒，化天之寒暑；人之受命，化天之四时。人生有喜怒哀乐之答，春秋冬夏之类也。"① 在董仲舒的视域中，人并非仅仅通过繁衍而达致自身的完整，人由天所造就，是天的产物，这是人与天之所以类似的原因。人的身体，是禀受天数变化而成的；人的血气是禀受天志的变化而成为仁的；人的德行是禀受天理的变化而成为义的；人的好恶、喜怒等，都是禀受天的冷暖变化而形成的；人的喜怒哀乐，与天有春夏秋冬相对应。因而，天的结构与人的结构具有一致性。在董仲舒看来，人一方面本源于天，但另一方面，人与天的关联方式又是多元化的，这种多元化预示了人的等级性及基于等级性所生成的服从与被服从、治理与被治理的关系。这种等级性关系结构最直观的表现就是"天子受命于天，诸侯受命于天子，子受命于父，臣妾受命于君，妻受命于夫，诸所受命者，其尊皆天也，虽谓受命于天亦可"②。其中，与天直接发生关联的只有天子，其他主体与天的关联都必须经由天子这一中介，"兆民只有仰赖天子才得天福佑"③，其在关联机制上是间接性的。由此所形成的行政主体间层级关系在于，天是行政合法性的终极来源、是最上位的，君王等由于直接受命于天，而构成了行政合法性体系中的次级结构。因此，在天与君的关系中，天是终极性的、君是衍生性的，以君为代表的世俗行政体系不能违逆天的终极旨意；而在现实的、世俗的行政体系中，君因直接承受天意，而成为行政合法性的最高赋予者，具有最高的决定权，是行政体系中各种衍生性权力的最高来源。这

---

① （汉）董仲舒：《春秋繁露》，张世亮、钟肇鹏、周桂钿译注，中华书局2012年版，第398页。

② （汉）董仲舒：《春秋繁露》，张世亮、钟肇鹏、周桂钿译注，中华书局2012年版，第559页。

③ 成祖明：《帝国创生与董仲舒的皇权本体公共性建构》，《哲学研究》2012年第1期。

也即董仲舒所指出的:"是故《春秋》之道,以元之深,正天之端,以天之端,正王之政,以王之政,正诸侯之即位,以诸侯之即位,正竟内之治。五者俱正,而化大行。"① 只有当元、天、王、诸侯、民众等都处于相应的位次,并依次服从于上一等次的安排,谨守由元、天所规定的根本性德性要求时,行政的有效性才是可期的。

(二) 人的行为选择与天的警示

在董仲舒那里,天是行政合法性的终极来源,同时也是行政责任的终极赋予者和追究者。董仲舒认为:"凡灾异之本,尽生于国家之失。国家之失乃始萌芽,而天出灾害以谴告之;谴告之而不知变,乃见怪异以惊骇之;惊骇之尚不知畏恐,其殃咎乃至。"② 天与行政实践发生关联的直接表现,就在于各种灾异的出现。天通过各种异象来对行政主体的行政行为进行警示,以揭示行政行为是否符合天道。行政主体的行为是多样化的,与之对应的天的警示方式也是多元化的,不同的灾异往往对应着不同的行为。"王者与臣无礼,貌不肃敬,则木不曲直,而夏多暴风。风者,木之气也,其音角也,故应之以暴风。王者言不从,则金不从革,而秋多霹雳。霹雳者,金气也,其音商也,故应之以霹雳。王者视不明,则火不炎上,而秋多电。电者,火气也,其音徵也,故应之以电。王者听不聪,则水不润下,而春夏多暴雨。雨者,水气也,其音羽也,故应之以暴雨。王者心不能容,则稼穑不成,而秋多雷。雷者,土气也,其音宫也,故应之以雷。"③ 所以,对于行政主体而言,要实现行政合法性的维持、保持治理

---

① (汉) 董仲舒:《春秋繁露》,张世亮、钟肇鹏、周桂钿译注,中华书局 2012 年版,第 72 页。

② (汉) 董仲舒:《春秋繁露》,张世亮、钟肇鹏、周桂钿译注,中华书局 2012 年版,第 176—177 页。

③ (汉) 董仲舒:《春秋繁露》,张世亮、钟肇鹏、周桂钿译注,中华书局 2012 年版,第 522 页。

的持续性，就必须根据不同的警示，对自身的行为进行调整、对德性进行提升。行政主体的回应一方面是通过祭礼的运用而实现的，另一方面是通过主体行政行为的持续改善、通过德行的广泛践行而实现的。"五行变至，当救之以德，施之天下，则咎除；不救以德，不出三年，天当雨石。木有变，春凋秋荣，秋木冰，春多雨。此繇役众，赋敛重，百姓贫穷叛去，道多饥人。救之者，省繇役，薄赋敛，出仓谷，振困穷矣。火有变，冬温夏寒。此王者不明，善者不赏，恶者不绌，不肖在位，贤者伏匿，则寒暑失序，而民疾疫。救之者，举贤良，赏有功，封有德……"① 在董仲舒看来，五行发生变异时，需运用德政来进行解救。根据五行的逻辑，对于不同的灾异及相应的诱因，行政主体必须采取相应的对策。这种对应关系，使天与行政实践之间的关联得以具体化，其既能在一定程度上促进和强化行政主体对于特定行政德性类目的接受、实现德行的践履，同时，其也借由天的神秘权威而实现了对行政实践主体的权力制约。

三、等级体系与行政秩序的构建

董仲舒对于先秦儒家行政哲学思想既有继承，也有发展和创新。其对于先秦儒家行政哲学的继承，主要表现在其与先秦儒家一样，都强调了德在行政生活中的基础性地位，强调了礼制秩序及相应的等级体系在行政生活中的重要性。而其发展，则表现在董仲舒用阴阳五行观念对儒家礼制和等级体系的合法性进行了进一步的论证与强化，并将关注的重心放在了如何使儒家的行政伦理与行政理念得以现实化、得以落地的问题上。相较而言，董仲舒视域中的礼制秩序与等级结构，不再是一种孤立的、自足性

---

① （汉）董仲舒：《春秋繁露》，张世亮、钟肇鹏、周桂钿译注，中华书局 2012 年版，第 519 页。

的体系，而是与天、地、阴、阳一体化的体系，这意味着，一方面，从源起上看，礼制秩序与等级结构本身是基于天道与阴阳辩证体系而得以生成的，而不是由行政主体所主观建构的；另一方面，这种礼制秩序与等级结构的维续，也只有在遵循天道与阴阳辩证法的基础上才有可能，行政主体的自主性和选择性由此进一步被弱化了。

具体来看，董仲舒对于传统礼制秩序与等级体系的构建和证明，主要有两个方面的特色。

一是突出纲常结构。纲常结构本质上是先秦儒家礼制观念的具体化，其目的在于固化人伦关系中的尊卑地位与身份差异，从而实现以君权为核心的层级化行政权力结构的稳固、实现社会秩序与社会伦理结构的有效维持。董仲舒将阴阳理论引入人伦体系，用阴阳观念来类比人伦关系，指出"君臣、父子、夫妇之义，皆取诸阴阳之道。君为阳，臣为阴；父为阳，子为阴；夫为阳，妻为阴。"① 通过将阴阳的本体结构引入人伦体系，使阴阳的主从地位、辩证关系与人伦秩序中的主从关系得以勾连，从而实现了行政伦理与家庭伦理、社会伦理的合一，使家庭伦理、社会伦理成为行政伦理的强化路径。董仲舒认为，在阴阳关系中，"阳之出也，常县于前而任事；阴之出也，常县于后而守空处"②。其中，阳处于主导的、显性的地位，而阴处于被主导的、辅助性的地位。如果说在先秦儒家那里，君臣、父子、夫妻之间的关系一方面反映了行政权力结构的基本特质及其主动安排，另一方面也反映了人伦关系的社会化演进与自我生成，呈现出浓厚的社会性色彩，到董仲舒这里，通过人伦关系与自然的阴阳关系的叠加，则

---

① （汉）董仲舒：《春秋繁露》，张世亮、钟肇鹏、周桂钿译注，中华书局 2012 年版，第 465 页。
② （汉）董仲舒：《春秋繁露》，张世亮、钟肇鹏、周桂钿译注，中华书局 2012 年版，第 465 页。

使其主导与被主导式的人伦关系结构具有了先验的合法性，成为了一种自然化的结构。这实际上是将先秦式礼制结构中的人为理性让位给了自然理性，使行政体系中的人际关系结构排除了人为因素的干扰，具有了不可置疑性，从而确保了行政交往关系的稳定。

二是强调德性秩序的等级性与复合性。在董仲舒的视域中，德是社会秩序构建的关键要素之一。而从德的源起及其结构上看，董仲舒突出了其等级性与复合性特质。首先，在等级性维度上，董仲舒主张德源自于天，并突出了君王在德的养成中的中继性。在董仲舒那里，天是全善型的，其是德性的终极象征，"仁之美者在于天。天，仁也。天覆育万物，既化而生之，有养而成之，事功无已，终而复始，凡举归之以奉人，察于天之意，无穷极之仁也。人之受命于天也，取仁于天而仁也"①。所以，仁不是人所制造和构建出来的，而是从天那里获取的，是禀受于天的。天子是天意的直接禀受者，其行政行为必须做到对天意的遵循，"王者唯天之施，施其时而成之，法其命而循之诸人，法其数而以起事，治其道而以出法，法其志而归之于仁"②。对天命的遵从，是行政合法性构建的基础："君命顺，则民有顺命；君命逆，则民有逆命。故曰：'一人有庆，兆民赖之'。"③基于这样的逻辑，世俗化的、实践中的行政德性就成了一种从属性的、衍生性的德性。这种德性是否在行政实践中得到了体现、是否符合天道的基本要求，只有天本身才是终极的审判者。

其次，董仲舒式的德性结构是复合性的。在董仲舒看来，社会德性与

① （汉）董仲舒：《春秋繁露》，张世亮、钟肇鹏、周桂钿译注，中华书局2012年版，第421页。
② （汉）董仲舒：《春秋繁露》，张世亮、钟肇鹏、周桂钿译注，中华书局2012年版，第421页。
③ （汉）董仲舒：《春秋繁露》，张世亮、钟肇鹏、周桂钿译注，中华书局2012年版，第401页。

行政德性之间不是孤立的，而是互构式、一体化的。董仲舒指出："政有三端：父子不亲，则致其爱慈；大臣不和，则敬顺其礼；百姓不安，则力其孝悌。孝悌者，所以安百姓也。力者，勉行之，身以化之。天地之数，不能独以寒暑成岁，必有春夏秋冬；圣人之道，不能独以威势成政，必有教化。"[1] 董仲舒将家庭关系、行政关系、社会关系把握为治理生活的三大核心，并强调了孝悌之德对于社会秩序构建的意义。社会层面的孝悌之德之所以重要，盖因其关涉天、地、人三端之一。天、地、人为万物之本，"天生之，地养之，人成之。天生之以孝悌，地养之以衣食，人成之以礼乐，三者相为手足，合以成体，不可一无也。无孝悌，则亡其所以生；无衣食，则亡其所以养；无礼乐，则亡其所以成也"[2]。在董仲舒看来，作为君王的行政主体要实现行政的有效性，必须审慎地对待天、地、人"三本"，并通过身体力行，来实现社会德性的教化。"明主贤君，必于其信，是故肃慎三本：郊祀致敬，共事祖祢，举显孝悌，表异孝行，所以奉天本也；秉耒躬耕，采桑亲蚕，恳草殖谷，开辟以足衣食，所以奉地本也；立辟雍庠序，修孝悌敬让，明以教化，感以礼乐，所以人奉本也。"[3] 在董仲舒的视域中，无论是社会德性还是行政德性，君王的示范都是关键性的。这种德性示范之所以重要，是因为，"君者，民之心也；民者，君之体也。心之所好，体必安之；君之所好，民必从之。故君民者，贵孝悌而好礼义，重仁廉而轻财利。躬亲职此于上，而万民听，生善于下矣"[4]。只有居于上位的君王能

---

① （汉）董仲舒：《春秋繁露》，张世亮、钟肇鹏、周桂钿译注，中华书局 2012 年版，第 401 页。

② （汉）董仲舒：《春秋繁露》，张世亮、钟肇鹏、周桂钿译注，中华书局 2012 年版，第 193—194 页。

③ （汉）董仲舒：《春秋繁露》，张世亮、钟肇鹏、周桂钿译注，中华书局 2012 年版，第 194 页。

④ （汉）董仲舒：《春秋繁露》，张世亮、钟肇鹏、周桂钿译注，中华书局 2012 年版，第 403 页。

够重视孝悌而好礼义，重视仁义廉耻而轻视财货利益，千千万万的人民才会顺从，居下位者才有可能在层级示范的影响下而向善、行善。

第三节 宋明儒家行政哲学的理论特质：
以朱熹为核心

在儒家行政哲学的发展史上，宋明儒学是其中十分有代表性和突破性的一个发展阶段，其中，程颐、程颢、张载、朱熹、陆九渊、王阳明等一大批思想家对行政生活的本质及运行逻辑等进行了深入的理论建构与发展，取得了极为丰硕的成果。在宋明儒学的诸多代表人物中，朱熹可谓集大成者之一。他从"理"的视角对传统儒学进行的阐发，既从宇宙本体论的视角对事物的本源与内在规定、一般与个殊关系进行了梳理，同时也为主体的行为规范提出了一种新的可能；他对先秦儒学的阐释，涉及仁、爱、公、私等诸多议题，为政治与行政生活的规范提供了有益的思考。探究朱熹的行政哲学思想，对于理解儒家行政哲学的理论演进、对于当今行政伦理与行政道德体系的构建，都具有十分重要的意义。

一、理与行政生活

理是朱熹哲学体系的核心概念，是其行政哲学的逻辑起点。在朱熹看来，"自其一物之中，莫不有以见其所当然而不容已，与其所以然而不可易者"①，这种"所当然而不容已""所以然而不可易"的存在，就是理。

---

① （宋）朱熹：《朱子全书》（第6册），上海古籍出版社、安徽教育出版社2002年版，第528页。

具体而言，朱熹哲学体系中的"理"，有四个方面的特征。

首先，理具有本源性和先在性。在朱熹那里，理源自于"天道流行，造化发育"，其"得于天之所赋，而非人之所能为也"①。"宇宙之间，一理而已，天得之以为天，地得之以为地，而凡生于天地之间者，又各得之而为性。"②理是自然的、本源的、先验性的，是宇宙万物的内在规定性、是万物得以生成的基本根据，人力无法对其加以左右和改变。其次，理一而分殊。理是普遍性的，作为形而上的构成，理普遍分布于万事万物之中，是万事万物中的共同点。但是，对于万事万物及具体的生活与实践领域而言，理又具有不同的表现形式。"理只是这一个。道理则同，其分不同。君臣有君臣之理，父子有父子之理。"③在朱熹的视域中，"君臣之理""父子之理"是理在不同伦理关系中的呈现，是最高层面的"理"在具体层面的"分殊"。再次，理与气具有相互依存关系。理与气的关系，是一种形而上与形而下、道与器的关系。"天地之间，有理有气。理也者，形而上之道也，生物之本也。气也者，形而下之器也，生物之具也。是以人物之生，必禀此理然后有性；必禀此气然后有形。"④由相同的理出发，之所以会产生不同的具象事物，就在于气的不同。气是构成万物的质料，其清浊、正通、偏塞，影响着事物的性状。"然以其理而言之，则万物一原，固无人物贵贱之殊；以其气而言之，则得其正且通者为人，得其偏且塞者为物，是以或贵或贱而不能齐

---

① （宋）朱熹：《朱子全书》（第6册），上海古籍出版社、安徽教育出版社2002年版，第24页。

② （宋）朱熹：《朱子全书》（第23册），上海古籍出版社、安徽教育出版社2002年版，第3376页。

③ （宋）黎靖德编：《朱子语类》，王星贤点校，中华书局1986年版，第99页。

④ （宋）朱熹：《朱子全书》（第23册），上海古籍出版社、安徽教育出版社2002年版，第2755页。

也。"① 最后，理具有普遍的规范性。理作为一种"所以然"与"所当然"的准则，是对事物的普遍规定，是事物运行与发展的内在依据，是一种不能悖逆的先验性规范与准则。朱熹说："花瓶便有花瓶底道理，书灯便有书灯底道理，水之润下，火之炎上，金之从革，木之曲直，土之稼穑，一一都有性，都有理。人若用之，又着顺它理始得。若把金来削做木用，把木来熔做金用，便无此理。"② 理的普遍规范性和内在性决定了对理与规律的顺应是确保实践良性展开的前提。只有遵循事物本来的规律，才能维护事物发展的秩序、确保社会的正常运转。

朱熹理学既是一种宇宙本体论，也是一种社会本体论和政治本体论。从目的上看，朱熹理学的核心在于为社会和政治秩序的构建提供本原性的伦理规则、为社会和政治伦理的确立提供先验基础，就这一意义而言，朱熹理学首先是一种社会本体论和政治本体论。在朱熹理学中，理与行政生活的关系成为其所关注的重要内容之一。具体来看，理与行政生活之间的勾连，主要体现在两个方面。

首先，理确立了行政人格的性善基调。根据朱熹的"理一分殊"逻辑，一方面，理是普遍性的，其分有于每一个体，"构成了人的道德本性"③；另一方面，理是道德性的、纯善性的，"这个理在天地间时，只是善，无有不善者。生物得来，方始名曰'性'。只是这理，在天则曰'命'，在人则曰'性'"④。在朱熹看来，于生物体而言，性与理具有同一性，对于人而言，人性就是理。可见，朱熹对理的纯善性的强调，同时也

---

① （宋）朱熹：《朱子全书》（第6册），上海古籍出版社、安徽教育出版社2002年版，第507页。

② （宋）黎靖德编：《朱子语类》，王星贤点校，中华书局1986年版，第2484页。

③ 陈勇：《"理一分殊"在朱熹伦理学体系建构中的核心作用》，《孔子研究》1993年第1期。

④ （宋）黎靖德编：《朱子语类》，王星贤点校，中华书局1986年版，第83页。

是对人性的纯善性的强调。于行政体系而言，人在现实行政生活中所展现出的恶只是"气"的表现，而"气"作为构成人的质料是形而下的，它并不构成和代表人的本质。这种对行政主体之人性纯善性的理解，为朱熹对行政人格的把握提供了基础。在朱熹的逻辑中，气作为一种中介，是行政主体能否实现"明心见性"的关键。一方面，内在善性的展现，要依赖于气，"气质之性是人与万物乃至人与人各自不同的个性，是理气相合的产物，气的精与粗、正与不正造就了人与人及人与庶物的万殊"①，气是人之个殊化的根源，是人在行政实践中德性之有无与高低的关键影响因素。另一方面，对于行政主体而言，要达致善性的展现，实现"明心见性"，就需通过"存心""穷理"，去了"气"的"蔽塞"，打通"性"与现实实践的隔阂，让本性之"性"显露，达到理与人合②。因此，在朱熹的视域中，尽管对于具体的行政个体来说，其行政人格是多元化的、有善有恶的，但对于任何行政主体而言，善都是具有可达致性的。与荀子认为善的实现依赖于"化性起伪"不同，朱熹认为行政人格之善是通过恢复人的本来面目而实现的。行政主体的修身过程，正是行政主体存天理、灭人欲的过程，这一过程的首要标准，就是要控制自身的私欲，使其行为逻辑符合公的标准、仁的标准、爱的标准。

其次，理是行政关系的根本指导与规范。在朱熹看来，理不仅是宇宙万物生成与运行的根据，它还是规范社会主体行为方式、规范主体间社会关系的终极依据。"夫天下之事莫不有理，为君臣者有君臣之理，为父子者有父子之理，为夫妇、为兄弟、为朋友以至于出入起居、应事接物之际，亦莫不各有理焉。有以穷之，则自君臣之大以至事物之微，莫不知

---

① 魏义霞：《朱熹的"理一分殊"与和谐构建理念》，《哲学研究》2006 年第 9 期。
② 陈勇：《"理一分殊"在朱熹伦理学体系建构中的核心作用》，《孔子研究》1993 年第 1 期。

其所以然与其所当然。"① 在行政生活中，君臣关系、父子关系等，都要受理的规范，或者说，其都从不同的角度与领域展现了理的要求。在具体的行政关系运行过程中，理的表现与外在要求会有所不同："所居之位不同，则其理之用不一。如为君须仁，为臣须敬，为子须孝，为父须慈。物物各具此理，而物物各异其用，然莫非一理之流行也。"② 在朱熹的行政关系话语体系中，决定理的表现形式的，是主体的职位、身份与交往关系的类型；而人的职位、身份及其在行政交往关系中的位置等，又取决于气的分配。也就是说，气的不同造就了人的不同，进而也造就了人的职位、身份及地位的差异。气在人的行政关系的确立过程中具有决定性作用。在朱熹的视域中，气的分配方式（同时也代表职位、身份、地位等的形成方式）是随机的、偶然性的，带有强烈的运气色彩。"有人禀得气厚者，则福厚；气薄者，则福薄。禀得气之华美者，则富盛；衰飒者，则卑贱。气长者，则寿；气短者，则夭折。此必然之理。"③ 可见，朱熹对行政身份秩序与行政关系结构的理解，呈现出浓厚的神秘主义特性。这种运气化的解释以及理气合一的结构说明，朱熹对行政秩序结构的构建主要是基于如下两种思路而实现的：一是固化行政身份的思路。既然气禀是带有偶然性的天赋、是先天的，那么由这种先赋气禀所决定的人的身份结构往往也并不是人力所能改变的。对于行政关系与行政身份，尤其是君臣关系与君臣身份，必须严守边界、绝对服从。④ 这实际上是从人的身份角度使行政主体安于自身的角色，从而维护既定行政关系秩序的合法性、稳定性。二是固化行政关系结构的思路。在理气合一的架构中，理是上位性的、决定性

① （宋）朱熹：《朱文公文集》（卷14），国家图书馆出版社2006年版，第669页。
② （宋）黎靖德编：《朱子语类》，王星贤点校，中华书局1986年版，第398页。
③ （宋）黎靖德编：《朱子语类》，王星贤点校，中华书局1986年版，第80页。
④ 魏义霞：《朱熹的"理一分殊"与和谐构建理念》，《哲学研究》2006年第9期。

的，无论气如何变化，理都具有恒定性。放到行政关系的框架中来理解就不难发现，就行政职位及与其相应的行政关系而言，它们所对应的伦理规范和道德要求必然是恒定的；或者说，它不因处于行政职位上的行政主体的变化而变化。因为，对于一种抽象的行政关系而言，理首先所规范的是行政关系本身，而不是行政关系中的具体个人。换言之，无论是具备何种气禀的个体处于这样的一种行政关系之中，其都要遵守相应的伦理规范。这又从一种更高、更抽象的层面上，对行政关系及与之对应的行政秩序提出了要求。

二、公与行政生活

在朱熹的思想体系中，"公"是其理学思想的逻辑延伸。朱熹对于公的阐释，主要可围绕如下三组概念之间的关系来加以理解。

一是理与公的关系。在朱熹那里，理是公的本体论基础。如前所述，在朱熹看来，理的核心特质之一在于其普遍性，即"有天下公共之理，未有一物所具之理"[①]。理的这种普遍性，使不同事物之间具备了共通性、共有性、共享性，这种共通、共有和共享，是不同主体之间的交往秩序得以形成的内在基础。[②] 对于人类社会而言，理实际上就是不同主体进行交往的内在规则和根本要求，这种规则之所以能够被遵循，就在于其不是某一主体所独有的，而是为不同主体所共同享有、能为不同主体所接受。根据这样的逻辑，能否按照"理"这一共通性规则去实践，成为公与私的分界之所在。"将天下正大底道理去处置事，便公；以自家私意去处之，便

---

① （宋）黎靖德编：《朱子语类》，王星贤点校，中华书局 1986 年版，第 2372 页。
② 朱承：《论朱熹哲学中的公共性思想》，《哲学研究》2017 年第 5 期。

私。"① 对于行政交往实践而言，也只有当行政主体基于普遍性的"理"的规范来开展行政实践时，才能使行政权力的运用实践符合为公性的标准，进而获得权力被施予者内心的接受和认同并实现行政权力善性功能的发挥；而一旦行政权力的运用实践偏离了普遍性的"理"、成为一种个体化实践时，权力就可能背离同情的内在标准，其私性面向就可能彰显。

二是公与私的关系。如前所述，在朱熹那里，理是纯善性的，任何恶的来源都不在于理，而在于"气"。这就意味着，理必然是符合"公共善"的标准的，或者说，以损害公共善为前提的理是不存在的。理与公共善的相合性，主要有如下两个方面的表现形式：其一是理本身就是公。即理与公完全相符，或其在行动的目的上完全符合公的要求，例如"父之慈，子之孝，君仁，臣忠"② 等。换言之，"理"是一种抛却了私欲的、普遍性的伦理规则。其二是虽然带有为私性，但与天理相契合的私，与公之间并不冲突。如朱熹认为，"饮食者，天理也"③，"若是饥而欲食，渴而欲饮，则此欲亦岂能无"④。也即，饮食等私性欲求，是人的自然性本体的内在规定，其虽然带有私的属性，但只要是在合理范围之内的，就是符合天理、与公的要求不相背离的。因此，公与私是一种既相互对立又相互统一的关系。从对立的视角来看，"天理人欲相胜之地，自家这里胜得一分，他那个便退一分，自家这里退一分，他那个便进一分"⑤；而从二者相互统一的方面来看，基本的人欲又是天理的组成部分："饮食者，天理也。要求美味，人欲也"⑥，"如口鼻耳目四肢之欲，虽人之所不能无，然多而无

---

① （宋）黎靖德编：《朱子语类》，王星贤点校，中华书局 1986 年版，第 228 页。
② （宋）黎靖德编：《朱子语类》，王星贤点校，中华书局 1986 年版，第 231 页。
③ （宋）黎靖德编：《朱子语类》，王星贤点校，中华书局 1986 年版，第 224 页。
④ （宋）黎靖德编：《朱子语类》，王星贤点校，中华书局 1986 年版，第 2414 页。
⑤ （宋）黎靖德编：《朱子语类》，王星贤点校，中华书局 1986 年版，第 1418 页。
⑥ （宋）黎靖德编：《朱子语类》，王星贤点校，中华书局 1986 年版，第 224 页。

节，未有不失其本也者"①。因此，对于人欲之私，关键不在于能不能有，而是在于其绝不能超出一定的限度，如果超出了一定的限度，人欲与天理之间的对立性就会显现出来，公因而也就无从谈起。

三是公与仁的关系。首先，公在外而仁在内。仁是儒家行政哲学体系的核心内容，但在践行仁的路径上，却各有侧重。孔子认为，"克己复礼为仁"，强调了礼与仁之间的相关性；孟子强调，仁源自"恻隐"之心，并强调仁要具体化为现实的仁政。在朱熹那里，对于行政主体而言，仁与公的逻辑关系表现为：仁是内在的道理，是公的目的。仁作为一种行政人格品质，是理的体现、是人内在的品性与修养的体现。相较而言，公则是外在的，它是行政主体内在之仁的行为体现。"或问仁与公之别。曰：'仁在内，公在外'。"又曰："惟仁，然后能公。"②在公与仁的辩证关系中，公的实践能强化仁的内在品性，而仁的内在品性，又是促使主体践行公的动力来源。其中，内在的仁是根本性的。其次，去私是展现仁、实践公的前置条件。朱熹指出："仁是本有之理，公是克己工夫极至处。故惟仁然后能公，理甚分明。故程子曰：'公而以人体之。'则是克尽己私之后，只就自身上看，便见得仁也。"③朱熹强调了仁与理的相合性，公的实践是实现"去蔽"，展现仁这一与天理相合的内在品性的基本路径。而公的践行，则要在克己的过程中实现，由于公是仁的表征和实现路径，由此，"去私"也是实现仁的前设条件。"无私，是仁之前事；与天地万物为一体，是仁之后事。惟无私，然后仁；惟仁，然后与天地万物为一体。"④在朱熹这里，无私对于仁的实现而言具有前置性，而仁的实现，又是展现天理、使个体

---

① （宋）朱熹：《孟子集注》（卷7），中国社会出版社2013年版，第382页。
② （宋）黎靖德编：《朱子语类》，王星贤点校，中华书局1986年版，第116页。
③ （宋）黎靖德编：《朱子语类》，王星贤点校，中华书局1986年版，第116页。
④ （宋）黎靖德编：《朱子语类》，王星贤点校，中华书局1986年版，第117页。

实现与天地万物为一体的前提，这种逻辑递进关系的前提都是去除私欲。"无私以闲之则公，公则仁。譬如水，若一些子碍，便成两截，须是打并了障塞，便滔滔地去。"① 没有对私的去除，就不会有公，更不会有仁的人格品性的养成，对于行政主体而言，尤其如此。再次，公是君子型行政人格的典型表现之一。在朱熹那里，君子型行政人格有两条特质。其一是与天理相契合，"君子循天理，故日进乎高明；小人殉人欲，故日究乎污下"②。天理与人欲的界分，是君子与小人最直接、最明确的边界。其二是由天理人欲之分所衍生出的公与私之分。"注云：'君子小人所以分，则在公私之际，毫厘之差耳。'何谓毫厘之差？"曰："君子也是如此亲爱，小人也是如此亲爱；君子公，小人私。"③ 君子和小人都可以表现出亲爱，而究竟是以公为目的，还是以私为目的，则是界分君子型行政人格与小人型行政人格的标准。事实上，在朱熹那里，公与私之间的对立是不可避免的，而对于行政主体而言，只有在实践中践行公优先于私的伦理规范，才能实现有效的治理。因此，在行政实践中，朱熹高度重视民的重要性，认为"盖国以民为本，社稷亦为民而立"④，突出了民对于国家及其行政体系运转的基础性作用，强调了国家及行政体系的根本目的之所在。在行政主体与社会的交往方式上，朱熹认为，"平易近民，为政之本"⑤，强调行政体系与民众之间的友善互动对于行政体系良性运转的必要性。在实际操作中，朱熹主张行政以严，并广开社仓，救济饥荒，以具体行动来推进社会福祉。在行政主体的道德范导上，朱熹认为公是行政实践的意义来源，

---

① （宋）黎靖德编：《朱子语类》，王星贤点校，中华书局 1986 年版，第 116 页。
② （宋）朱熹：《四书章句集注》，中华书局 1983 年版，第 155 页。
③ （宋）黎靖德编：《朱子语类》，王星贤点校，中华书局 1986 年版，第 583 页。
④ （宋）朱熹：《朱子全书》（第 6 册），上海古籍出版社、安徽教育出版社 2002 年版，第 447 页。
⑤ （宋）黎靖德编：《朱子语类》，王星贤点校，中华书局 1986 年版，第 2689 页。

"官无大小，凡事只是一个公。若公时，做得来也精彩。便若小官，人也望风畏服；若不公，便是宰相，做来做去，也只得个没下梢。"① 可见，在朱熹的视域中，行政主体之公不仅是一种价值选择，也是一种内在责任。

三、朱熹的行政认识论

从前文的分析不难看出，朱熹所追求的是一种以理为基础的德性行政人格。这种行政人格的特质在于，人的德性生成是以理为基础的，具有一定的先天性、先在性色彩。这与孟子所强调的性善论具有明显的同质性。在朱熹的视域中，人人皆秉承有天理，对于不同主体而言，其所不同者在于气，气的差异导致了理的"分殊"；根据"理一分殊"的逻辑，天理在个体身上的分布具有普遍性，但人们对于天理的体认、践履，却还要受人们认知的影响。因此，对于朱熹而言，问题的关键就转换为了如何去除遮蔽，重新彰显人性中的天理。朱熹所提出的具体策略之一在于即物穷理。"所谓致知在格物者，言欲致吾之知，在即物而穷其理也。盖人心之灵，莫不有知，而天下之物莫不有理，惟于理有未穷，故其知有未尽也。是以《大学》始教，必使学者即凡天下之物，莫不因其已知之理而益穷之，以求至乎其极。"② 即物即格物，即物穷理的认知逻辑与格物致知大体一致。朱熹认为，理是普遍存在于万物之中的，对于人而言，其具有获取知识、认知理的能力，必须运用这种认知能力去格物、去穷究事物之理。

在朱熹的逻辑中，即物穷理式的认知具有四重特性。一是格物与穷理之间具有紧密的逻辑关联。所谓格物，本质上是一种为获取知识而展开的实践与思考。"'格物'的范围很广，读书（特别是读经典）、考究古

① （宋）黎靖德编：《朱子语类》，王星贤点校，中华书局 1986 年版，第 2735 页。
② （宋）朱熹：《四书章句集注》，中华书局 1983 年版，第 6—7 页。

今人物（包括历史事件）等等都在其内，但主要是在实际事物、实践活动中探求道理。比如'忠'的道理，便要辨别美、恶，顺其美而匡其恶，直至'仗节死义'。"① 格物是穷理的前提，只有在不断的实际体验中、只有在经验知识的不断获取中，才能实现对事物之道理的把握。对于行政主体而言，其对伦理实践的反思，是获取行政领域的伦理规则，实现君臣之理等的有效揭示的基础。从路径上看，其具体包括对先贤榜样的效仿、对经典文献的研读，及对伦理原则的不断辨别与思考、举一反三，等等。二是渐进性与累积性。在朱熹那里，行政实践中"理"的发现过程，是一个渐进累积的过程。"天下岂有一理通便解万理皆通！也须积累将去。如颜子高明，不过闻一知十，亦是大段聪明了。学问却有渐，无急迫之理。有人尝说，学问只用穷究一个大处，则其他皆通。如某正不敢如此说，须是逐旋做将去。不成只用穷究一个，其他更不用管，便都理会得。岂有此理！为此说者，将谓是天理，不知却是人欲。"② 在朱熹的行政认识论中，由人的认识能力的有限性及理在不同事物中的表现形式的多样性所决定，要发掘真实的理，就必须在日常生活及行政实践中进行不断的积累。"如读书，今日看一段，明日看一段。又如今日理会一事，明日理会一事，积习多事，自然通实"③，"零零碎碎凑合将来，不知不觉，自然醒悟"④。"而一旦豁然贯通焉，则众物之表里精粗无不到，而吾心之全体大用无不明矣。此谓物格，此谓知之至也。"⑤ 不断地累积才能产生顿悟，才能实现对理的完全把握。三是穷尽性。格物的目的是穷理，也即要达到对事物本质或终极

---

① 蒙培元：《何为"格物"？为何"格物"？——从"格物说"看朱熹哲学生态观》，《泉州师范学院学报（社会科学版）》2010 年第 1 期。
② （宋）黎靖德编：《朱子语类》，王星贤点校，中华书局 1986 年版，第 391—392 页。
③ （宋）黎靖德编：《朱子语类》，王星贤点校，中华书局 1986 年版，第 392 页。
④ （宋）黎靖德编：《朱子语类》，王星贤点校，中华书局 1986 年版，第 394 页。
⑤ （宋）黎靖德编：《朱子语类》，王星贤点校，中华书局 1986 年版，第 2737 页。

性知识的完全、而非一知半解的把握。"格，至也，物，尤事也。穷至事物之理，欲其极处无不到也。"①"格物者，格，尽也，须是穷尽事物之理。若是穷得三两分，便未是格物。须是穷得十分，方是格物。"② 四是从知识类型上看，格物的目的主要是获取德性之知。在朱熹的视域中，格物的目的主要不是获取关于事物的自然知识，而是发掘其中的社会运行规则和伦理规则。"格物，是穷得这事当如此，那事当如彼。如为人君，便当止于仁；为人臣，便当止于敬。又更上一着，便要穷究得为人君，如何要止于仁；为人臣，如何要止于敬，乃是。"③ 因此，为社会关系的运行提供普遍性的伦理依据、为行政生活的运转提供普遍性的互动规则，是朱熹即物穷理的根本目的。由此，对德性之知的穷尽，也就是要使行政主体达致对德性的全知全善，穷理的过程，也是一个德性修养的过程。

所以，朱熹的行政认识论逻辑，在于以"即物"为基础获取行政主体对德性的认知，以对德性的认知为前提而获取行政主体对德性的认同，并以对德性的认同而反作用于行政实践。尽管朱熹的"理"内在于人，但与王阳明式的知识内在于人心的观念相比，朱熹明显更强调外在实践对于内在修养的重要性。"由于'气禀物欲生来便有'，因而虽然每个人心具众理，但这些理并未全部反映为人的良知，或者说人的良知并没有把心中所具的众理全部反映出来。所以，按照朱熹的思想，并非说人生来具有一切知识，而是说人们最终所致之知识中包含的一切道德原则是人心本来具有的，从而不能说朱熹主张所有知识先天具有，本来全具的只是'理'"④，而且，对于朱熹而言，尽管"道德原则是人的本性，但并不是说

---

① （宋）朱熹：《朱子全书》（第6册），上海古籍出版社、安徽教育出版社2002年版，第17页。

② （宋）黎靖德编：《朱子语类》，王星贤点校，中华书局1986年版，第283页。

③ （宋）黎靖德编：《朱子语类》，王星贤点校，中华书局1986年版，第284页。

④ 陈来：《朱子哲学研究》，华东师范大学出版社2000年版，第335页。

这些原则本来就现成而完全地支配着人的意识，只有物格知至，心与理一才能达到那种境地"①。因此，在朱熹的行政认识论中，行政主体的德性之知的获取过程，除了根本性的道德原则内在于人心之外，其他的经验知识与德性之知都更倾向于依赖由外而内的逻辑而实现，人心对理的认知、把握与呈现，也只有在主体自我的能动性实践中才能得以完成。这与王阳明式的认为行政德性内生于人心，从而将德性提升的关键定位于正心、"去不正以为正"形成了一定的反差。在王阳明看来，心与理一，理要从人心中去寻求，而不是到外物中去寻求。"心者，天地万物之主也"，"心即理也。天下又有心外之事、心外之理乎？夫物理不外于吾心，外吾心而求物理，无物理矣；遗物理而求吾心，吾心又何物邪？心之体，性也；性即理也。古有孝之理；无孝亲之心，即无孝之理矣。有忠君之心，即有忠之理；无忠君之心，即无忠之理矣。理岂外于吾心邪？"②在王阳明那里，"主体精神（心）不再是形而上'天理'的附属物"，而是"上升为安身立命的根据，判断是非的准衡，生命之旅的指南"③。从知与行的关系来看，在朱熹那里，行政主体对德性之知的了解是实现德性认同的基础，也是实现德性践履的前提，而在王阳明看来，知与行是一体共生的，一定的知必然转化为一定的行。因此，德性之知的获取过程与德行的实现过程，本质上在于"通过'格物'革除不正之意念，落实致良知的功夫"④。行政主体的德性修养，必须通过养心的方式而不是通过对闻见之知与德性之知的外在获取来达成。这就对朱熹的"外—内—外"的行政认知逻辑提出了质疑。

---

① 陈来：《朱子哲学研究》，华东师范大学出版社 2000 年版，第 334 页。
② （明）王守仁：《王阳明全集》第一卷，红旗出版社 1996 年版，第 28 页。
③ 张刚雁：《王阳明及王学简述》，《资料通讯》2002 年第 3 期。
④ 李雅萍：《"致良知"与"格物"关系的体用论新解——论熊十力〈大学〉释义对阳明心学的补阙》，《云南大学学报（社会科学版）》2019 年第 3 期。

第四章
道家、法家行政哲学的主要内容及其特征

第一节　道家行政哲学的主要内容及其特征

在中国传统哲学思想的发展与演进过程中，道家思想影响深远、具有举足轻重的地位。以老子、庄子等为代表的道家思想家，以"道"为基础构建了一种独特的"形而上学"①，其对于国家治理理念与实践的独特理解，为行政思想与行政实践的发展提供了有效的价值与路径选择。道家思想中所内蕴的行政哲学，对于当今行政实践的发展与完善，具有良好的借鉴意义。

一、道与行政生活

在道家的视域中，道是一种自然性的内在规定，其普遍存在于万事万物之中，是事物生成、发展的根本依据。道的特征，至少包含三个方面。

---

① 郑开：《道家形而上学的理论特质——以"道德之意"为中心的讨论》，《中国社会科学》2017 年第 11 期。

首先，道具有本源性。在道家那里，道是万物的本源和主宰。老子曰，"道生一，一生二，二生三，三生万物"（《老子·四十二章》），阐明了道与万物之间的内在衍生关系。万物以道为基础，生成于由少到多、由简到繁的逻辑过程之中。道是万物的本源，天地之间无一例外。"有物混成，先天地生，寂兮寥兮，独立而不改，周行而不殆，可以为天地母，吾不知其名，字之曰道，强为之名曰大。"（《老子·二十五章》）老子认为，在道与天地的关系中，道先于天地而生成。它无声无形，独立长存而不变，循环运行而不停，是包括天地在内的万物之根本。①

其次，道的分布具有普遍性。道既是万物的始源，也内在于万物之中。东郭子与庄子的对话，就很好地诠释了道的普遍性。"东郭子问于庄子曰：'所谓道，恶乎在？'庄子曰：'无所不在。'东郭子曰：'期而后可。'庄子曰：'在蝼蚁。'曰：'何其下邪？'曰：'在稊稗。'曰：'何其愈下邪？'曰：'在瓦甓。'曰：'何其愈甚耶？'曰：'在屎溺。'"（《庄子·知北游》）这说明，道虽然看起来玄虚，但实际上它存在于万事万物之中，连蝼蚁、稊稗、屎溺等也不例外。"夫道，于大不终，于小不遗，故万物备。广广乎其无不容也，渊渊乎其不可测也。"（《庄子·天道》）事物无论大小，都蕴含着道，道是万事万物的共性，它虽然高深，却也具体，它广大得无所不包，又深远得不可测度。②

再次，道具有自足性。在道家的视域中，世间万物都要遵从一定的规律，所谓"人法地，地法天，天法道，道法自然"（《老子·二十五章》），即主张人、地、天之间存在着一定的遵从和取法关系，而"道本性自然"③。也就是说，对于"道法自然"，并不是说道要遵从自然，更不

---

① 《老子》，汤漳平、王朝华译注，中华书局2014年版，第99页。
② 《庄子》，杨柳桥译注，上海古籍出版社2010年版，第186页。
③ 《老子》，汤漳平、王朝华译注，中华书局2014年版，第98页。

是说自然是道的上位概念。如冯友兰所言，道法自然"并不是说，于道之上，还有一个'自然'，为'道'所取法"，"'自然'只是形容'道'生万物的无目的、无意识的程序。'自然'是一个形容词，并不是另外一种东西……老子的'道法自然'的思想跟目的论的说法鲜明地对立起来"①。也就是说，道本身就是自然性的，自然表征着道的特质。对于道而言，它依托于自身而存在，其具有先在性和自足性。

以道为基础，道家的行政哲学也呈现出其自身的独特性。这种独特性，主要可从道家对自然主义行政生活模式的强调及其对理想行政生活状态的构设两个方面来把握。

第一，强调以自然主义为基础的行政生活模式。道家的治理逻辑，大体可归结为"道"治，"道"治的本质就是自然之治。总体来看，道家行政哲学的自然主义倾向，主要表现在其对自然的自我运行逻辑的遵循，及对行政生活中的人为因素的警惕上。在道家的视域中，行政生活中的人为因素主要表现为智（知）、利及儒家式的仁、义、礼等，道家对这些内容进行了激烈的批判。

首先是对智（知）的批判。智（知）即才智或知识，其本质上反映的是人的能动性与主体的自我理性。在儒家的视域中，智（知）是行政主体实现德性与行政实践能力提升的基础，其中，作为一种知识形态的德性与行政能力，决定着治理主体的行为选择和行为能力，是社会福祉增进的基础力量。这种以智（知）为基础的行政，或可称之为智（知）性行政。在儒家式的智（知）性行政逻辑中，智（知）的程度影响甚至决定着行政的现实有效性，其中，以圣人为核心的理想人格形态，是德性之知与闻见之知的最高掌握者，因而也是实现理想治理的标杆性主体。与儒家

---

① 冯友兰：《三松堂全集》（第7卷），河南人民出版社2000年版，第254页。

不同的是，在道家看来，智（知）作为一种人为形态、作为主体理性的反映，必然意味着对自然的背离。在老子的逻辑中，智（知）与道的区别，是益与损的区别，"为学日益，为道日损。损之又损，以至于无为"（《老子·四十八章》）。对学问的追求，是知识增进的过程，而对道的追求则以知识的减损为前提，因而，智（知）式生活，与循"道"式生活在逻辑上是背道而驰的。

具体到行政生活与治理实践中，道家对于智（知）性行政也进行了批判。其中，老子指出，"绝圣弃智，民利百倍"（《老子·十九章》）。庄子亦指出，"圣人已死，则大盗不起，天下平而无故矣。圣人不死，大盗不止"（《庄子·胠箧》），并认为"上诚好知而无道，则天下大乱矣"（《庄子·胠箧》）。无论是在老子，还是庄子那里，行政主体对于自然的遵从，都是实现有效治理的基础，而所谓的智巧与知识，都是导致社会福祉减损的源头。其对智巧与知识的否弃，在本质上都是要弱化行政权力对于社会的干预与影响。这样的弱化，是在保持行政权力体系之存续的前提下展开的，对于道家而言，与其说其要消解智巧及由此所带来的行政权力本身，不如说是要弱化行政权力的社会控制功能，使行政权力处于隐而不显的状态，这是对行政权力的行使方向的一种规范。

其次是对利的反思。利主要是达成主体欲望满足的各种物质与精神因素。利的人为性，表现在利与主体的欲望与需求是相伴相生的，对象性存在是否成为利及对利的获取究竟达致何种状态和程度，都取决于主体本身。而对利进行自然主义的反思，使利与道得以统合的根本，就在于如何使利得到合理的限制，使其与主体的自然化需求相符合，而避免利的过度目的化与先验化。

具体而言，道家对于利的自然主义反思，主要有两个方面的表现。一是对利是否符合道与自然的基本边界进行划定。道家对于与自然相合、与主体生存相关的基本之利是持肯定态度的，但其对于超出于自然的过度利益持否定态度。老子指出："五色令人目盲，五音令人耳聋，五味令人口爽，驰骋畋猎令人心发狂，难得之货令人行妨。是以圣人为腹不为目，故去彼取此。"（《老子·十二章》）在老子的视域中，五色、五音、五味等，一旦过度，都可能给人带来伤害，而于理想行政人格而言，其求利的边界，就是要做到"为腹不为目"。所谓"为腹不为目"，盖由于"腹者，无知无欲，虽外有可欲之境而亦不能见。目者，可见外物，易受外境之诱惑而伤自然。故老子以腹代表一种简单清静，无知无欲之生活；以目代表一种巧伪多欲，其结果竟至目盲、耳聋、口爽、发狂、行妨之生活。明乎此，则为腹即为无欲之生活，不为目即不为多欲望之生活"①。可见，"为腹"之利是以自然身体的保存为限度的，超出了这一边界，其就存在着背离道的规范的风险。对于行政主体而言，"为腹不为目"式的合理求利目标的设定，既是实现行政主体自身心身康健的基础，也是实现社会有效治理的前提。二是区分私利与社会之公利。道家对利的审慎，首先是对私利的审慎，这种私利既指社会性个体的私利，也指行政权力主体的私利。一方面，就社会性个体之私利而言，老子认为过度的利是引发偷盗等社会失序现象的根源，只有"绝巧弃利"（《老子·十九章》），才能减少偷盗等治理失序现象。因此，在社会维度上来说，只有使社会性个体将对利的追求囿于自然与道的范畴之中，才能提升社会的可治理性。另一方面，在行政权力主体的维度上，一旦其私欲膨胀，将影响行政权力体系本身的稳固性。老子指出，"甚爱必大费，厚藏必多亡。故知足不辱，知止不殆，可以长久"（《老子·四十四章》），只有知足、知止，行政权力体系的可持续性才能得到维护。从根本上说，在总体资源有限的条件下，行政权力主

---

① 杨义主编：《老子评注》，岳麓书社 2007 年版，第 36—37 页。

体的私欲与社会之利之间，是存在一定的冲突的，如老子所言，"民之饥，以其上食税之多，是以饥"（《老子·七十五章》）。因此，一旦行政主体摒弃了为公性诉求而将权力作为谋取自我利益的工具时，社会利益就可能无法得到有效的维护。所以，在道家的视域中，无论是于社会自我的秩序构建来说，还是从行政体系自我的运作逻辑来说，只有将对利的追求控制在符合自然与道的范围之内，才能实现主体自我的良性发展并促进为公性目标的真正实现。

再次是对仁、义、礼的否认。老子认为，"绝仁弃义，民复孝慈"（《老子·十九章》）。在儒家那里被视为社会伦理之基本准则的仁、义、礼，在老子这里则成了治理失范的基本表征。在老子的思维中，道、德、仁、义、礼的生成逻辑与内在关联主要表现为："失道而后德，失德而后仁，失义而后礼。夫礼者，忠信之薄而乱之首。"（《老子·三十八章》）道、德、仁、义、礼之间存在着一种反向衍生关系，即因为前者的缺失才提出了后者的必要性。从这种反向衍生关系不难看出，在以道为核心的行政逻辑中，仁、义、礼是不同层级的社会失序的结果与外在表现，是道被忽视和弱化的社会后果。因此，相较于儒家而言，在老子这里，仁、义、礼的内涵发生了较大的变化，一方面，道家的仁、义、礼更多地强调了其中所包含的人为性弊端及由于人为性所导致的对自然秩序的破坏，而非强调其对于行政交往体系维系的意义；另一方面，在价值排序上，与儒家将德、仁、义、礼置于社会价值的第一序列不同，道家将德、仁、义、礼置于道之后，并指出其不是道的核心要素，而只是道的"皮毛"，对于治理的功效也不再被强调。① 正是在这一意义上，老子说，"大道废，有仁义；智慧出，有大伪；六亲不和，有孝慈；国家昏乱，有忠臣"（《老子·十八章》）。

---

① 贡华南：《道与盗之辩：老子的价值取向》，《社会科学》2012 年第 1 期。

仁义等不是有道之治的结果，而是无道之治才使得对仁义的强调成为必须，仁义的必要性，正是治理无能的表征。

第二，对理想行政生活状态的构设。以道为基础，道家对理想行政生活状态的构设，也具有其独特性。

一是关于治理的类型。道家的行政理想图景，是以道为基础、以无为为核心的治理。老子将治理类型分为四种，即"太上，下知有之；其次，亲而誉之；其次，畏之；其下，侮之"（《老子·十七章》）。在这里，老子构设了一种治理序列，在这一治理序列中，百姓仅知其存在而感觉不到其重要性的治理者，是最好的治理者；而百姓亲近和赞扬的治理者，是第二等的治理者；第三等的治理者，是百姓都畏惧的治理者；最下等的治理者，是百姓敢于蔑视和侮辱的治理者。① 可见，老子对于行政状态的评价是以社会对于行政主体的感知和回应为基本依据的。以感知和回应作为评价行政体系与行政主体的依据的内在基础在于，当行政体系、行政行为达致了对道与自然的尊重与顺应、实现了与社会之间的高度相融性和一体性时，社会对于行政体系与行政权力的感知也会随之弱化，社会将进入低度政治状态。因此，道家的理想型行政模式具有明显的社会适配性色彩。这种"适配型"行政追求的是基于道的行政权力的隐匿化，也即社会对行政体系感知的最小化。不过，要指出的是，权力的隐匿化与社会感知的最小化并不完全等同于政府权力自身的最小化，相反，通过对社会运行的自我规律的遵循及对社会自发秩序的尊重，其所追求的反而是一种最高限度的合法性和最高限度的行政权力施予效果，这正是无为而无不为式行政辩证法的内在精髓。

二是理想的社会生活图景。道家的理想社会生活图景以"小国寡

---

① 《老子》，汤漳平、王朝华译注，中华书局2014年版，第68页。

民"、自给自足、民风淳厚等为基本特质。《老子》所描述的理想社会生活图景为："使有什伯人之器而不用；使民重死而不远徙；虽有舟舆，无所乘之；虽有甲兵，无所陈之；使民复结绳而用之。甘其食，美其服，安其居，乐其俗。邻国相望，鸡犬之声相闻，民至老死，不相往来。"（《老子·八十章》）不难看出，老子的理想社会至少包含如下两个方面的特质：其一，其是前技术主义的，即"有什伯人之器而不用"，"民复结绳而用之"。这样的前技术主义具有一定的理性选择与主体性色彩，其目的在于通过对智巧、技术的主动化回避而维持社会的前理性化，并规避社会发展与技术性因素所带来的各种治理的不确定性。其二，人民的纯一化。这种纯一化一方面通过使人民安土重迁、安于现状，以避免由于迁徙所带来的社会异质性和思想多元化而实现；另一方面通过使人民"甘其食，美其服，安其居，乐其俗"，来保持社会总体需求与欲望的相对简单而实现。道家式理想社会体系中的人，更倾向于是一种恒定性的而非发展性的人，对于道家而言，这种恒定性本质上是通过强调人的自然性而排除人的社会性内容而实现的。

老子那种小国寡民式的、几近原初状态的社会政治理想类型，同样也为庄子所称颂。在庄子看来，圣明与智巧、财富以及各种文明成果，都是实现有效治理的障碍，其将上古时期的社会形态称为"至德之世"，指出，"昔者，容成氏、大庭氏、伯皇氏、中央氏、栗陆氏、骊畜氏、轩辕氏、赫胥氏、尊卢氏、祝融氏、伏羲氏、神农氏，当是时也，民结绳而用之，甘其食，美其服，乐其俗，安其居，邻国相望，鸡狗之音相闻，民至老死，而不相往来。若此之时，则至治已"（《庄子·胠箧》）。庄子把三代之前的容成氏、大庭氏、伯皇氏等的原始型治理结构称为理想的、至上的治理，这是一种在封闭社会中达致的前技术性治理。在这种治理情境中，人民有其独特的品性："彼民有常性：织而衣，耕而食，是谓同德；一而不党，命曰天放。故至德之世，其行填填，其视颠颠。当是时也，山无蹊隧，泽无舟梁；万物群生，连属其乡；禽兽成群，草木遂长。是故禽兽可系羁而游，乌鹊之巢可攀援而窥。夫至德之世，同与禽兽居，族与万物并，恶乎知君子小人哉！"（《庄子·马蹄》）这是一种人与自然高度融合的境界，人民淳朴而善良，也正是这种简单而原始的状态，为秩序的实现提供了有效的社会基础。①

总体而言，道家的社会理想是复归性的、保守性的。其没有道德上的差等，没有意见上的分化，具有高度的社会整合性与价值同一性。应该说，道家的社会政治理想，与其所倡导的无为式治理之间，亦存在着良好的承接关系：一方面，社会的小规模、自足性、相对封闭性及国与国之间的弱交往性，使得社会自我的矛盾被最小化，使自生自发的秩序得以最大化实现，从而为无为型行政的实现提供了前提；另一方面，无为型行政所主张的行政权力的最小化，避免了对社会自治机制与自生自发秩序的干扰，从而能够实现与良性的自发秩序之间的契合。但是，这样的理想状态，在面对现实的社会发展变化时，终究会显得苍白无力。因此，道家必须谋求理想情境的现实化路径。而道家的基本思路，就在于从对原初社会状态的构设中提炼出社会自我的恒定性运行规则，这种恒定性的运行规则就是道。道作为一种抽象性规范，具有普遍的适用性，或者说，其对于任何社会形态的治理，都具有终极性的规范意义。但问题在于，对道的接受与付诸实践本身，又必然是一个体现主体理性的过程。其中，对"道"治的默许，及对自治式社会形态的认可和不干预，本身就是行政理性的表现。因此，道家对智巧的摒弃与对行政体系之无为性的强调，实际上成为行政体系为实现社会的有效治理而实施的一种策略性行为，

---

① 孔令宏：《道家理想的政治文化及其建设》，《文化艺术研究》2008 年第 2 期。

这与道家所追求的纯粹的无为而治的理想化状态，又形成了一定的出入甚至是对立。

二、道家的行政人格观①

道家对于行政人格问题有着较为丰富而深刻的阐释。其关注的重心，一方面在于理想行政人格②的构设，另一方面在于行政结构中不同主体的人格与职能分异问题。具体来看，道家的行政人格观，大体包括五个方面的内容。

一是理想行政人格及其为公性特质。如前所述，道家行政哲学强调行政体系与行政主体的无为，但无为的最终目的在于实现有为、达致对社会的有效治理。这样的有为式良善效果的达成，必然要求行政主体具备良好的目标导向与价值选择。因此，基于无为式的行为选择来寻求行政的为公性及公正性，成为道家理想行政人格的基本特质所在，这在老子和庄子那里都有明确的表现。在老子那里，圣人的核心特质在于"圣人恒无心，以百姓之心为心"（《老子·四十九章》），指明了圣人相对于社会的工具性特质，其以社会的意志作为自己的意志，并使其私人意志服从于公共意志。这种工具化，正是强化社会之自我运行逻辑的前提、是实现社会自我的秩序构建与自我发展的基础。庄子虽然更侧重于关注生命本体、关

---

① 无论是老子还是庄子，其对于理想人格类型的阐述，都不仅仅是针对行政主体而言的，而是对人类生命本体的一种普遍化关注，是对人类理想生活状态及生命本源的构想。但这些理想人格类型首先又是针对作为行政主体的治理者而提出的，或者说，其首先是对掌握行政权力的治理者所提出的要求与期待。因此，从行政人格的视角来考察道家的人格观，是把握道家思想的一种非常重要的视角。

② 对于理想型行政人格，道家的称呼是多元化的。老子将这种理想人格类型称为"圣人"，而庄子则在不同情境中称其为"圣人""真人""至人""神人"，等等。

注修身养性议题，但其对真人、圣人的论述，也呈现出明显的为公性特质。庄子指出，真人或圣人"不逆寡，不雄成，不谟士"（《庄子·大宗师》），其"与物有宜，而莫知其极。故圣人之用兵也，亡国，而不失人心；利泽施乎万世，不为爱人"（《庄子·大宗师》）。这是一种与自然高度一体、以对规律的自如运用为基本追求的人格类型。这样的行政主体在推进"天下治"的为公性目的的路径上，强调的是"游心于淡，合气于漠，顺物自然，而无容私焉"（《庄子·应帝王》），其"功盖天下而似不自己也，化贷万物而民弗恃，有莫举名，使物自喜，立乎不测，而游于无有者也"（《庄子·应帝王》）。可见，庄子式的理想型行政人格强调通过虚静无为来实现"功盖天下"的丰功伟业，其对为公性价值的追求是隐晦的，体现了其淡泊的心态与对社会之自然运行逻辑的遵循。

二是强调理想行政人格的含容性。道家的行政主体在价值选择上具有广泛的含容性。对于理想型行政人格而言，老子认为，其在品性上应做到"善者善之，不善者亦善之"，"信者信之，不信者亦信之"，只有这样，才能"德（得）善""德（得）信"（《老子·四十九章》）。"圣人在天下，歙歙焉为天下浑其心，百姓皆注其耳目，圣人皆孩之。"（《老子·四十九章》）这是一种对社会主体的去差别化理解，其弱化了行政对象的德性、价值观、知识等社会性、身份性、个体性差异，强调了行政主体对于不同社会主体在行政策略上的一致性，及由这种一致性策略所生成的行政效果的普遍性。于老子而言，只有弱化行政对象的人格差异，使社会主体在自发逻辑中实现人格的自我完善，才能在事实上消除人格差异，从而增强社会性主体的同一性、提升总体的可治理性。庄子的理想型行政人格，也是具有广泛的含容性的。庄子从人的自然性特质出发，认为圣人的特质在于"奚旁日月，挟宇宙，为其吻合，置其滑涽，以隶相尊？众人役役，圣人愚芚，参万岁而一成纯。万物尽然，而以是相蕴"（《庄子·齐物论》）。

圣人能做到与日月并依存、与宇宙万物为一体，施行同人吻合的事务，放弃混乱不明的是非；对尊贵者和卑下者一视同仁。一般人诡计多端，而圣人像是蒙昧无知般。① 这意味着，"当人心放弃了与物相互对待的判断、辨别、感觉、分析的思维方向，这时的心情是混沌、愚苯、吻合、相蕴的。圣人的存在是把彼此、内外消融为一体，使之相蕴、吻合"②。这种与万物相互含容的境界，使圣人对人对事持存同样的眼光，从而彰显了其对平等价值的坚守。这也表明，在庄子的视域中，人的自然本体要优先于其社会本体，或者说，人首先是自然性意义上的人，其次才是社会性意义上的人，正是对自然性的人的关注，才使圣人式的理想人格将人与宇宙万物视为一体，这是凸显其平等价值观和为公性特质的本体论前提。

三是道家行政人格具有辩证性特征。道家行政人格的辩证性，一方面表现，在其对有为目的的无为式追求上，也即，其既强调了行政生活的必要性、凸显了行政的为公性价值追求，但其对行政之有效性、为公性的谋求，又是以无为作前提的。关于这一点，前论已多有述及，在此不赘。道家行政人格辩证性的另一方面表现，在于其既追求行政权力的有效运用，同时又强调行政权力主体的谦下和内隐化，并强调基于行政权力主体的谦下和内隐化，来实现行政权力的无害化。行政生活的展开过程是一个行政权力的运用过程，作为治理者，基于对行政权力的事实性掌握，其必然会呈现出一定的权力型人格特质。而权力的运用过程与权力发挥其负向功能、为害社会的风险是伴随的，道家对于有为式行政、智（知）性行政、求利性行政等的批判，某种程度上反映的正是其对于行政权力为害社会的可能性的反思与警惕，及对于权力型、统治型行政人格的不满。因此，老子对于理想型行政人格的构设，强调的是其要谦下和重民，认

---

① 《庄子》，杨柳桥译注，上海古籍出版社 2010 年版，第 35 页。
② 那薇：《道家的愚人之心与海德格尔的畏》，《浙江社会科学》2003 年第 4 期。

为"江海所以能为百谷王者，以其善下之，故能为百谷王。是以欲上民，必以言下之；欲先民，必以身后之。是以圣人处上而民不重，处前而民不害。是以天下乐推而不厌。"（《老子·六十六章》）正是因为圣人能够隐藏权力、能以谦下之态面对人民、甘于把自身放在人民后面，所以人民才会推崇和拥护这样的治理与行政者而不厌弃他。庄子也指出，"贱而不可不任者，物也；卑而不可不因者，民也"（《庄子·在宥》），认为体质微贱，可是不能不利用它们的，就是万物；地位卑下，可是不能不依靠他们的，就是人民。① 所以，谦下与重民，是实现有为与善治的人格基础，是获取行政合法性的重要途径。权力型行政人格与谦下、重民型行政人格之间的辩证关系，体现的是道家对于治理策略的重视，同时也体现了其对于手段与目的之间的辩证关系的深刻体认。

四是道家行政人格是一种复合理性型行政人格。从理性的视角来看，道家的理想型行政人格是一种融合了个体理性、自然理性、社会理性的复合理性行政人格。这种融合意味着，道家视域中的理想型行政人格既要实现对自身行为与欲望的有效控制，也要实现对自然规律的敬畏与遵从，同时还要达致对社会需求的有效依从与满足。在个体理性方面，道家强调的是一种自控型理性，即强调基于主体理性对自身的有效控制，而防止其所掌握的行政权力对于自然理性和社会理性构成破坏与干扰。在老子看来，"圣人欲不欲，不贵难得之货；学不学，复众人之所过，以辅万物之自然而不敢为"（《老子·六十四章》）。这即是说，圣人以不欲为欲，不看重难得的事物；以不学为学，抛弃众人的过失而复归根本，辅助万物自然成长而不敢作为。② 在老子的视域中，圣人通过降低自身及社会的欲望、智巧，来回归自然的轨道，是实现有效治理的重要路径。这种对

---

① 《庄子》，杨柳桥译注，上海古籍出版社 2010 年版，第 147 页。
② 《老子》，汤漳平、王朝华译注，中华书局 2014 年版，第 254 页。

不欲的追求、对难得之货的忽视、对智巧的漠视、对众人之过的反思，都与个体理性的指引无法割裂，其展现的是个体理性对于主体权力与行为的自控。庄子也指出："故圣人观于天而不助，成于德而不累，出于道而不谋，会于仁而不恃，薄于义而不积，应于礼而不讳，接于事而不辞，齐于法而不乱，恃于民而不轻，因于物而不去。物者莫足为也，而不可不为。"（《庄子·在宥》）圣人观察于天而不助长万物，成就于"德"而不系累万物，本原于"道"而不谋虑万物，会通仁慈而不自恃其德，合乎正义而并不有所积蓄，适应礼节而并不有所避讳，接近事务而并不有所推辞，齐一法制而并不扰乱是非，信赖人民而并不有所轻视，依靠万物而并不有所离失。[1] 其中，个体理性的为与不为是非常清晰的，而个体理性及其引导下的为与不为，体现的正是道家理想型行政人格的治理智慧。

就个体理性与自然理性的关系而言，个体理性的根本目的，就是要遵从和再现自然理性，其中，个体理性是辅助、自然理性是根本。在道家那里，社会理性与自然理性之间具有重叠性。因此，减少对社会的干预，本身就是遵从自然理性的体现。但社会理性并不总是等同于自然理性，因此，在一些特定情形下，也需要圣人基于个体理性对社会理性进行纠偏。老子主张，理想的治理者应"虚其心，实其腹，弱其志，强其骨。常使民无知无欲。使夫智者不敢为也"（《老子·三章》）。这意味着，圣人也需要发挥其辅助性的作用，例如，要净化民众的心灵，满足民众的温饱，减少其欲望，强健其体魄，使其保持无知无欲的状态，降低智巧者的行动空间。虚心、实腹、弱志、强骨，等等，都是与自然相契合的道，都是自然秩序生成的基础。而其实现的过程，都无法完全排除治理者在行政实践中的理性运用与主动作为。

---

① 《庄子》，杨柳桥译注，上海古籍出版社 2010 年版，第 147 页。

　　五是对于不同的行政层级，有不同的行政人格要求。如前所述，道家虽然强调无为，但其实质上追求的是无为而无不为。道家有为与无为的辩证关系，一个重要的表现就在于其对于不同层级的行政主体提出了不同的行为要求及人格要求。在老子之后的道家行政哲学中①，这种区分主要表现为对于君与臣在为与不为问题上的区分。具体来看，对于处于行政层级顶端的君王来说，其行政人格要求是无为型的；而对于臣下来说，其理想的行政人格要求则是有为型的。例如，《庄子·天道》篇指出："上无为也，下亦无为也，是下与上同德；下与上同德，则不臣。下有为也，上亦有为也，是上与下同道；上与下同道，则不主。上必无为，而用天下；下必有为，为天下用。此不易之道也。"《庄子》具体论证了上无为下有为的原因，因为上位无为，下位也无为，便是下位和上位德业相同；下位和上位德业相同，是不合乎臣道的。而下位有为，上位也有为，这便是上位和下位德业相同；上位和下位德业相同，则不合乎君道。因此，上位必须无为，而利用天下；下位必须有为，而为天下所利用，这是不可移易的道理。② 对于君臣之间的分工，《庄子·天道》提出要做到"本在于上，末在于下；要在于主，详在于臣"，认为根本性的、道的层面的东西在于上层，末节性的、细节层面的东西在于下层；政治要领在于君王，详密策略在于臣下。③ 尽管这样的表述因其具有明显的礼制色彩而可能并不是庄子本人的思想，但其反映了道家在思想发展进程中对于行政主体无为型人格的理解存在着分歧且随着时代的发展而演进。在稷下道家那里，君无为与臣有为的二元分化更为明显。如一般被认为是稷下道家重要代表人物

①　老子就君臣之间有为与无为问题的区分着墨不多，其更强调的是行政体系作为一个整体对于社会的无干预状态。

②　《庄子》，杨柳桥译注，上海古籍出版社 2010 年版，第 179 页。

③　《庄子》，杨柳桥译注，上海古籍出版社 2010 年版，第 179 页。

之一的慎到认为，"君臣之道：臣事事而君无事，君逸乐而臣任劳。臣尽智力以善其事，而君无与焉，仰成而已。故事无不治，治之正道也"（《慎子·民杂》）①；魏晋时期的郭象也指出，君臣应"各当其分，则无为位上，有为位下"②，其通过对基于"性分"的"适性""当分""守分""止分"等的强调，而把"庄子意境高远的逍遥游放（以'适性'的概念为表达）与儒家重视角色身份的社会职责（以'当分'的概念为表达）打通了"③。总之，在道家的理想逻辑中，君王是宏观政治生活的把握者，其应该放弃对执行性的细枝末节的关注，以防止对于社会之自然秩序的破坏，形成所谓的无为型行政人格；而对于臣下而言，其应是君王的有力执行者，形成服从性的、执行性的有为型行政人格。

三、身心修治与行政生活

（一）身体与国家同构，因而身体修治与行政生活内在相通

在道家的视域中，身体与国家之间具有结构上的同一性、对应性，因而，身体的修治与行政生活之间存在着紧密的关联和互通。老子对身体与行政之关系问题的关注，主要在于强调"无为、无欲、无身"④，一方面，其强调基于对行政主体及社会主体的身体和心理欲望的控制，来提升社会的可治理性。同时，其也强调通过身心的修炼，来使行政主体达致宠辱不惊的"无身"境界，进而实现对私欲的控制，做到"贵以身为天下""爱以身为天下"（《老子·十三章》）。另一方面，老子对无为之治的

① 《慎子全译》，高流水、林恒森译注，贵州人民出版社 1996 年版，第 31 页。
② 郭庆藩：《庄子集释》，中华书局 2004 年版，第 405 页。
③ 陈静：《性分：符合名教的自然——论郭象对〈庄子〉的误读》，见刘小枫、陈少明编：《经典与解释》（第 2 辑），上海三联书店 2003 年版，第 239 页。
④ 邓万春：《载心之身：中国轴心时代的身体思想》，《江淮论坛》2016 年第 6 期。

强调，实际上也是主张要顺应社会主体的自然成长机制，以防止权力性干预对于百姓的自然身体的伤害。庄子对于身体的重视更是提升到了更高的层次。在庄子的视域中，身体代表着自然与本性，对身体的重视正代表着对自然的遵循。"故君子苟能无解其五藏，无擢其聪明，尸居而龙见，渊默而雷声，神动而天随，从容无为而万物炊累焉。吾又何暇治天下哉！"（《庄子·在宥》）可见，在庄子那里，养生成了第一位的，而对社会的治理及其有效性则成了第二位的。在庄子的逻辑中，参与行政生活本身并非理想人格之所愿，其对行政生活及治理实践的参与，可能只是一种"不得已"的行为，若"君子不得已而临莅天下，莫若无为。无为也，而后安其性命之情"（《庄子·在宥》）。对于庄子而言，君子对行政生活的参与，要以无为为前提，无为的目的，就是要弱化行政这种入世性实践对人的本质的背离以及对自然规律的否弃，以达致对生命本体的高度尊重。

晋代的葛洪对于身体与治理之间的逻辑同构性进行了直观的阐释。其指出："故一人之身，一国之象也：胸腹之位，犹宫室也；四肢之列，犹郊境也；骨节之分，犹百官也；神，犹君也；血，犹臣也；气，犹民也。故知治身，则能治国也。夫爱其民，所以安其国；养其气，所以全其身。民散则国亡，气竭即身死。死者不可生也，亡者不可存也。是以至人消未起之患，治未病之疾，医之于无事之前，不追于既逝之后。民难养而易危也，气难清而易浊也。故审威德所以保社稷，割嗜欲所以固血气。然后真一存焉，三七守焉，百害却焉，年命延矣。"（《抱朴子内篇·地真第十八》）葛洪将身体的不同部位与国家的结构及其行政要素等进行了对应，在葛洪的逻辑中，人的身体的运转需要骨节、血、气与神等要素，这就有如国之运转需要百官、需要君王的统领、需要臣下的协助、需要百姓的支持等。如果说身体的不同构成对于身体整体的功能具有不可或缺的影响的话，那么同样的，国家及行政体系之不同构成于国家而言也是一个紧密联系的、不可或缺的整体。身体需要修治和保养，行政体系中的君臣关系、政民关系亦需要维护和保养，身体一旦缺失了血、气等的支持就难以为继，同样的，国家及其行政体系一旦缺失了某一环节或构成要素，也将造成灾难性的后果。不难看出，在葛洪的身体与国家的同一性逻辑中，其不仅强调了二者在形式上的同构性，也强调了其在本体与作用机制上的一致性。

总体来看，道家沟通身体与国家结构、行政体系的中介是道。如前所述，道家之道是普遍存在的、自足性的、源生性的，道"生育万物"，且"贯穿于万事万物之中"①，于不同事物而言，道是共通的、公共的。正是这种特性，使得"道"成为身体与国家、行政体系等治理主体的共同点，这种共同点使得自然、人、国家之间在基本结构、内在精神上具有了相通性甚至是同一性，从而具备了联结和互通的可能。

（二）行政实践的本质在于给养社会

在道家那里，身体治理之所以能与行政这一为公性实践相连接，盖因其所重之身不仅是治理者自身之身，而是以道为中介，经由对身体生存和发展的一般性逻辑的认识，而推出了给养社会这一为公性逻辑。这是一种比"同情"具有更高层次规范性的规律性认识。这种以道为中介、以规律性认识为认识论前提的社会给养与重民，因其具有坚实的本体论基础，而具有较强的理论说服力。具体而言，道家关于社会给养与重民的具体内容，主要体现在两个方面。

一是慎刑。在传统专制社会中，统治者对行政权力的运用，很大部分是基于对他者身体、生命或生存资源的掌控而实现的，如福柯所言，在

---

① 彭富春：《论庄子的道》，《湖北社会科学》2009 年第 9 期。

权力的历史谱系中，专制逻辑下的君王及其对应的行政权力行使的主要方式，就是禁制与对身体的惩罚等，其区分于后世的规训权力和生命权力。而道家对于这种基于自然性身体来施行行政权力，以实现社会秩序构建的做法，是持相对谨慎态度的。从自然主义视角出发，在生死问题上，道家更倾向于遵循自然与天道对于人的根本性审判。因此，道家对于刑罚持谨慎态度。如老子认为："若民恒且不畏死，奈何以杀惧之？若民恒且畏死，而为奇者，吾得而杀之，夫孰敢矣？若民恒且必畏死，则恒有司杀者。夫代司杀者杀，是谓代大匠斫。夫代大匠斫者，希有不伤其手矣。"（《老子·七十四章》）老子指出，如果民不畏死，那么用刑杀来惩罚人的身体、进行恐吓就不可能取得想要的行政效果；如果人民真的总是怕死，那么，对于行为不端者，敢于做出格的事情，我们可以把他们都杀了，哪还有谁敢再惹事呢？① 这既阐明了以身体威慑为基础的刑罚本身的治理效用的有限性，强调了其适用限度，也阐明了治理者无为尤其是在刑杀方面无为的必要性。黄老道家虽然主张通过德刑并用来实现对国家的有效治理，但在德刑关系上，其强调应做到德主刑辅，先德后刑。《黄帝四经》明言，"不靡不黑，而正之以刑与德。春夏为德，秋冬为刑。先德后刑以养生"②，"夫并时以养民功，先德后刑，顺于天"③。黄老道家通过对德的强调，突出了德对于生命给养的意义，认为先德后刑才是顺应天道的行政实践。

二是适应社会的需求。一定的物质条件供给是实现身体保存、生命给养的根本，是人的生存得以维续的基本条件。道家对于物质之欲及相应的财富获取持相对谨慎的态度，因为如前所述，在道家的视域中，对物质

---

① 《老子》，汤漳平、王朝华译注，中华书局 2014 年版，第 285 页。
② 《黄帝四经今注今译》，陈鼓应注译，商务印书馆 2016 年版，第 217 页。
③ 《黄帝四经今注今译》，陈鼓应注译，商务印书馆 2016 年版，第 223 页。

财富的过度欲求可能会造成社会心态的复杂化，进而导致偷盗等反秩序行为的出现，从而增加社会治理的难度。但事实上，道家并不排斥适度的物质财富，其主张行政体系通过自我欲求的减少来弱化对于社会资源的消耗，进而确保社会自身逻辑的正常运行，使社会得到有效的自我给养。老子说："民之饥，以其上食税之多，是以饥；民之难治，以其上之有为，是以难治；民之轻死，以其上求生之厚，是以轻死。"（《老子·七十五章》）这表明，在老子那里，行政主体的不合理干预是治理对象的生存与身体给养无法有效维持的直接原因。这就从身体修治的视角阐述了不合理的行政权力所可能引发的行政权力与社会主体之身体给养之间的对立性和辩证关系。

《黄帝四经》对于顺应社会需求、确保社会性主体之身体给养的重要性也进行了明确的阐释。其指出，"人之本在地，地之本在宜，宜之生在时，时之用在民，民之用在力，力之用在节。知地宜，须时而树，节民力以使，则财生，赋敛有度则民富，民富则有佴（耻），有佴（耻）则号令成俗而刑伐（罚）不犯，号令成俗而刑伐（罚）不犯则守固单（战）胜（胜）之道也"[1]。这实际上是从治理的视角阐明了行政主体掌握自然及治理规律对于达致有效治理的内在价值。对于治理规律的掌握，首先要求确保民力使用的适度性，并要使人民达致富足的经济状态、达致知廉耻的德性状态。在这里，治理对象的身体给养与心灵修炼是一体化的，只有在身体给养有保障的前提下，知廉耻的德性状态才有实现的可能；而对于行政主体而言，要达致对社会的有效给养，首先要求其自身对于自然及身体的成长规律有着清晰的认知，并对于自身的欲望有着良好的节制，以实现行政权力与社会需求之间的相谐共生。

---

[1] 《黄帝四经今注今译》，陈鼓应注译，商务印书馆2016年版，第67页。

(三) 身心修治的主要路径是虚静

道家无为型行政人格的生成一方面依赖于主体的天然禀赋，另一方面也在一定程度上依赖于后天的身心修治与养成。但是，与儒家强调积极参与政治与行政生活、提升知识能力不同的是，道家的身心修治是在对智巧的弃置与心灵的虚静中达致的。关于虚静，老子指出，"天地之间，其犹橐籥乎！虚而不屈，动而愈出。多言数穷，不如守中"（《老子·五章》）。老子以风箱为喻，指出风箱虽然空虚却不会竭尽，鼓动愈快而风力也愈大，这表明，虚空并不代表无力，其反而可能产生更强的效用。相反，多言、多教并不能达致道，反而离道愈远，要想真正得道，就必须长守道体虚静无为。在老子的视域中，虚静的主要表现之一在于无欲，即要做到"不尚贤，使民不争；不贵难得之货，使民不为盗；不见可欲，使民心不乱"（《老子·三章》），老子认为，"不欲以静，天下将自定"（《老子·三十七章》）。统治者与行政主体对无欲的持守，是达致社会有效治理、实现百姓生命给养的基本保障。

庄子的身心修治也强调"静"。庄子认为："明于天、通于圣，六通四辟于帝王之德者，其自为也，昧然无不静者矣。"（《庄子·天道》）静定是圣人的基本特质。这一特质是理想化的行政主体基于对身心发展规律的正确认识，基于长期的修炼而形成的一种构成性特质，"圣人之静也，非曰静也善，故静也；万物无足以挠心者，故静也"（《庄子·天道》）。静不单单是功利性的，而是基于无欲、无为的修炼，基于对欲望与智巧的摒弃而达成的一种自然状态。庄子对于虚静给予了很高的评价："夫虚静恬淡，寂漠无为者，天地之平而道德之至，故帝王圣人休焉。休则虚，虚则实，实者伦矣。虚则静，静则动，动则得矣。静则无为，无为也，则任事者责矣。无为则俞俞。俞俞者忧患不能处，年寿长矣。夫虚静恬淡，寂漠无为者，万物之本也。明乎此以南乡，尧之为君也；明乎此以北面，舜之为臣也。"(《庄子·天道》) 庄子认为，虚静是圣人之所以成为道德顶峰的标志。其内在的逻辑在于，安息就能够实现虚无，虚无就能充实，而充实就顺乎理性。虚无，就能够静定，而静定是无为的基础，无为又是实现从容自得的前提。只有从容自得的人，才能实现身体的有效保存，实现长寿。虚静、恬淡、寂漠、无为是万物的本元，明白了这一道理，才能成为尧舜般的君王或臣下。①

稷下道家对于虚静也给予了高度的重视，其关注的核心内容有：首先，主张虚静是道的体现形式和获取路径。《管子·心术上》说，"虚而无形谓之道。化育万物谓之德"②，"虚其欲，神将入舍。扫除不洁，神乃留处"③，只有扫除身心中的欲望和欲念，道才会来临。《管子·内业》说："被道之情，恶音与声。修心静音，道乃可得。道也者，口之所不能言也，目之所不能视也，耳之所不能听也，所以修心而正形也。"④ 于道的本性而言，其不可言表、不可察看、不可听闻，对道的追求，要在虚静中获取，"虚静是从'人事'返回'天道'的法门，成为沟通'天道'与'人事'的桥梁"⑤。其次，在行政实践中，要实现符合天道的有效行政，必须持有虚静的心态。按照《经法·名理》的说法，行政生活的基础是要审核其名称，"天下有事，必审其名"，此后才能"是非有分，以法断之；虚静谨听，以法为符"⑥，即，名理确定了是非的分际，然后用法度去裁决；观照事物时采取虚静审慎的态度，处理这些问题时再以法度为依据，只有这样，才能把握规律、公正处事。在这里，虚静及对行政规律的把握，与行政的公

---

① 《庄子》，杨柳桥译注，上海古籍出版社 2010 年版，第 177 页。
② 黎翔凤：《管子校注》，中华书局 2004 年版，第 759 页。
③ 黎翔凤：《管子校注》，中华书局 2004 年版，第 759 页。
④ 黎翔凤：《管子校注》，中华书局 2004 年版，第 935 页。
⑤ 李怀春：《自然到虚静：论先秦道家中心价值的转移》，《东方论坛》2005 年第 6 期。
⑥ 《黄帝四经今注今译》，陈鼓应注译，商务印书馆 2016 年版，第 187 页。

正性价值联系在了一起。《经法·论》指出，对于行政生活而言，"强生威，威生惠，惠生正，正生静。静则平，平则宁，宁则素，素则精，精则神。至神之极，见知不惑"①。只有当行政主体做到了虚静无欲之时，才能实现心情平和、达致微奥莫测应化无穷、不再迷惑之诸种境界，才能真正实现对天道的把握与顺应，进而成就帝王之道。可见，在稷下道家那里，虚静不仅在本体上成为道的表现形式或获致路径，而且在实践上成为指导人的身心修炼与行为规范的基本准则。

第二节　法家行政哲学的主要内容及其特征

在法家②那里，法是一种功能性、规范性、关系性存在。从内涵上看，其至少包含三个方面。首先，以法为核心的交往关注的重心在于交往过程的确定性和可预期性。如管子认为，"法者，天下之程式也，万事之仪表也"（《管子·明法解》），指出法是基于程式、过程的确定性而实现对主体行为的规范的；商鞅则认为，"法者，国之权衡也"（《商君书·修权》），指出了法的本质是一种行为公度，其通过去除随意性，而达致行政交往的规范化、确定化、可预期化。其次，法是一种行政工具，其具有

---

① 《黄帝四经今注今译》，陈鼓应注译，商务印书馆 2016 年版，第 134—135 页。
② 法家虽然最早可追溯到夏商时期的理官，但其理论上的成熟，主要还是在春秋战国时期。以管仲、慎到、商鞅、韩非子等为代表的一大批思想家，对于法家理论的系统构建作出了重要贡献。值得指出的是，法家的部分思想家及其著作所包含的思想本身是多元性的、变动性的，同时，一些重要文献究竟由谁所作，目前学界也仍存在着争议。这种思想上的综合性、著作者的争议等，使得学界在研究法家与稷下道家等的思想时，存在着同一典籍或思想家被划分为不同的学派归属的现象。本书对于某一思想或思想家的学派归属问题不予争论，皆根据思想本身所关注的具体内容来进行灵活处理。

治吏与治民的双重意蕴。管子指出，"法律政令者，吏民规矩绳墨也"（《管子·七臣七主》），表明理想形态中的法要弱化主体性因素的影响，实现对行政体系自身与社会的双重治理。从治官、治吏的角度来看，法既是构建行政权力秩序、规范行政行为的手段，也是扩充君权、维护行政结构之稳定性的基本工具；而从社会层面来看，法是行政体系实现社会行为的引导与规范、推进社会秩序构建的基本手段。再次，对于法家而言，法所内含的两项最主要的政策工具是赏与罚。韩非子说，"法者，宪令著于官府，刑罚必于民心，赏存乎慎法，而罚加乎奸令者也"（《韩非子·定法》）。法本质上代表的是行政主体的内在价值选择及行政主体对于是非善恶的理解，在具体实践中，这种理解正是通过对特定行为之赏与罚的二元选择而得以表征的。

总体来看，法家基于法所展开的行政交往，与儒家以德与礼为基础而推进的行政交往形成了鲜明的对比。而这种对比的产生，又源于法家独特的行政人格论、行政价值论及行政技术理性论。

一、法家的行政人格论

法家对行政人格问题的理解，在法家的行政哲学体系中具有前提性意义。可以说，正是法家独特的行政人格观，才促成了法家独特的行政哲学思想。具体来看，法家的行政人格观及其特质可从三个方面考察。

（一）理性化的行政人格

与儒家行政人格强调主体德性不同，法家行政人格具有强烈的理性色彩，其主要表现在如下两个方面。

首先，主张人是关注利益算计的、趋利避害的主体。在法家的视域中，利益是主体行为的基本驱动力。如商鞅指出，"民之性：饥而求食，劳而求佚，苦则索乐，辱则求荣"（《商君书·算地》），"夫农，民之所苦；而战，民之所危也。犯其所苦，行其所危者，计也"（《商君书·算地》）。管子亦指出，"夫凡人之情，见利莫能勿就，见害莫能勿避。其商人通贾，倍道兼行，夜以继日，千里而不远者，利在前也。渔人之入海，海深万仞，就彼逆流，乘危百里，宿夜不出者，利在水也。故利之所在，虽千仞之山，无所不上；深源之下，无所不入焉"（《管子·禁藏》）。追求身体的保存、趋利避害、进行利益的比较、算计与权衡是人的本性，这样的本性，也正是人与社会之所以能够得到治理的基础。"人生而有好恶，故民可治也。"（《商君书·错法》）对于掌握着人们的生存资源、掌握着奖赏与惩罚权力的行政主体来说，依循人的趋利避害本性，就可以通过奖赏与惩罚等工具，来实现对社会主体之行为的有效控制。在法家的视域中，要实现有效的行政与治理，前提和关键是要明确告知人们什么样的行为可受奖赏、什么样的行为应受惩罚，从而使人们形成对奖惩的明确预期，形成特定行为与奖惩后果之间的固定联结机制。法家之"法"，正是这样一种固定化的、确定性的联结机制。

其次，由利益的权衡所决定，赏与罚必须注意力度的运用与方向的引导。在法家的视域中，理性主体的行为选择必然伴随着利益与代价之间的权衡。因此，要达致对社会主体行为的有效引导、实现治理的有效性，就必须使惩罚付出的代价超过其得利。商鞅认为，在赏罚的二元选择中，必须做到"刑多而赏少"（《商君书·开塞第七》），"夫王者刑九而赏一，削国赏九而刑一"（《商君书·开塞第七》）；韩非子指出，圣明的君王"其赏足以劝善，其威足以胜暴"（《韩非子·守道》），"所谓重刑者，奸之所利者细，而上之所加焉者大也。民不以小利加大罪，故奸必止者也。所谓轻刑者，奸之所利者大，上之所加焉者小也。民慕其利而傲其罪，故奸不止也"（《韩非子·六反》）。可以说，重刑成为法家（尤其是三晋法家）

一种基本的行政策略，在法家的逻辑中，其是生发民之"畏"，进而形成社会主体行为之审慎性的基础。

对于法家而言，由于社会主体之计算理性的存在，行政体系可以依据赏罚方案的技术性设置，而实现对社会行为的有效引导，使社会主体的行为选择符合行政权力体系的需要、符合社会总体秩序构建的要求。如商鞅指出，"名利之所出，不可不审也。利出于地，则民尽力；名出于战，则民致死。入使民尽力，则草不荒；出使民致死，则胜敌。胜敌而草不荒，富强之功，可坐而致也"（《商君书·算地》），"故民，可令农战，可令游宦，可令学问，在上所与。上以功劳与，则民战；上以《诗》、《书》与，则民学问。民之于利也，若水于下也，四旁无择也。民徒可以得利而为之者，上与之也"（《商君书·君臣》）。国家对赏罚的施予，反映的是政府理性的有效运用，它体现了政府理性对社会理性的利用与引导。在这个过程中，社会理性处于相对的被动地位，成为一种从属性理性。

（二）工具型行政人格

法家的行政人格观带有明显的工具性色彩。首先，从君臣关系的视角来看，对自利型人格的强调，使法家的君臣交往呈现出一种以互利为基础的工具型逻辑。基于对人性自利的理解，在法家的视域中，臣下的行政实践是君王实现其权势获取、达致其行政目标的工具，而君王也成为臣下实现其财富、身份、安全、荣誉等自利目标的工具。君与臣之间的互利性逻辑，使得法家的君臣交往关系充满了理性算计色彩，在这一过程中，君臣之间的人情逻辑、价值理性与礼制结构等被极大地弱化。如韩非子认为："人臣之于其君，非有骨肉之亲也，缚于势而不得不事也。故为人臣者，窥觇其君心也无须臾之休，而人主怠傲处其上，此世所以有劫君弑主也。"（《韩非子·备内》）"爱臣太亲，必危其身；人臣太贵，必易主位。"（《韩非子·爱臣》）在君臣关系中，臣下的自利性，使得君王行政权势的稳固面临着外在的威胁，因此，对臣下行政权力运用过程的防范是维持君权稳固的基础。在法家的逻辑中，要实现君王行政权力稳固的目标，一方面是要维护互利关系的稳定性，以互利性来防止权力的"异己"化，使君权与臣权保持同向性；另一方面则是要以君权的绝对性来实现对臣下行政权力的有效控制，防止臣下权势的过度膨胀。这种以法为基础而维持行政权力的同向性、确保行政结构的稳定性的努力，与儒家基于价值上的共同性及礼制的规训而推进行政权力的同向性、确保行政结构之稳定性的尝试，形成了鲜明的对比。

其次，从行政权力体系与社会的关系来看，社会在一定程度上也成为达致行政体系自我目标的工具。这主要表现在，对于法家尤其是先秦法家而言，行政权力体系制定的赏罚等法令措施，本身就是作为控制社会、强化君权的手段而出现的，民众处于被动接受的状态。在这个过程中，社会对于法本身的合理性缺乏必要的话语权，法的合理性与法对于行政权力体系的有利性高度重合，而民众的福祉是否因法的实施而得以提升，则并不具有必然性。在这个过程中，民众成为法的客体，成为对象性、工具性的存在。

再次，从职能上看，在理想逻辑中，行政权力体系本身也应成为立法与执法的工具，在使法服务于人的同时，人也服务于法。如商鞅指出，"故明主慎法制。言不中法者不听也；行不中法者不高也，事不中法者不为也。言中法，则辩之；行中法，则高之；事中法，则为之"（《商君书·君臣》）。韩非子也指出，"废常上贤则乱，舍法任智则危。故曰：上法而不上贤"（《韩非子·忠孝》）。这其中隐含着一定的法的先验化逻辑，即要使行政主体的行政行为前反思性地服从于法的安排。法是君王治理意愿的体现，其主要出自君王，但法一旦制定和公布，就必须在一定程度上成为一种异己的力量，实现对行政体系自我之行为的有效控制与规范，在这个过程中，人的灵活性、主动性等在一定程度上被消减了。可见，对法治逻辑的强调，意味着人的主体性的一定程度的弱化，意味着人的工具性的一定程度的凸显。但是，这种工具型行政人格的凸显过程，由于其内蕴的是行政行为的确定化、规范化、明确化，又是具有明显的正面意义的。

（三）积极、动态与消极、静态相互支撑的复合型人格

法家视域中的理想行政人格有其积极、动态的一面。这种积极、动态型行政人格主要有两种表现形式。首先，其表现为法家主张对行政生活及治理实践的积极参与。与道家理想型行政人格所呈现出的关注生命本体、目的化生命与身体的出世型特质不同，对于法家思想家而言，为现实的行政实践提供技术性方案、通过对行政生活的积极参与而实现自身的法制型、公共型行政抱负，是其关注的重点。在生命、身体与行政的关系问题上，与道家力求使行政服务于行政主体及社会主体的生命和身体给养不同，法家更侧重于关注行政对象的生命与身体对于行政权力的维护、对于行政绩效增进的工具性意义。也即，法家并不主张基于养生等个私性因素而回避对现实行政实践的参与，也不主张基于社会性主体之身体给养而使行政生活去功能化甚至去行政化。在法家看来，积极发挥行政的社会控制功能，通过对人的身心之欲的利用，通过法的规范与技术的运用达致行政权力体系的现实目标，是行政生活的基本意义之所在。这一过程所内蕴的入世性、积极性特质是极为明显的。其次，在行政策略的选择上，法家主张因时而动、积极变革，反对僵化封闭。如商鞅认为，"礼、法以时而定，制、令各顺其宜"（《商君书·更法》），主张法制实践与行政生活必须根据时代的发展而变化。这种治理的动态适应性的基础，在于时代与人的需求是动态性的——"然则上世亲亲而爱私，中世上贤而说仁，下世贵贵而尊官……民道弊而所重易也，世事变而行道异也……古之民朴以厚，今之民巧以伪"（《商君书·开塞》）。因此，尽管人性的自利性是天生的、

前设性的，但具体的世风、文化环境却是动态的、日趋复杂的，这为行政手段与策略的适应性变化提供了前提与依据。这种依时而动的行政态度表明，法家视域中的理想型行政人格是主动化的、动态性的、发展性的，其与道家怀古式的、静态式的行政人格类型形成了明显的反差。

法家行政人格虽然是入世型、积极型的，但其也有消极、静态的一面。这主要表现在，其一，主张以法的实施来达致无刑。如商鞅认为，"故善治者，刑不善，而不赏善，故不刑而民善。不刑而民善，刑重也。刑重者，民不敢犯，故无刑也。而民莫敢为非，是一国皆善也"（《商君书·画策》）；韩非子指出，"夫严刑者，民之所畏也；重罚者，民之所恶也。故圣人陈其所畏以禁其邪，设其所恶以防其奸，是以国安而暴乱不起"（《韩非子·忠孝》）；管子也指出，"故主上视法严于亲戚，吏之举令，敬于师长。民之承教，重于神宝。故法立而不用，刑设而不行也"（《管子·禁藏》）。通过重刑与对法的严格执行而实现"民不敢犯"，从而实现"无刑"，是法家式理想行政人格的基本价值与路径选择。这是一种通过有为来达致无为的思路，体现了法家理想型行政人格在手段上有为与在目的上无为的二元性特征，其与道家所强调的通过无为而达致有为的思路形成了鲜明的对比。如果说道家是主张通过消极、静态的行政行为选择而达致积极、动态的行政现实效果的话，那么法家则主张以积极、动态的行政行为选择，来实现消极、静态的行政目的或行为结果。① 在理性层面上，道家的主张是要控制政府理性与社会理性而发挥自然理性，而法家则是要充分运用政府理性与社会理性，以达致行政权力稳固与社会秩序安定

---

① 当然，法家的以有为促无为，并不是要达致现实治理效果的无为，而是说以重刑来实现无刑，更准确地说，是要以法制上的有为来促进手段上的无为。道家的无为，更侧重于以手段的无为来达致现实效果的有为。就现实效果层面来说，法家与道家都是有为型的，即都希求良善治理效果的达成。

的目标。其二，通过法的设立，来实现君无为臣有为的治理状态。韩非子认为，在君臣关系中，君主"有智而不以虑，使万物知其处；有贤而不以行，观臣下之所因；有勇而不以怒，使群臣尽其武。是故去智而有明，去贤而有功，去勇而有强。群臣守职，百官有常，因能而使之，是谓习常。故曰：寂乎其无位而处，漻乎莫得其所。明君无为于上，群臣竦惧乎下。明君之道，使智者尽其虑，而君因以断事，故君不穷于智；贤者敕其材，君因而任之，故君不穷于能；有功则君有其贤，有过则臣任其罪，故君不穷于名"（《韩非子·主道》）。这在一定程度上是韩非子对道家思想的一种发扬，但与道家不同的是，韩非子所指涉的君无为是基于法的完备性与行政职能的确定性而实现的，在韩非子的逻辑中，当法的完备性与行政体系的职位与职能安排达致合理时，行政体系即能实现各司其职、各安其位，从而实现对社会的有效治理。也即，根据法家的逻辑，当政府的理性达到极致，足以实现法的完备、行政体系的技术性设置之完备与整全之时，君王对社会的一劳永逸的有效治理就能实现。而在道家的逻辑中，政府理性的运用不但无法准确反映社会理性和自然理性，反而可能扰乱社会和自然的自我生发逻辑，因而，收缩政府理性，促进社会与自然的自我逻辑的独立运转，成为实现社会自我秩序的根本路径。

二、法家的行政价值取向

在法家的视域中，法是行政生活的基础。以法为基础的行政生活，必然要体现法本身所内蕴的价值追求。这种价值追求，在法家那里主要表现为公平性与为公性两个维度。

一是法的公平性维度。在法家那里，法的公平性一方面体现在法的价值主张上，另一方面也体现在以法为基础的行政实践所要达成的现实治理效果上。首先，在价值追求上，法家主张法的"平直"性。所谓"平直"，既要弱化行政对象的身份、财富等差异所带来的治理方式、奖惩标准的差异，"对于适用的对象坚持同一标准，平等要求，不偏向、不倾斜、不曲从"①。这是法的公平性的典型表征之一。例如，商鞅提出了"壹赏，壹刑，壹教"（《商君书·赏刑》）的主张，强调以法为基础，对赏、刑、教加以规范化和统一化；管子提出，理想的圣王之治以"君臣上下贵贱皆从法"（《管子·任法》）为重要表征，强调了法作为一种规范所应具有的普遍性特质；韩非子也提出"刑过不避大臣，赏善不遗匹夫"，并认为"故矫上之失，诘下之邪，治乱决缪，绌羡齐非，一民之轨，莫如法。厉官威民，退淫殆，止诈伪，莫如刑。刑重，则不敢以贵易贱；法审，则上尊而不侵。上尊而不侵，则主强而守要"（《韩非子·有度》）。在韩非子的视域中，只有法令与刑罚才能有效避免臣下凭借其地位来轻视低贱者，才能避免其因身份而获得法外特权、对法的权威造成损害。

总体上，在法家的理想视域中，法的功能是以法律规制对象的行为为中心而展开的，具有"对事不对人"的特质。这种以行为为中心的行政价值选择，是法家达致其公平价值追求的重要路径。但是，在实践层面上，由于法家之法的直接目的在于强化君王权势，且法的内容的最终决定权在于君王，因此，法家视域中的法律之治，在现实的法令执行过程中，并不能真正确保公平的效果或至少不能确保行政公平的可持续性。确切地说，法家的公平价值，更大程度上是指君王以法为工具，相对公平地对待包括臣下在内的被治理对象。因此，商鞅说，"所谓壹刑者，刑无等级，自卿相、将军以至大夫、庶人，有不从王令，犯国禁、乱上制者，罪死不赦"（《商君书·赏刑》），它直接体现的是对君王之行政集权的维护。

① 赵馥洁：《论先秦法家的价值体系》，《法律科学（西北政法大学学报）》2013 年第 4 期。

其次，在以法为核心的行政生活的目标取向上，追求相对公平的效果。管子指出，法乃"天下之仪也，所以决疑而明是非也，百姓所县命也"，"夫施功而不钧，位虽高，为用者少；赦罪而不一，德虽厚，不誉者多……夫公之所加，罪虽重，下无怨气。私之所加，赏虽多，士不为欢"（《管子·禁藏》）。以法为核心的行政生活，不仅要弱化身份因素的影响，而且必须切实将法作为一切行政实践的根本准则，秉公行事，在事实上追求相对公平的结果。韩非子说："椎锻者，所以平不夷也；榜檠者，所以矫不直也。圣人之为法也，所以平不夷、矫不直也。"（《韩非子·外储说右下》）平不夷、矫不直，是实现良好治理所应持守的基本目标之一。因此，对于法家而言，法不仅仅是行政体系所持有的一种赏罚工具，同时也是行政体系实现社会之公平价值的路径。或者说，行政主体对于法的运用所追求的公平价值是具有明显的外向性的，其所追求的是公平的社会效果。这种公平，与儒家所关注的分配领域的公平存在着一定的差别。如前所述，儒家公平观的重要内容是要追求一种社会价值分配的相对均平状态，或者说，其凸显的是以价值分配效果为基础的结果式公平。并且，儒家式的价值分配的均平状态，是以行政主体对于公平理念的认同为基础的。而法家的公平观虽然在一定程度上也呈现为结果式的公平，但在具体逻辑上，其却更倾向于是因果报应式的，即其所强调的是要通过法的规范性，使一定的行为对应相应的结果，并通过对法外因素的排除，来实现行为与结果之间的固定化对应。至于社会价值分配的现实状态以及行政主体本身对于公平价值是否认同、是否实现了对公平价值的内化，并不是法家所关注的重点。

二是法的为公性价值维度。在法家的逻辑中，为公性是法的基本价值之一，其行政哲学的为公性价值取向，主要有两个方面的表现。

首先，强调法制型行政的实践效果的为公性。法家视域中的法制型行政理想图景，具有明显的为公性色彩。韩非子指出，"夫立法令者，以废私也。法令行而私道废矣。私者，所以乱法也"（《韩非子·诡使》），"能去私曲就公法者，民安而国治；能去私行行公法者，则兵强而敌弱"（《韩非子·有度》）。在韩非子的视域中，与法令精神相背离的个体意志是扰乱行政秩序的根源，去私就公，是达致民安国治的基础。管子也指出，"圣君任法而不任智，任数而不任说，任公而不任私，任大道而不任小物"，只有这样才能达致"土地自辟，困仓自实，蓄积自多，甲兵自强，群臣无诈伪，百官无奸邪"（《管子·任法》）的理想行政状态。在管子看来，君王只有把握法制、规则这一行政之要，才能摆脱行政的细枝末节的困扰，并实现社会财富的积累、群臣百官的良善。总体上，在法家的视域中，法与公共价值之间的契合是被作为一种前提性预设而提出的，这种为公性的达致，一方面是通过排除行政权力的干扰性因素，使法成为衡量不同主体之赏罚的共通性准绳而实现的，另一方面则是通过君王对法这一治理工具的最终掌控，以防止共治体系中的个体以私代法、以权谋私而实现的。在后一情形中，法家实际上预设了君王与公共价值之间的逻辑关联，把君王的理性自足及其为公性价值选择当成了一种理所当然的前提，而忽视了君王之理性、德性与能力所可能存在的个体性差异。

其次，对于早期部分法家思想家及齐法家而言，在君王与"天下"的关系中，着重强调"天下"与人民的重要性。如慎到认为："古者，立天子而贵之者，非以利一人也。曰：天下无一贵，则理无由通，通理以为天下也。故立天子以为天下，非立天下以为天子也；立国君以为国，非立国以为君也；立官长以为官，非立官以为长也。"（《慎子·威德》）慎到明确指出，君王并不是"天下"（社会）的目的，天子之所以必要，只是因为其能通过施行法令而治理好天下；同样，官职的设立也不是为了供个人享乐，而是为了通过官员的尽职履责而实现国家的有效治理与福祉增进。

齐法家作为法家的重要分支，在礼、义、法的关系问题上，主张重视礼、义的作用，避免刑罚的过度化。这与三晋法家所主张的"重刑"与"一断于法"形成了明显的区分。如作为齐法家思想之集大成的管子指出，"政之所兴，在顺民心；政之所废，在逆民心。民恶忧劳，我佚乐之；民恶贫贱，我富贵之；民恶危坠，我存安之；民恶灭绝，我生育之。能佚乐之则民为之忧劳，能富贵之则民为之贫贱，能存安之则民为之危坠，能生育之则民为之灭绝。故刑罚不足以畏其意，杀戮不足以服其心。故刑罚繁而意不恐，则令不行矣。杀戮众而心不服，则上位危矣"（《管子·牧民》）。《管子》虽然强调法制的重要性，但认为单一的刑罚措施并不能实现有效的治理，顺应社会的需求，使百姓得以安乐、富贵，得到保全、安顿、生养，是使行政权力获取社会支持的前提、社会秩序得以真正构建的根基。总之，《管子》强调了民心顺逆、君臣关系结构对于行政秩序构建的重要意义，这种秩序与关系的稳定性与相谐性，不是通过过度的刑杀、威慑及与其相应的畏惧而获取的，而是通过君王及行政体系的善意施予而获致的，其强调的是一种善意式行政、法制型行政、相互型行政相谐共生的混合式行政逻辑。在这一逻辑中，行政体系的为公性价值是非常直观的。

三、法家行政逻辑中的技术理性

对于法家而言，以法为行政工具来实现对国家的有效治理、实现对君王行政地位与权势的有效保存，是其主要的策略与目标选择。这样的策略与目标选择，使得法家的行政哲学呈现出明显的权谋性色彩，并表现出强烈的工具主义、实用主义和技术理性特征。法家行政的技术理性特质，具体可从如下两个方面来考察。

第一，强调目的与手段之间的辩证关系。在法家的视域中，法是工具性的，法的运用过程是基于刑杀的运用而调节行政权力结构与行政权力分布、增进君王之权势的过程，其具有一定的非道德性色彩。但是，就目的维度而言，由于法的最终指向是公共善的增进，因而其又具有明显的道德性。可以说，法家行政技术理性的基本维度之一，就在于要基于法的技术化运用，而使法所内蕴的刑、令等行政权力工具成为其道德性目标的实现工具。根据法家的逻辑，这种技术理性与道德性目的之间的关联与转化，主要是基于法的如下两重功能而实现的。

一是基于因果报应逻辑的法的公平维护功能。因果报应是法的基本属性之一，其强调通过对恶行的依法惩罚、对善行或功绩的依法奖赏，来实现对行为者之行为本身的因果报应，从而维护一种事实上的相对公平。法家强调法的赏善罚恶属性，本质上是对因果报应逻辑的彰显。这是法制针对既成事实所达成的一种事后处置，应该说，这样的目标追求是具有高度的道德性的。二是方向引导与预防功能。即通过法的公布与社会化，通过奖赏与惩罚条件的设置，形成对社会价值与行为的引导，促进社会价值与行为的正常化、正当化。法的公布与社会化，会使人们形成对特定行为后果的预期，其中，对行为者自身不利后果的避免，会提升理性主体自觉遵纪守法的内在动力。发挥法的预防作用，通过惩罚来防止人们的犯罪行为，正是法家思想中道德性的一面。对此，商鞅曾指出："重刑，连其罪，则民不敢试。民不敢试，故无刑也。"（《商君书·赏刑》）在商鞅的逻辑中，既然人具有趋利避害的本性，那么，设置严刑重法，就能避免人们的犯罪行为，进而使刑罚无用武之地。韩非子也指出："夫重刑者，非为罪人也。明主之法，揆也。治贼，非治所治也；治所治也者，是治死人也。刑盗，非治所刑也；治所刑也者，是治胥靡也。故曰重一奸之罪，而止境内之邪，此所以为治也。重罚者盗贼也；而悼惧者良民也。欲治者奚疑于重刑。"（《韩非子·六反》）在韩非子看来，惩罚犯罪者本身并不是最终目的，通过对社会的威慑、达到预防性的效果，才是法制型行政的根本目的。所以，在法家的视域中，德与刑是相辅相成、辩证共生的，德来源于刑，而刑是获取和实现德的工具与手段。商鞅明确指出："刑生力，力生强，强生威，威生德，德生于刑。"（《商君书·说民》）"力生强，强生威，威生德，德生于力。圣君独有之，故能述仁义于天下。"（《商君书·靳令》）可见，在法家的逻辑中，德相对于刑而言是衍生性的、第二位的，但却并非是可有可无的。总体上，法家法制型行政的根本目的是实现无刑、实现社会的安定，具有明显的道德性色彩，这一过程也彰显了法家行政技术理性运用过程的辩证性、伦理性特质。

第二，在行政技术选择上，强调统一化、刑德并举、先难后易等策略维度。一是强调统一化。法家的统一化逻辑，主要关注的是基于君权之绝对性而生成的法的统一性。如商鞅认为："故君子操权一正以立术，立官贵爵以称之，论劳举功以任之。则是上下之称平。上下之称平，则臣得尽其力，而主得专其柄。"（《商君书·算地》）在法家的视域中，君王行政权力的统一化是法的统一化的前提，而法的统一化是君王行政权力之统一化得以强固的工具；与此同时，法的统一化也是社会运行规则得以统一化的前提，是社会秩序、行政共治秩序得以构建的基础，社会秩序与行政共治秩序的构建，又是强化君王行政权力之统一性的重要维度。

二是强调刑德并举。在行政策略的选择上，法家强调了法的重要性，但并不否认德在行政实践中的重要性。例如，管子指出，"国有四维……一曰礼，二曰义，三曰廉，四曰耻"，"四维不张，国乃灭亡"（《管子·牧民》），强调了礼义廉耻等德性因素对于国家治理的重要性；认为"群臣不用礼义教训则不祥。百官伏事者离法而治则不祥"（《管子·任法》），强调了法治与德治的双重重要性。对于法治与德治的重要性，作为三晋法家代表的韩非子也持赞成态度，他指出："明主之所以导制其臣者，二柄而已矣。二柄者，刑德也。何谓刑德？曰：杀戮之谓刑，庆赏之谓德。"(《韩非子·二柄》)如果说刑是君王治国的惩治性因素的话，那么赏则是君王治国的德性因素。在法家的视域中，刑与德的运用是一个高度策略化的过程，其技术要义在于要基于刑赏的策略化操纵而使臣下、社会所能感知到的行政恩赐最大化，从而达致最大程度的恩赐回馈，获得最大的治理效果。

三是强调从难入易。如商鞅指出，"以刑去刑，国治；以刑致刑，国乱。故曰：行刑重轻，刑去事成，国强；重重而轻轻，刑至事生，国削"(《商君书·去强》)，强调用重刑于轻罪，刑罚不用而事将成，这样就能使国家强大；重罪重罚，轻罪轻罚，即使使用了刑罚，犯法的事情也将不断发生，国家将会被削弱。[1] 管子也指出，法制型行政要达致其有效性，必须实现"从有刑至无刑"，"居民于其所乐，事之于其所利，赏之于其所善，罚之于其所恶，信之于其所余财，功之于其所无诛。于下无诛者，必诛者也。有诛者，不必诛者也。以有刑至无刑者，其法易而民全。以无刑至有刑者，其刑烦而奸多。夫先易者后难，先难而后易，万物尽然"(《管子·禁藏》)。在管子看来，要使百姓不受刑罚，必须做到有罪必罚。从有刑罚到无需刑罚，人民将得到保全；而从不施刑罚到大施刑罚，将导致法的繁琐化，导致罪恶增多。这其中涉及的技术理性在于人的预期的利用，只有从难入易，才能增加人们对行政权力宽赦的感受，从而达致更好的社会激励与引导效果。

美国学者列奥·施特劳斯在评价马基雅维里的政治哲学时曾指出，马基雅维里"其实是属于一种类型独特的爱国者：他对于拯救他的祖国，比对于拯救他自己的灵魂，更为牵肠挂肚"[2]。在价值追求上，法家(尤其

---

[1] 《商君书》，石磊译注，中华书局 2011 年版，第 44 页。

[2] ［美］列奥·施特劳斯：《关于马基雅维里的思考》，申彤译，译林出版社 2003 年版，第 3 页。

是三晋法家）与马基雅维里具有同样的旨趣。对于以商鞅、韩非子等为代表的法家思想家而言，强国以及强化君权的现实目标，与道德、灵魂的拷问之间，面临着二元的选择与两难。齐法家虽然中和了德与法之间的冲突，但其在技术与价值选择上仍然着意于服务于君王权势增进的目标，这使其民本主义的德性目标多少呈现出策略主义倾向。总体上，如果说儒家的德关注的是行政主体灵魂的内在修养，强调的是以对德性的认同来实现行政行为的规范，其带有明显的目的性色彩的话；法家的德则更多的是通过法而彰显出来的，其德的因素要通过法对赏善的规定及其实施来凸显，在策略上，其主要通过重罚轻赏来降低人们的预期，从而增强对奖赏和德性因素的心理感受。此外，儒家的德性也强调社会治理的良善后果的实现，但其治理目标的实现，主要采取的是行为自觉的方式，这样的德性，可以说是一种积极德性，其是通过正面的劝善而实现行为的规范。而法家的道德性目标，则更多的是通过强制性的外在规定、通过人对处罚的畏惧而实现的，"畏"是法家行政技术发挥效用的逻辑前提，其更倾向于是一种消极德性。或者说，法家试图通过强制人们不要去做什么，而实现人的行为的良善化，进而实现社会总体的良善化和行政的有效性。在数千年的封建社会历史中，外儒内法、德法并重一直是行政哲学的一个核心命题。也就是说，积极层面的劝善型行政，与消极层面的强制型行政，一直是我国传统行政哲学体系中的两驾马车，其共同维护着传统行政的有效性。

第五章

中国传统行政哲学的核心特质及借鉴价值

本章将从总体性视角出发，对中国传统行政哲学的核心特质及其借鉴价值等进行考察。在中国传统行政哲学的核心特质问题上，尝试从宏观视角进一步提炼和总结中国传统行政哲学的核心话语与行政模式，并针对前文的一些未尽问题进行补充性思考。在中国传统行政哲学的借鉴价值问题上，主要从传统行政哲学在内容、方法等方面的启示及其时代局限性出发，考察传统行政哲学与现代行政哲学互通的可能性。

第一节　中国传统行政哲学的核心特质

在中国传统行政思想与实践的发展过程中，伦理、权力、交往三个维度的重要性得到了特别的凸显，其对行政主体的价值与行为选择、行政体系与社会之间的互动关系等，都产生了极为重要的影响。因此，尽管中国传统行政哲学的类型及其特征是多元的、丰富的，但其最为核心的特质，大体可概括为伦理型行政、权力型行政、交往型行政三个方面。本节主要从宏观视角着手，来对传统行政哲学的上述特质进行分析和梳理。

一、伦理型行政

伦理是人们在社会交往实践中形成的一种以认同为基础的行为规范。作为一种行为规范，伦理一般以人们的善恶观、道德观、价值观等为基本表征，其通过自我评价与社会评价机制的作用，而设定个体及组织的责任、义务，引导和规范人们的行为方式与路径。所谓伦理型行政，正是一种以伦理为基本的价值与行为范导的行政模式。伦理型行政的内涵及特质主要在于：首先，以伦理认同为基础来达致规范行政主体及社会主体行为的目的。在行政哲学的视域中，行政伦理是由行政主体与社会主体在共同的环境或文化体系中长期互动而形成的一种被广泛认同的行政交往规则。行政伦理形成的前提是人的社会化互动及基于社会化互动而实现的对于人类生活及行政体系之正常运转所必需的责任与原则的共识。因此，伦理型行政的直接目的与核心步骤在于伦理的有效构建，这一过程，本质上就是一个推进人们对伦理规范的认同、促进社会的伦理共识的过程。其次，在伦理型行政中，伦理既是工具化的，也是目的化的。伦理作为一种工具，意味着伦理是达致行政体系预定目标的手段，伦理构建的成败，往往决定了行政实践本身的有效性；而伦理作为一种目的，则表现为在伦理型行政体系中，包括行政主体与社会主体在内的不同个体，都必须真正实现对伦理原则的内化与认同，甚至将伦理本身当成一种信仰，这种目的化，是达致伦理的工具化目标的前提。再次，在伦理型行政体系中，伦理评价是实现对行政主体与社会主体的行为约束的基本路径。在高度伦理化的社会中，伦理规则是评价道德与不道德、正义与不正义、善与不善、好与坏的基本标准。对于行政主体而言，其对行政体系的融入，只有在符合行政体系的伦理评价逻辑的前提下才有可能；对于社会个体而言，其对社会的融入，也只有在符合社会伦理评价逻辑的前提下才有可能达致。因此，评价是伦理型行政体系实现伦理认同的同质性、同一性的基本路径。最后，伦理型行政具有高度的政治建构性和路径依赖性特质。从政治建构的意义上来说，伦理往往与特定行政体系的秩序维护紧密相关，因而其必然要体现权力体系的目的性和现实要求；而从路径依赖的角度来看，在一个人数众多的共同体中，一种伦理原则一经形成，就会具有强大的稳定性，旧的伦理原则的变动、发展与扬弃，往往需要经历较为复杂或漫长的过程。

在周朝以后的中国传统行政理论与实践发展进程中，伦理一直具有核心性、关键性的意义。作为传统社会中一种重要的治理工具，伦理对于传统治理秩序的构建、对于传统社会超稳定结构的维持，都起到了极为重要的作用。中国传统社会中的伦理具有鲜明的特质，这种特质，主要是基于传统的政治、行政结构及社会文化、社会惯习而生成的；而这种特殊化的伦理，又对于维持特殊化的政治、行政结构、特定的行政文化生态产生了重要的反向作用，成为其内在的道德支撑。因此，对传统行政哲学的考察，必须关注传统伦理内在特质之具体表现。这种表现，大体上主要集中于以下两个方面。

（一）社会伦理与行政伦理杂糅

在广义上，社会伦理是社会中一切伦理规范（包括行政伦理）的总和。在狭义上，社会伦理则是一种区分于行政伦理的伦理形式，是对社会总体及个体所提出的道德与责任要求，是人们在社会交往与实践中形成的一系列共同守则，是人们为维护社会正常秩序而形成的各种要求与规则。在传统社会中，社会伦理的内容是极为丰富的。一方面，它表现为一系列为维持社会的正常交往、运作而构设的底线伦理，如关于禁止偷盗、禁止杀人越货等基本的伦理交往要求。这种基本的底线伦理，无论是在政府立法层面，还是在乡规民约层面都具有极高的认可度，其是社会基本秩序得以构建的逻辑前提。另一方面，其表现为劝导性或规范性的德性伦理。如强调"以孝为先"的孝道伦理、强调"天下兴亡、匹夫有责"的责任担当伦理、强调尊老爱幼的关爱型伦理、强调"己欲立而立人，己欲达而达人""己所不欲，勿施于人"的交往型伦理等。这些伦理准则是对个体责任提出的更高要求，具有明显的规范性和理想性。这样的理想性伦理规则如果得不到遵从，一般不会影响社会的安全秩序与个体生存，但却可能作用于社会的习惯性秩序、打破人们习惯性的生存方式与生存结构，甚至可能影响整个文明形态的具体表现形式。

与社会伦理主要针对社会、以社会主体为规范对象不同，行政伦理是对行政主体及其行为的规范，其体现的是行政体系在发展历程中形成的关于行政体系内部、行政体系与社会体系之间在交往中所应遵循的规范，反映的是人们对于行政体系之行为与价值的理想化追求。中国传统社会对于行政伦理也给予了高度的关注，总体来看，有五个方面的内容。一是关于"为政以德"的德治伦理思想，主要倡导君王在行政实践中要遵循德性的标准，并在行政德性教化上发挥应有的示范功能，以塑造良好的社会伦理氛围。二是关于"民为邦本"的民本伦理思想，主张行政主体应关注民生、以民为本，巩固治理的社会基础。三是确保贤能者在位的选贤任能伦理，主张不分亲疏，唯才是举，确保"贤者在位，能者在职"（《孟子·公孙丑上》）。四是关于君臣之间的交往伦理，如孔子主张"君使臣以礼，臣事君以忠"（《论语·八佾》）；荀子强调君王"好礼义，尚贤使能，无贪利之心"，臣下"綦辞让，致忠信，而谨于臣子"（《荀子·君道》）。五是身份伦理与行政交往伦理，如韩非子指出，"臣事君，子事父，妻事夫，三者顺则天下治，三者逆则天下乱"（《韩非子·忠孝》）；贾谊提出了传统身份伦理与行政交往伦理的具体形态与表现，即"天下见其服而知贵贱，望其章而知其势，使人定其心，各著其目……卑尊已著，上下已分，则人伦法矣。于是主之与臣，若日之与星以。臣不几可以疑主，贱不几可以冒贵，下不凌等则上位尊，臣不逾级则主位安。谨守伦纪，则乱无由生"（《新书·服疑》）。这些行政伦理准则，既有刚性的规定，也有劝导性的柔性规定，其涉及行政实践的各个方面，对行政生活进行了全方位的规范。

传统的行政伦理与社会伦理具有紧密的关联，其相互杂糅、相互影响、相互渗透。这种杂糅、影响和渗透，主要有如下两个方面的表现。一是行政伦理对于社会伦理具有明显的引导和示范效应。传统社会是资源高度集中的行政主导型社会，在君权体系下，行政伦理对于社会伦理的影响也相对较为明显。这种影响一方面表现为，以君臣为核心的行政主体的伦理表现会对社会伦理形成广泛的"上行下效"效应；或者说，在权力本位逻辑中，基于行政权力的差序格局而展开的伦理示范，能促使社会在伦理层面上自觉遵从行政伦理的要求。另一方面，由于良好的行政伦理往往对应着良好的行政行为、意味着行政权力的正向功能的充分发挥，因而以德性伦理为基础的良好治理，往往也有助于促进社会行为的规范化、实现社会伦理的有效提升。所以孔子说，"为政以德，譬如北辰，居其所而众星共之"（《论语·为政》），正是体现了行政伦理对于社会伦理的引导作用、规范作用和凝聚作用。二是社会伦理对于行政伦理的反作用。这种反作用的表现形式主要在于：首先，在先秦的宗法制体系中，行政治理体系一般由宗族所掌握，行政权力与血缘高度统一，进而导致宗族伦理体系与行政伦理体系高度一致。在宗族体系中，依据血缘关系的远近，不同的宗族成员具备不同的等级，为了维护这种等级体系，其制定了相应的礼制，形成了宗族内部的交往伦理。而这种交往伦理，实质上也是一种行政伦理。例如，西周关于大宗与小宗的区分及其所体现出的祭祀权、继承权的差异，既是宗族伦理的体现，也是行政伦理的体现。其次，在秦汉及之后的传统社会中，宗法制的影响是持续存在的。在治理体系的构建上，表现为国家是家庭的放大，君权、父权等作为两种权力表现形式，其在权力的作用方式与组成结构上具有一定的同质性。具体到伦理层面上，对父母、长辈的"孝"道伦理与对王权的"忠"之间往往会相互转化，因此，对忠孝之间的一致性的强调，成为传统伦理的重要特征。孔子说，"其为人也孝弟，而好犯上者，鲜矣；不好犯上，而好作乱者，未之有也"（《论语·学而》）。"夫孝，始于事亲，中于事君，终于立身"（《孝经·开宗明义章》），"忠臣以事其君，孝子以事其亲，其本一也"（《礼记·祭统》）。在传统的伦理观念中，没有社会层面的孝道伦理，也就没有职业层面的忠诚伦理。所以，在传统社会中，"孝是走向忠的出发点，忠是孝的必然归宿。从孝出发走向忠，就完成了个人道德的自我完善，也是实现其治国平天下的理想"①。最后，其表现为个体伦理对组织伦理的影响。在传统社会中，提升个体伦理认知，是践行行政伦理的关键；可以说，传统行政伦理实践的基本路径，是通过个体对伦理规范的认同与接受，进而转化为行政伦理及其现实操作的。因此，传统行政伦理教化的重点在于对个体的教化。这种教化，不仅针对行政体系内部的个体，也针对整个社会。在孔子"有教无类"式教导理念的指引下，传统社会注重在全社会开展以儒家经典为教化内容的伦理教育，社会总体上对于儒家之"忠""孝""仁""义"等伦理观念具有很高的认知度。而这种观念，伴随着科举取士等制度化体系的有效吸纳，实现了社会伦理观念与行政伦理观念的有机整合。

（二）信念伦理与责任伦理相结合

信念伦理是一种基于信念本身的正确性而证明其正当性的伦理规则，"恪守信念的行为，是宗教意义上的'基督行公正，让上帝管结果'"②；

---

① 朱凤祥：《"忠孝不能两全"之哲学辨析》，《郑州大学学报（哲学社会科学版）》2003 年第 5 期。

② ［德］马克斯·韦伯：《学术与政治》，冯克利译，生活·读书·新知三联书店1998 年版，第 107 页。

"信念伦理强调人之行为的伦理评价取决于行为者的内心信念、动机和意图"，其要求行为者的首要责任是"保持信念的纯洁和不灭"①。而责任伦理则是一种以后果来证明行为正当性的伦理规则，"遵循责任伦理的行为""必须顾及自己行为的可能后果"②，并要求行为人对可能的后果负责任。在中国的传统行政伦理中，信念伦理与责任伦理具有高度的统一性，其在传统的伦理观念中具有同样重要的地位。例如，儒家伦理既强调主体对行政伦理的内化，希求通过"礼"的行为强化、道德的自省、外在的教育等方式来实现主体对行政伦理体系的内心认同和无条件接受，使这些伦理规则成为人的"德性"，成为人的内在构成部分。正是因为儒家伦理的这种特征，韦伯将儒家文化的功能类比为"儒教"，认为其具有某种宗教的功能。③ 但是，儒家的信念伦理并不是一种忽略责任与后果的伦理。在行政伦理层面上，儒家文化具有很强的实践性甚至务实性特征，其强调主体行为结果的正向性。如孔子曰："始吾于人也，听其言而信其行；今吾于人也，听其言观其行"（《论语·公冶长》），强调人的内在伦理操守要通过人的外在言行来体现，做到言行一致。所以，在儒家所构设的理想行政伦理状态中，其强调的是既从内心上认同相应的伦理规则，又在实践上践行这样的规则，并取得良好的现实社会效果。但是，这样的理想型伦理状态在实践中往往要受人性或人的动机上的差异的挑战，因而很难实现。正因如此，传统社会在现实的行政实践中更多采取的是一种"外儒内法"式的行政模式。在这种行政模式中，其一方面强调行政主体对行政伦理的内化，并将这种内化的程度作为吸纳和考评行政官员的重要标准，另一

---

① 吴俊、周嘉婧：《信念伦理及其在当代中国社会的建构》，《社会主义核心价值观研究》2016 年第 4 期。

② ［德］马克斯·韦伯：《学术与政治》，冯克利译，生活·读书·新知三联书店 1998 年版，第 107 页。

③ ［德］马克斯·韦伯：《儒教与道教》，江苏人民出版社 2003 年版。

方面，其又更多地寄望于外在的制度约束，在这样的双重约束体系中，即便行政主体的德性内化出现问题，只要行政主体的行为本身是合理的，只要其能对行为选择本身承担责任且不引发现实性的负面后果，就是可以接受的。可见，在"外儒内法"式的行政模式中，其伦理评价既关注伦理认同的状态，也关注价值与行为选择的结果。

二、权力型行政

权力是行政实践的基础，是行政体系正常运转的有效支撑。在传统社会中，行政权力高度集中于行政主体，使得行政权力成为身份构建的基础、社会主体实现身份上升的路径、行政体系进行社会资源获取和分配的基本方式。总体而言，中国传统的行政实践，是围绕着行政权力的建构、分配、获取、维护、运用等而展开的，这一点，正是传统官本位文化的基本表征，也是传统行政哲学的重要内核。具体而言，在行政哲学的视域中，传统行政权力的特质，主要包含如下三个方面。

（一）"内圣外王"式的行政权力获取逻辑

在儒家的视域中，"内圣外王"的过程是一个"修己以敬""修己以安人""修己以安百姓"（《论语·宪问》）的过程。"内圣"所要求的"修己"，主要涉及的是知识的接受、内化和获取。如前所述，在儒家行政体系中，行政知识在构成上主要包括"德性之知"与"闻见之知"两种类型。其中，德性之知指向行政主体的内在品德，其本质上所要求的是主体通过对自我欲望的节制、对社会伦理原则的遵守而实现其日常生活实践及行政权力行使过程的合理化、合道德化。这种对行为的节制，是在德性知识的内化中完成的，是"外王"或行政权力获取的基础。"闻见之知"与"德性之知"一样，也属于知识类型，作为知识类型，其都具有明显的可教导性。所不同的是，"闻见之知"强调的是人的实践与经验对于行政主体知识的增长与扩充，从知识获取逻辑上看，其本质上是一个行政经验与行政认知的累积过程。"德性之知"作为一种知识，则既要求行政主体具备对行政伦理规则的认知，也要求其将自身行为与社会伦理规则进行不断的对照与匹配。换言之，对于行政主体来说，伦理规则或道德原则是相对既定的、不可更改的，行政主体的目的是去了解这种规则，加以完全的接受，并使自身的行为与之相适应。这个观念接受、内化及行为调整的过程，就是一个"德性之知"的内化与践行的过程。从"闻见之知"与"德性之知"的关系上看，"闻见之知"或有助于主体的德性反思，但"闻见之知"的增长并不必然导致"德性之知"的增长。但是，对于行政主体的内圣过程来说，"德性之知"与"闻见之知"都是重要的组成部分，是实现行政权力获取、增强行政权力合法性的前提性工具。一方面，只有经由"闻见之知"意义上的内圣，才能为行政权力的行使提供技术保障，从而使行政权力的行使过程反映历史经验的积累、反映行政的一般规律的内在要求；另一方面，只有经由"德性之知"意义上的内圣，才能使行政权力的行使保持正确的方向，并在一定程度上经由行政主体自我控制力的增强，而实现对行政权力的负面效应的控制。

（二）寻求行政权力的超验基础

传统行政体系强调上帝、天等超验性存在的重要性，以论证现实行政权力的合理性和正当性。如在殷商时期，"卜辞中的上帝是天地间与人间祸福的主宰——是农产收获、战争胜负、城市建造的成败与殷王福祸的最上权威，而且有降饥、降馑、降洪水的本事"①。如果说现实的行政体系与行政主体是行政权力的运作者与执行者的话，那么"上帝"这一超验性

①　张光直：《中国青铜时代》，生活·读书·新知三联书店 1999 年版，第 372 页。

存在就是这种行政执行实践能否成功的实际操纵者和最终决定者，其具有某种终极性权力。西周以后，天的观念逐渐取代上帝观念而成为主流。周人以天来论证其推翻殷商统治的正当性，形成了"天命靡常，惟德是辅"的观念。"周公'惟命不于常'的思想，是历史上的思想家第一次对于朝代更替、政治兴亡做的解释；它既保存了上帝，又解释了朝代更替；既重视了神权，又提出面向现实，注重人事，体现了听天命、尽人事的思想，可以说满足了神人两方面的要求"①。在西周以后的行政实践中，"天"既决定着现实行政执行的成败，更决定着究竟由谁来执行天的意旨，它既是现实行政权力的最终决定者，也是现实行政权力及其合法性的最终授予者。这种意义上的天，大体也即冯友兰所言的"主宰之天"②。一般而言，"主宰之天"对现实的行政体系进行终极审判并进行相应的权力赋予的依据，在于行政体系及行政个体的德性与德行。总体来看，传统的"上帝"与"天"等观念都是带有强烈的工具性色彩的，其或服务于现实行政权力体系的正当性论证，或服务于限制存在过度扩张可能性的君权的目的，具有随现实需要而进行调整的倾向。例如，《尚书·蔡仲之命》所言的"皇天无亲，惟德是辅"，主要目的是论证行政权力的主体间更替的合理性；而孟子曰，"天子能荐人于天，不能使天与之天下……昔者尧荐舜于天而天受之；暴之于民而民受之，故曰，天不言，以行与事示之而已矣"（《孟子·万章上》），则更多的是从天能够决定、安排、规范现实行政权力的角度而言的。

（三）具有复杂的结构层次和相对明确的目标取向

第一，从传统行政权力的结构层次角度来看，根据权力来源的不同，

---

① 韩星：《上帝回归乎？——儒家上帝观的历史演变及对儒教复兴的启示》，《世界宗教文化》2015 年第 2 期。

② 冯友兰：《中国哲学史》（上），华东师范大学出版社 2011 年版，第 78 页。

传统行政权力大体可分为原生性权力、衍生性权力、潜在性权力。原生性权力是一种以超验权力为基础，由君王所现实掌握的行政权力；衍生性权力是以君王授权为基础，由各级行政主体所掌握的金字塔型行政体系及其相应的权力；潜在性权力是基于身份、知识、金钱等资源占有而具备的影响行政体系的权力。在传统社会中，在行政体系与社会体系之间、原生性行政权力与衍生性行政权力之间、潜在性权力与其他权力类型之间，都存在着复杂的互动关系。在儒家的哲学体系中，原生性权力是一种示范性的、规范性的权力，它通过权力的强制或德性示范而实现对衍生性权力的规范并实现治理体系的稳固；在法家的哲学体系中，原生性权力以"势"与"术"等为基本方式，通过对人性的趋利避害本能的把握，来实现对衍生性权力的控制。如果说原生性权力与衍生性权力代表的都是行政权力体系的正式权力的话，潜在性权力则代表的是一定的主体对于正式行政权力的影响力。这种影响力是基于主体的身份及其独特的知识体系和资源占有而实现的，其通过影响正式行政权力而实现自身的目标诉求；并且，从特质上看，潜在性权力更多的是一种社会性权力，体现的是社会对于正式行政权力的反作用和参与——如孔子等儒家知识精英通过对知识与德性的掌握而实现的对正式权力的影响，或是商贾等基于其自身的利益诉求或经济资源占有而通过特定的渠道与行政权力相勾结，进而影响行政权力的行使方向等。

第二，行政权力作为一种治理工具，有其相对明确的目标取向。在传统治理实践中，行政权力获取主要有为公性目的与为私性目的两个方面。在为公性目的上，无论是原生性行政权力还是衍生性行政权力，其都具有为公的价值要求。例如，在进行社会价值的权威性分配时，社会期待在资源分配上秉持"天下为公"式的价值理念，以实现公共资源的平均性分配；在行政权力体系与社会的关系中，社会期待"仁民""爱民"，控制权力的负面作用，为社会的正常发展提供空间；在社会失序时，社会期待拥有行政权力的治理主体"先天下之忧而忧，后天下之乐而乐"，把社会秩序的构建、国家安定的维护作为行政权力的根本目的。为公性目的是行政权力运行的理想逻辑，它是社会主体对行政权力的理想层面的期待，也是儒家文化体系为行政权力设定的理想目标形态。但是，具体到现实的治理实践以及现实的个人来说，由于权力约束体系的欠缺，传统行政在实践逻辑中的为私性目的也是普遍存在的。在传统的官本位文化体系中，行政权力的获取是实现身份的维护与上升的路径，是实现个体甚至家族的社会认同的根本。对于一些行政主体而言，其获取行政权力的目的，正是希求利用行政权力的分配性功能，来实现公共资源的自我占有，从而实现自身物质财富、社会资源的充实。这是传统社会在权力监督失控的条件下所出现的权力异化，是对行政权力的为公本质的偏离。

三、交往型行政

人是社会关系的总和，任何行政实践，从本质上看都是对社会交往关系的梳理和协调。传统社会作为一个具有高度的血缘宗法色彩的社会、一个法制化机制并不健全的社会，其行政实践对于行政交往关系的调处相对更为复杂、也更受重视。这是因为，首先，在法制相对完善的社会中，行政交往关系的调处是相对程式化的，其变动机制相对完善；而在人治社会中，行政交往关系的变动往往与人的情绪、人情、权力因素等紧密交织，从而呈现出强烈的动态性和复杂性。其次，传统行政体系涉及的交往因素是多方面的，其既包括中央与地方的交往、行政体系与社会的交往等宏观层面的交往，也包括涉及具体的人的具象型交往，如君臣交往、上下级交往及不同行政主体之间的交往等。行政交往形态的复杂性，决定了行政交往关系及其过程的复杂性。因此，在传统的行政交往实践中，树立行政交往的基本原则与逻辑前提，就成为确保行政交往实践正常展开的基本路径。

（一）传统行政交往强调"中""和"的价值指向

在传统的行政哲学体系中，"中"指的是一种不偏不倚的持中状态。《中庸》指出，"中也者，天下之大本也；和也者，天下之达道也。致中和，天地位焉，万物育焉"。孔子指出，"中庸之为德也，其至矣乎"（《论语·雍也》）。表明在传统视域中，"中"是天下万物运作的根本，是交往逻辑的最高原则之一。而所谓"和"，则是"中"的外在表现，是"中"之用。如朱熹所言，"以中对和而言，则中者体、和者用"①。"中"是"和"的基础，"和"是"中"的表现，二者具有统一性。

在儒家的视域中，"中""和"既是一种宇宙本体论，也是一种人际交往原则。在社会交往意义上，"中""和"为社会交往的有效化及其可持续性提供了前提。在交往实践中，"中""和"直接表征的是人的情感与行为的基本状态。《中庸》指出，"喜怒哀乐之未发，谓之中；发而皆中节，谓之和"。在儒家那里，喜怒哀乐都是人的情感，守"中"的君子，必然能够对自身的情感进行良好的控制；而在情感表现出来的时候，还能符合自然之理，就叫作"和"。"中""和"的情感与行为状态的实现，都是以主体的内心修炼为前提的，是内在与外在的统一。

在儒家的思维逻辑中，"中""和"的根本在于"位"。万物之"位"促进万物的生成，情绪之"位"促进了人际交往的有序化。而具体到行政实践中，践行中庸之道，则关键在于对自身身份地位、职位要求的遵守与泰然处之。"君子素其位而行，不愿乎其外。素富贵，行乎富贵；素贫

---

① （宋）朱熹：《朱子全书》（第 16 册），上海古籍出版社、安徽教育出版社 2010 年版，第 2056 页。

贱，行乎贫贱；素夷狄，行乎夷狄；素患难，行乎患难。君子无入而不自得焉。在上位，不陵下；在下位，不援上。正己而不求于人，则无怨。上不怨天，下不尤人。故君子居易以俟命，小人行险以徼幸。"(《中庸》)对于持守中庸之道的君子而言，其会根据特定的"位"的要求而开展行政实践，不会做超出其位的事，也不会对超出本分的名利持有不切实际的幻想。处于富贵之位，就做富贵之位该做的事；处于贫贱之位，就做贫贱之位该做的事；处于夷狄之境，则依据夷狄的处境行事。这是一种在长期的内心修炼中形成的平静心态，其基于内心的原则性坚守与泰然之心，而实现了对外在环境的释然。这样的交往逻辑，其现实的治理意义在于：其一，它为社会主体安于自身的生存现状提供了依据和原则，从而对于理性、平和的社会心态的构建具有良好的效用，有助于行政体系与社会体系之间交往的顺畅化；其二，对于那些积极上进、希求在行政权力的获取中有所收获的人而言，"中""和"式的交往原则，使其能够坦然面对在行政权力与"位"的获取过程中的挫折，而坚持关注德性的自我修养，以自我的内在调整来适应外在的环境；其三，对于行政权力的执掌者而言，这样的心态有助于其实现对待行政权力本身的平和态度，从而实现对行政权力的理性化运用。

总体而言，基于"中""和"的行政交往，本质上是一个通过人的完善，进而实现交往之完善的过程。其希求通过行政主体内在的德性与理性提升，而实现外在的交往行为的理性化、合"礼"化，进而达致社会秩序构建的目的。

（二）传统行政交往强调"同情"原则的运用

同情是一种从人的共通性出发，以自身的感受与心境来推导交往对象的感受与心境，以确保交往的和谐与秩序的一种态度、原则与交往方式。传统的行政交往对于同情原则给予了充分的重视，这种重视，既表现在本体层面，也表现在具体的交往实践层面。

其一，在本体层面上，强调人的共通性。儒家以性善论的人性认知为基础，提出了其人际交往的普遍原则。其中，儒家关于交往的核心原则主要有两条：一是"己所不欲，勿施于人"式的谦让原则与"己欲立而立人，己欲达而达人"的成就原则。在儒家那里，不同主体在对是非善恶的评价及对人的"内圣外王"式的发展和成就追求上是具有相通性的。正是这种相通性，对人们提出了相互谦让、相互成就的要求。其中，相互谦让是防止纷争、确保行政体系内部秩序与社会秩序构建的基础；而相互成就则是实现行政个体及行政体系总体之进步，并使行政个体与行政组织的公共性抱负得以现实化的重要外在动力。二是"不忍"之行政原则。孟子从人性的"四心"观出发，强调要"以不忍人之心，行不忍人之政"（《孟子·公孙丑上》）。所谓"不忍"，实际上是基于"仁义"德性而发展出来的一种同情型行为选择。由于人都具有追求良善生活的本能，那么行政体系就必须基于人的这一普遍性诉求来实现与社会之间的交往，使行政权力在交往实践中发挥增进社会福祉的功能，达致对天下的大治。所以，"不忍"式的同情法则的根本，实际上就是行政主体要基于自身对人的普遍本性的认知，而实现对行政权力之功能的自我规范及对行政主体行为的自我约束。

如果说同情的根本在于对人的普遍性的把握，并基于这种普遍性而推导出行政的基本原则的话，法家基于对人的普遍性的不同理解，则使其在行政逻辑的选择上提出了不同的方案。法家式的同情，是以人性的趋利避害的共通本性为基础的同情。在法家的视域中，正是由于人都具有趋利避害的本性，那么，反向利用人的这种本性，构建起一种以法为核心、以明确性为基本特征的法制型交往体系，就成为促使人们的行为保持在与社会秩序不相违背的范围之内的根本。其与儒家的不同之处在于，儒家的行政模式是"善诱"型的，其基于行政权力的正面效应及行政权力对于社会的德性化施予而立论，强调的是行政主体与社会主体的"趋利"维度；社会对行政体系的支持，在于行政体系的绩效与德性对于社会福祉的增进是有意义的，或者说，其合法性来源于行政体系具有满足社会需要的积极属性。而法家的行政模式则是"警示"型的，其基于行政权力具有奖惩的内在能力，而以人对惩罚的恐惧或人的"避害"这一普遍化特性为核心，来使其服从于行政体系的价值安排。但是，这种基于"避害"的服从，一旦运用过度或缺乏现实的社会绩效改善的正面支撑时，是很难维继的。

其二，在具体层面上，强调交往的相互性。人的共通性提出了交往的相互性要求，这种相互性的核心，在于以同情为基础，去尊重对方的感受、要求与尊严。例如，在君臣关系上，孔子提出的基本交往原则是"君使臣以礼，臣事君以忠"。这是在君与臣地位不对等之基础上提出的同情型交往原则。君之"礼"与臣之"忠"，一方面维护了君王的主体地位，巩固了君王实现行政权力稳固的目的性要求；另一方面也尊重了共治体系中的其他个体，照顾到了臣下作为行政主体的人格需求，具有良好的实践意义。在行政体系与社会的关系上，《中庸》所提出的治理国家的九条法则，也强调了基于行政交往之同情原则及其所内蕴的相互性。《中庸》指出，"凡为天下国家有九经，曰：修身也，尊贤也，亲亲也，敬大臣也，体群臣也，子庶民也，来百工也，柔远人也，怀诸侯也。修身则道立，尊贤则不惑，亲亲则诸父昆弟不怨，敬大臣则不眩，体群臣则士之报礼重，子庶民则百姓劝，来百工则财用足，柔远人则四方归之，怀诸侯则天下畏之"。总体上，这九条法则涉及对贤人、亲人、大臣、百姓等各方面的尊重、爱护及这种尊重与爱护所可能带来的回报。这意味着，儒家的交往是遵循"付出—回报"式的相互性逻辑的，在这个过程中，付出是基于同情与人的共通性基础上的付出，而回报也是基于利益给予基础上的情感性回报。一旦这种"付出—回报"逻辑被打破，就可能破坏行政交往的和谐秩序，从而损害社会福祉的增进。

（三）传统行政交往强调对"仁爱"型交往原则的遵循

在传统的行政实践中，"仁爱"有两个层面的表现。一是个体层面的。个体层面的"仁爱"以个体美德的形式存在，在实践中，其具体化为"亲亲尊尊""克己复礼"等伦理规范与行为选择。仁爱作为一种个体德性，既要规范家庭和宗族内部的交往关系，通过"孝""敬""义"等伦理规定，在血缘体系内部推行仁爱；同时也要落实到非血缘的职业体系中。在行政实践中，个体层面的仁爱既是内心的一种道德认同，其以忠、敬等为二阶性、外围性的德性要求，同时也是通过对礼的现实化遵守而表现出来的。在儒家的行政实践中，礼作为仁的外化，是展示臣下对君王之尊及君王对臣下之爱的一种程序化安排。二是社会层面的。儒家强调内圣外王，由仁的内在修养，必然要推广到对社会的仁爱。因此，传统儒家的行政交往，在涉及行政体系与社会体系的关系时，也必然要强调仁爱的重要性。在孟子对仁政的阐述中，其强调了仁政的理想目标之一是要实现"老吾老以及人之老，幼吾幼以及人之幼"，这是一种推己及人的公共性交往逻辑，其内在支撑就是人对仁爱的持守。程颢则更进一步认为，"仁者，以天地万物为一体"①，在程颢那里，真正的仁爱是一种普遍性的仁爱，如果不能由个体之仁爱、血缘之仁爱扩充到社会层面甚至是宇宙本体论层面，就是一种狭隘的仁爱。相较于孟子而言，这样的仁爱具有更强的一般性，其对行政主体的交往行为提出了更高的要求。

值得指出的是，传统儒家的仁爱型行政交往并不是一种无差等的、均平化的交往。在传统的血缘关系体系中，人的交往强度是存在差序性

---

① （宋）程颢、程颐：《二程集》（上），王孝鱼点校，中华书局 2004 年版，第 15 页。

的。《中庸》指出，"仁者，人也，亲亲为大"，指出了血缘体系中的仁爱的核心地位。事实上，在儒家的行政交往观念中、职业体系中对君主的忠、对民众的仁，在一定程度上是血缘体系中的仁爱的扩展，二者是存在衍生或共生关系的。正如《孝经》所说："君子之事亲孝，故忠可移于君；事兄悌，故顺可移于长；居家理，故治可移于官。是以行成于内，而名立于后世矣！"（《孝经·广扬名章第十四》）这意味着，血缘体系中的亲疏型仁爱原则，由于其结构上的同质性，因而可以推及到行政体系与行政生活中，使行政体系中的仁爱也呈现出亲疏性、差异性和差序性的特质。例如，在仁爱的强度问题上，孟子明确指出，"君子之于物也，爱之而弗仁；于民也，仁之而弗亲。亲亲而仁民，仁民而爱物"（《孟子·尽心上》）。孟子在这里指出了由血缘交往关系中的亲亲到非血缘关系的仁民，再到爱物的差序式交往逻辑。这样的差序逻辑与墨家强调的"兼爱型"行政交往逻辑形成了一定的对比。在墨子看来，人类之纷争起缘于爱的缺失，而实现人与人之间的兼爱，则是达致社会之良善治理的关键。在墨子的逻辑中，儒家那种以血缘及关系的亲疏来决定爱的厚薄的逻辑，是基于个体的自利色彩而展开的，其与治理之乱的生成存在着紧密的关联："圣人以治天下为事者，不可不察乱之所自起。当察乱何自起？起不相爱。臣子之不孝君父，所谓乱也。子自爱不爱父，故亏父而自利；弟自爱不爱兄，故亏兄而自利；臣自爱不爱君，故亏君而自利，此所谓乱也。"（《墨子·兼爱上》）正是自利自爱，导致了亲人之间的伦理纲常不能有效发挥作用，也使得小偷偷盗、大夫相互扰乱封地、诸侯相互侵占国家。墨子认为，只有在"天下兼相爱，爱人若爱其身"的交往前提下，才能达致社会治理的理想形态，实现真正的秩序与和谐。"故圣人以治天下为事者，恶得不禁恶而劝爱？故天下兼相爱则治，交相恶则乱。故子墨子曰：不可以不劝爱人者，此也。"（《墨子·兼爱上》）在墨子的理想逻辑中，爱应是一种超越血缘与关系亲疏的相对均平化的爱，是一种博爱。这种相对均平化的爱，本质上是仁爱型交往原则的极致化。但是，墨子更多关注的是兼爱型交往原则对于实现社会交往顺畅化和社会秩序构建的必要性，但其并未从本体层面上论述这样的交往逻辑的生成根源，这就使得墨子的博爱缺乏坚实的本体基础，其很难转化为治理的现实，也难有很强的理论说服力。

第二节　传统行政哲学对当代行政哲学的借鉴意义及其限度

中国传统行政哲学的内容极为丰富，其在行政本体、行政价值、行政伦理、行政权力、行政人格等问题上，都形成了诸多有借鉴意义的理论与观点。但是，基于传统行政思想精华与糟粕并存的事实及理论适应环境的差异，传统行政哲学对于当代行政哲学的借鉴也有其局限性，必须加以仔细甄别和考察。

一、传统行政哲学的借鉴意义

传统行政哲学对于当代行政生活及行政哲学的借鉴意义，主要集中在三个方面。

（一）为当代中国特色行政哲学的体系构建提供了科学的议题与视角

中国传统行政哲学无论是在具体议题上，还是在对行政生活的观察视角上，都有其自身的独特性，其为当今行政哲学反思的系统推进提供了良好的借鉴。

　　首先，中国传统行政哲学持守天人合一的宇宙本体论，其对于当今行政生活中的行政人格塑造、行政理性建构等，都具有重要的借鉴价值。"人"的本质及其限度问题，是行政哲学的根本问题，其对于行政生活中的人的把握具有基础性意义。中国传统行政哲学对于人的理解的核心特质之一，在于其确立了天人合一的视角。这主要表现在：一方面，传统行政哲学从本体论视角强调了天与人的相通性，认为现实世界中的人不是仅仅依系于自我而达致自足的，而是要受制于天与天命；另一方面，传统行政哲学从自然的视角强调了天与人的统一性，认为"天地与我并生，而万物与我为一"（《庄子·齐物论》），把天与人理解为统一化的自然构成，秉持着主客一体的认识论视角。传统行政哲学在将人与天地万物看成一个整体、强调其同源性的基础上，提出了一种以天下苍生为指向的、具有强烈责任意识的行政观。如张载认为，"乾称父，坤称母；予兹藐焉，乃混然中处。故天地之塞，吾其体；天地之帅，吾其性。民吾同胞，物吾与也"①。"大君者，吾父母宗子；其大臣，宗子之家相也。尊高年，所以长其长；慈孤弱，所以幼其幼；圣其合德，贤其秀也。凡天下疲癃残疾惸独鳏寡，皆吾兄弟之颠连而无告者也。于时保之，子之翼也；乐且不忧，纯乎孝者也。"②在这种天人合一、主客一体的行政本体论逻辑中，万物皆与我同类，各类孤苦弱小者皆是我无处诉说的兄弟，及时地保护、扶助他们，是子女对乾坤父母的协助，是具有必然性的。不难看出，中国传统中这样一种天人合一的行政本体论，实际上是对行政之为公性要求的本体论证明。事实上，在中国传统行政哲学中，"尽人事、听天命"的有限理性行政观，顺应自然、顺道而为的"无为"型行政观与以民为本的为公型行政观，都在一定程度上与对人与天地万物之同源性及天与人之间的互通感应

---

① （宋）张载：《张载集》，中华书局 1978 年版，第 62 页。
② （宋）张载：《张载集》，中华书局 1978 年版，第 62 页。

逻辑的把握紧密相关。这样的行政观，由于其具有较为坚实的宇宙本体论基础、由于其立基于对人的本质的独特理解，因而具有较强的说服力。

在对人的理解上，现代西方行政哲学坚守主客对立的视角，追求人的理性的绝对化，这是对人的本性与自我能力的误解和自负。其在提升了现代行政实践的能动性色彩、技术性特质与预见性功能的同时，也常常使人在复杂的行政实践面前呈现出理性不足的困境。如何借鉴中国传统行政哲学的思维逻辑，从宇宙本体论的视角来实现对人性的准确把握，并通过对人性的准确理解来实现对行政人格的有效建构；如何适宜地理解行政理性，既肯认人在行政实践中的能动性，又看到其所存在的限度；如何从整体性的视角来理解行政生活中的主体性因素，合理把握自我与他者的二元区分，把握行政体系与行政对象之间的一体性，是传统行政哲学所启发我们去思考的极为重要的问题。只有实现这样的思维视角转换，才能达致理性行政人格的合理建构、实现行政目标的合理设定、促进行政人员的自我身份的合理定位。也只有在这样的基础上，理性不足与行政实践的复杂性之间的矛盾才会具备化解的可能。这种化解，一方面有赖于行政体系在认识到自身理性不足的前提下，对行政目标的设定、行为选择等进行积极调适，进而实现行政理性与现实实践之间的和解；另一方面也有赖于行政主体在承认理性的有限性、承认行政与社会之间的一体性的基础上，主动综合社会理性与政府理性，实现理性的扩充，进而促进行政目标的最大化实现。

其次，传统行政哲学的"人本"立场为管理主义困境的反思提供了借鉴。除持守"天人合一"的本体论立场之外，传统行政哲学所理解的人，还具有如下特质：一是由自我意志所控制的人。传统行政哲学强调人对德性的内化，并强调基于德性的内化而实现行政行为的自我控制。自我控制的基本表现在于"慎独"，即没有监督与强制条件下的行为自觉。在理想状态下，这样的人可以说是一种以行为自觉为基础的"自为"化的人，它摆脱了前德性化状态下的自在性，实现了对自身的行政行为逻辑的有效认知，并基于其所内化的德性来实现对行政行为的自我管理。尽管传统行政哲学的德性内化逻辑所要达致的是对现实礼制体系的认同，其从根本上来说并不是一种自由型人格，更与"人的全面自由发展"的现代目标相去甚远，但就德性的内化这一思维进路本身来说，其无疑是具有明显的合理性的。

二是具有差异性的人。传统行政哲学强调人因血缘、职业、内在修养等的不同所导致的身份与个体差异，并强调通过"定分"来实现行政秩序、社会秩序的构建。换言之，中国传统行政哲学视域中的人不同于现代西方自由主义对人的抽象性理解，其承认人的社会关系、承认人的自我修养之于人的构成性意义，并强调这种构成性因素对于行政实践的现实影响。所以，中国传统行政哲学视域中的人是养成性的，是动态的、变化的人，是由各种社会关系所融铸成的社会性的人。这种差异性的、社会性的人，一方面为等级制的行政交往关系确立了逻辑前提，其使不同行政等级结构中的人所存有的不仅是职位上的差异，还附着了由职位的差异所导致的社会地位与身份的差异；另一方面也使得人的修养和提升具备了必要性与可能性。从必要性维度来看，人的德性的差异及由这种差异所导致的人本身的差异，使得无论是要实现身份的提升、行政之位的获取，还是要实现人本身的完善，都必须基于德性修养的过程来完成。而从可能性维度来看，人的社会化的可能性，使得人的德性修养与人的提升是具有可能性的，向圣人学习、向优秀者学习，是实现人的提升的关键。

三是交往体系中的人。传统行政哲学对人的社会属性进行了明确的强调，强调"群"是维护社会存续的基本方略，因此，确立人与人之间的交往规则，是传统行政哲学的重要内容。这种交往规则主要通过内在的道德修养与外在的行为训练而实现，并基于社会化的外在评价而得以强化。从基本逻辑来看，主要有三个步骤：首先，经由行政体系的主观形塑或基于社会的自发生成而完成交往规则的构建；其次，经由行政主体的内化、修养而实现交往规则的认同；再次，经由社会的评价与反馈，来实现自我对交往规则的修正与再社会化。在整个过程中，人都是居于核心地位的，无论是观念的内化，还是对社会评价的态度与反应，体现的都是人在社会交往过程中的互动属性。

而现代西方的行政理论与实践，却一直存在着明显的技术主义倾向。以官僚制为核心的技术化行政，试图最大限度地排除人的因素的影响，使人成为服务于技术的工具。这种忽视人，忽视人的能力、忽视人的社会属性的行政，必然使行政实践误入歧途。因此，传统行政哲学对于现代行政理论与实践的一个重要启示，就是要重视行政实践中的人、重视人与人之间的社会交往，尤其是要关注行政主体本身的需求、关注社会的需求，合理分配对技术的关注与对人的关注。这种以人为中心的、强调人在社会体系中的功能与作用的思维方式，有助于进一步发挥人自身的主观能动性，使行政主体的能动性发挥由以外在驱动为主，转向内在驱动与外在驱动相结合。这样的结合，有助于更好地满足行政主体与社会主体的意义世界与精神世界的需求，使行政体系中的人的劳动不再是一种外在于主体的存在，而是实现劳动与行政主体内在需求的统一。这种统一，是促使行政体系中的劳动成为人的第一需要的根本，也是实现行政体系中的人的全面自由发展的基本前提。

再次，传统行政哲学持守"终极性—衍生性"的思维理路，为当今行政哲学的逻辑推衍与构建提供了思路。传统行政哲学在理论构建上，多以终极性存在或终极性伦理原则为先导，来推衍出次级的伦理原则或社会规范。例如，孔子以仁为核心，推衍出外在化的礼，并推衍出忠、孝、义、恭、敬等德目，从而实现了其行政哲学与行政道德体系的逻辑建构；朱熹以理为中心，推导出天理与人欲的界分、阐明了天理与行政生活的联结方式，为行政主体行为合理性边界之划定、行政人格的养成等提供了基础，实现了儒学理论的提升和发展；道家则以道为前提，推导出本然的、自然化的生活所应具备的内在特质，以及社会发展的自生自发秩序生成的必然性，从而为其"无为"型行政逻辑的构建提供了前提。总体来看，中国传统行政哲学多是推衍性的、演绎性的，强调的是从人之一般、行政之一般到人之个别、行政之个别。这样的推衍方式一方面使行政实践具备了较为坚实的逻辑基础，使行政哲学的有效构建具备了基本的理论前提；另一方面，"仁""理""道"等终极性规范与价值来源、目标追求的提出，也为主体提供了追求行政意义世界的内在依据，为主体的行为选择与价值选择提供了根本性的支撑。

中国特色行政哲学的体系构建，有必要借鉴中国传统行政哲学的思维方式，进一步挖掘演绎性思维方式的内在价值，关注、挖掘、构建行政哲学的逻辑起点，为行政哲学的发展提供宏观的内在基础、推进行政学理论的完善。这既是提升行政学研究的想象力、实现行政哲学理论体系有效构建的基础，同时也是完善行政主体，实现行政主体的人生观与价值观之整全化的重要路径。行政主体的人生观与价值观的整全化，是与其碎片化倾向针锋相对的。碎片化的人生观与价值观使人成为分裂化的人，例如，其在日常生活中是非道德化的，而在行政生活中又成为德性化的，这样的人，在整全意义上并不能称之为好人。通过演绎性思维来实现整全化的人的养成，目的在于使行政主体通过对一般性、总体性价值要求的认可而实现对价值认同的体系化、逻辑化，使其在道德上真正成为好人、成为公共性的人，防止其在不同行政领域、不同实践维度中相互分割，避免其在道德原则、价值选择上的相互冲突，防止其在对价值碎片与道德碎片的一知半解中迷失自我。

（二）为当代中国行政理论与实践的发展提供了良好的价值范导

中国传统行政无论是在思想层面还是在实践层面，都具有明显的价值关联色彩。这种价值关联，既是由传统社会行政与政治高度混杂的现实特质所决定的，也与传统行政哲学对于人的需求与价值引导问题以及个体需求与社会需求的关系问题的理解等紧密相关。在传统行政哲学的视域中，一方面，人是具有自我需求的人，而对于自我需求的满足与引导、对自我需求的界域的界定，必然都要面临价值衡量的问题。在儒家的视域中，要达致对行政主体需求的引导，就必须从主体的价值构建入手，来推进行政主体对于价值的正确认知，并通过行政主体对于价值的正确认知来达致对行政行为的有效引导。而在法家的视域中，要实现对行政价值的有效引导，就必须通过奖惩机制的构建，来防止行政主体在利益追求过程中的行为越界，确保个体价值与行政价值、个体价值与社会价值之间的相谐性。可以说，儒家之德与法家之法，本质上都反映了其对行政价值问题的理解与界定，反映了行政生活与价值选择之间的不可割裂性。另一方面，在传统行政哲学的视域中，群体性（社会性）是人的本质属性之一，而如何维护和确保群体（社会）结构的稳定性，就必然要涉及在群体（社会）生活中如何处理个人欲求与社会欲求、个体发展与公共责任的问题。对这些问题的思考，本质上都要涉及价值上的反思与引导。无论是在儒家、道家还是法家那里，对个体价值与社会价值之关系的思考与建构，都是其关注的重要内容之一。总体上，在传统行政哲学（尤其是儒家、法家行政哲学）的视域中，群体性、为公性价值一般被认为优先于个体性、私人性价值。在群体价值、公共价值与个体价值、私人价值面临冲突时，对群体与公共价值的强调，是确保行政主体为公性价值选择的基础，也是社会秩序、行政权力秩序得以有效构建的前提。因此，传统行政总体上可以说是一种价值范导型行政，对价值的确认与选择决定了其行为与路径选择，同时，对价值的确认与选择也是引导和规范其行为与路径选择的重要方式。总体来看，传统行政哲学的价值理论具有极为丰富的内容，其核心特质可从两个方面来把握。

一是价值内容的多元化、先验化。首先，传统行政价值的内容是极为多元的，其涵括了"天下为公"的为公性行政价值、"民为邦本"的民本行政价值、安邦治国的行政秩序价值、追求均等的公平行政价值，及"惟才是举"的人才价值观、言行一致的行政实践价值观、中庸式的行政理性价值观、以和为贵的和谐行政价值观等诸多内容。在中国传统社会中，这些多元化的价值及价值观既是基于哲学层面的价值阐发而呈现出来的，也是基于行政主体的观念选择与行为选择而呈现出来的。事实上，注重理论与实践的互动、以理论化的价值构建来指导行为实践，并以行为实践的完善来助推价值理论、价值观念的完善与提升，是传统行政哲学的重要特质。例如，对"公"的价值的强调，是促使儒家士人积极入世、参与行政实践，做到"先天下之忧而忧，后天下之乐而乐"的重要价值动力，这种私人价值与公共价值之间的合理的优先性排序，确保了行政权力运用过程的为公性。而反过来，行政的为公性实践及由此所带来的社会认同与社会荣誉，又成为行政权力主体强化对为公性价值之认同的推动力，这也是传统行政实践中实现价值强化与行为强化的一般逻辑。其次，强调行政价值的先赋化和内在化。以为公性价值为例，如果说在现代行政哲学中，私更多的是一种本能，公更多的是一种需要，或者说，私是自然性的，而公是社会性的话，在传统行政哲学中，公与私都在一定程度上被理解成为天、道、理等的先赋性安排，是人的内在本质。或者说，为公性价值在传统行政哲学中不仅是基于社会化过程而实现的，还是基于人的本质而实现的。如荀子指出，"天之生民，非为君也；天之立君，以为民也"（《荀子·大略》），其借由"天"而强调了民的价值的自然性、先天性、不可选择性。传统行政哲学这种将价值先赋化、内在化的做法，具有明显的价值二次强化倾向，即其既强调了价值认同与内化的表层性维度，同时也强调了天、道、理等所具有的终极性价值规范维度，从而有效增强了行政价值践履的可能性。

二是强调价值的辩证性。传统的行政价值具有一定的辩证性色彩。以儒家为例，孔子强调"己欲立而立人，己欲达而达人"，这里的"己立""己达"，主要指的是个人的"位"的获取，其表征的是行政权力的自我获取过程，代表的是自我的发展，在一定程度上是一个私性价值的实现过程。而与之相反，"立人""达人"的过程，则是一个利他性的、实现和创造公共价值的过程。在社会资源总量有限的前提下，"己立""己达"的过程是占有社会资源（比如行政之"位"）的过程，其与"立人""达人"之间必然存在一定的对立性。但是，这种对立又并不是绝对的、没有条件的。实际上，对于社会化的行政主体而言，基于人的相互依赖性，"立人""达人"的过程，正是个体德性的彰显过程，从而也是实现"己立"与"己达"的必要路径。或者说，没有"立人""达人"的目的性追求，也就没有"己立""己达"的自我完成。在"己立""己达"与"立人""达人"的辩证关系中，二者并不是绝对平衡的关系，而是存在着价值上的侧重。在儒家的逻辑中，"立人""达人"的为公性价值具有更高的优先性和位阶，其代表的是价值的依归和落脚点。或者说，"立人""达人"并非是"己立""己达"的手段，而是"己立""己达"的目标，其价值重心都在于"立人""达人"的为公性价值上。可见，在传统行政主体的价值位阶中，公共价值在理想层面上是排在第一位的，儒家希求把"位"这一私性价值工具化，使其成为实现为公性价值的工具，从而确保为公性价值的达成。

传统行政生活的上述价值特质，为当今的行政价值构建提供了重要的启示。它启示我们一是要注重行政价值构建的体系化。在传统的行政价值逻辑中，对君之忠、对民之爱、对公之追求、对人才之重视等，从不同领域对行政主体的行为进行了规范，存在着明显的多元性和体系性。现代社会是一个复杂、多元的社会，行政主体面对多方面的诱惑与挑战，只有通过多元化、体系化的价值观的不断内化，有效编织行政价值之网、不断优化行政价值结构，才能实现公共性价值观的有效塑造、实现行政价值观对行政主体行为的有效范导。二是对于行政主体而言，要强调行政价值的位阶性。当今，行政价值伴随着社会价值观的多元化而日益呈现出多元化的特质，在这样的背景下，必须有效厘定什么样的价值观是核心的，什么是非核心的；什么是主流的，什么是非主流的；什么是原生性的，什么是衍生性的。只有这样，才能在私性价值与公共性价值的选择中做到合情合理，不至于在多元、复杂的价值冲击面前失去方向，从而有效维护主流价值体系的稳定性。

（三）为当代中国的行政道德实践提供了有效的借鉴

行政道德是由行政主体所持守和认同的、体现行政主体自身及行政体系总体精神风貌的一种行政行为规范体系。行政体系的有序发展，既需要法治层面的硬性约束，也需要道德层面的软性约束。中国作为一个有着深厚德治传统的国家，具有丰富的行政道德思想，从内在特质上看，主要包括两个方面的内容。其一是规范领域的全面性。在内容上，传统社会强调了仁、礼、忠、孝、敬、恭、宽、信、敏、惠等诸多内容，不仅涉及君臣上下级关系，也涉及血缘型关系；不仅关注行政体系自身的稳定，也希求基于德性的构建来营造有利于良善治理之达致的社会环境和人伦环境，实现行政体系与社会体系之间在德性上的良性互动。所以，传统社会在德性构建上，希求的是一个系统化的德性社会；在社会层面上，其希求以好的德性塑造来达致好人与好公民的统一，通过社会德性的构建来提升社会的可治理性；在行政层面上，其希求以好的行政主体的塑造，来实现公共事务的有效承担，实现对以君王为核心的行政事务的承接、对社会福祉的增进。这样的系统化德性体系，所要达致的是一种行政德性与社会德性相互成就、相互支撑的理想形态，在理想形态下，这样的德性体系对于规范和厘定上下级关系、维持行政体系自身的稳定性，对于处理行政体系与社会体系的交往关系，形成行政体系与社会体系之间的良性互动等，都具有极为重要的意义。其二是道德建构方式的多元性。传统社会在道德构建上具有丰富而多元的举措，具体来看，可归结为三种。其一是自我反省与自我强化路径。即强调行政主体通过道德自省而实现道德的内化、提升与完善，如前所述，自省的本质是对行政主体的行为与德性要求的相合性的反省，这是一个使自身的德性与行为不断符合外在德性规范要求的过程。在儒家的逻辑中，行政主体进行道德自省的动力，一方面来源于主体对德性完善本身的目的性追求，另一方面也来源于"内圣外王"的实践联结机制。"外王"对于儒家学派这样有着强烈的入世需求的士人来说，是对其德性提升的一种奖赏。其二是借助行政权力体系来实现德性的构建、示范与推广。行政德性在传统的行政思想体系中并不完全是内生性的，而在很大程度上是由行政权力体系所决定的，因此，在传统社会中，德性构建最为关键的部分是处于行政权力中心的君王德性的构建。从逻辑上看，儒家理想的德性结构是一种"君王德性—行政体系德性—社会德性"由高到低的结构，其中，上一层级对下一层级具有示范和榜样效应。因此，在儒家的视域中，处于行政体系上层的行政主体的德性培育是否能够成功，是行政体系在道德构建上能否进入良性循环的关键。其三是通过建制化方式来培育行政道德。在传统的学校教育中，德性教育是其主要的、关键性的内容。这种德性教育，经由科举制等建制化机制的吸纳，最终落实到行政体系之中，成为对行政主体的德性规范。因此，传统社会的德性培育与行政体系的主体吸纳过程是统一化的、相互支撑的，其本质上是行政权力体系的德性观念的社会化过程，同时也体现了行政体系在德性构建上相对于社会体系的自主性。在这个过程中，基于行政体系对资源的掌控与价值引导，主体对伦理观念接纳的可选择性被弱化了，使社会伦理与行政伦理的建构过程具有了一定程度的制度化、强制性色彩。

传统行政对于德性的重视，对于当今行政道德建设的启示在于：首先，必须将人的完善与行政道德的构建实践结合起来。行政道德的生成，在根本上取决于行政主体的道德内化。在传统社会中，道德内化的过程，也就是人的完善过程。反过来说，也正是人的完善的上位要求，才提出了德性内化的必要性。因此，传统社会中的德性完善关注的是人的完善与德性内化的双重逻辑——即人的完善是德性内化的根本目标，而德性内化又是人的完善的基本手段，人的完善是德性内化的动力所在。人的完善的催化剂，又来源于"内圣"与"外王"之间的联结，"外王"带给主体的，既是精神上的满足，也是行政地位上的满足。在现代西方的行政逻辑，尤其是在官僚制逻辑中，人的完善的维度被弱化了，取而代之的是单向度的行政道德催化逻辑。一般而言，在现代社会中，这种道德催化及动力机制主要在于行政道德的内化带来的精神层面的自我满足、物质层面的外部奖励，由道德提升所带来的职位晋升，由德行彰显所带来的舆论褒奖等。但这样的催化都是外部性的，其不一定能达致人的完善之自觉化的效果。因此，对于现代社会来说，如何以人的完善为先导，使行政道德内化与人的完善得以统一起来，从而提升行政道德的主体性自觉，是一项必须关注的重要内容。

其次，德性的构建必须注重制度伦理的外推作用。在传统社会中，选任与考任过程对于行政德性的重视，在一定程度上推进了行政德性的现实转化，其也在一定程度上降低了伦理内化的可选择性，形成了一种无形中的外在强制力量或结构性力量。现代社会持守以法治为核心的行政模式，德性在行政权力规范方面的作用相对较小，但行政德性却并非是可有可无的。如果说法治所要构建的是一种不坏的行政体系的话，那么行政德性则试图打造一种更好的行政体系，以实现更有效的治理。在行政德性的构建过程中，法治可以作为一种新的结构性力量，对德性的构建过程起到有效的外推作用，成为行政德性内化的润滑剂。因此，如何通过立法的方式来规范行政主体的行为，如何通过有效的伦理制度化来实现法治与伦理的有效结合，使法治成为实现行政主体的伦理自觉的基础，是现代社会所必须思考的重要问题。

最后，要关注和反思行政生活中的德性结构问题。在先秦儒家那里，德目设定的内在差异，决定了德性行政人格类型的差异。不同的德目设定，就其本质而言，是道德责任之设定的不同。一个社会倡导什么样的主流德目，实际上体现了这个社会对于特定的道德责任的追求。对于当今社会而言，我们有必要进一步思考道德与道义在行政主体的评价中所应占据的地位，有必要关注道德责任设定的基本要求，并考察道德示范等在德性行政人格生成中的意义，真正为行政体系中道德责任的设定以及道德式规范的构建提供思路。同时，我们也必须对行政主体的德性结构问题进行进一步的反思。任何社会中的德性或德目都不是单一的、也不是变动不居的，而究竟何种意义上的德目构成最符合当今的社会发展需要，最有利于实现行政主体的全面自由发展，并促进社会主体的全面自由发展；在现实的行政生活中，尤其是在推进国家治理体系与治理能力现代化的现实实践中，究竟应该培养具备何种德性结构的行政主体，构建一种怎样的德性行政人格体系，都是我们必须进一步深入思考的问题。对这一问题的思考，或有助于弥补当前对行政人格、行政德性的界定仍相对较为笼统、缺乏细分的问题。

二、借鉴传统行政哲学的限度

传统行政哲学对于当代行政理论与实践的发展具有重要的借鉴意义。但是，由于中国传统行政哲学本身存在着一些理论上的不足与价值上的局限，以及由于时代差异所导致的理论的适用情境问题，对传统行政哲学的借鉴，也必须注意其限度和界域。

第一，传统行政哲学本身存在一些理论上的不足。这种理论上的不足，主要有两个方面的表现。首先，传统行政哲学的逻辑体系不够完备。一方面，中国早期的传统行政哲学部分是以观点集合的形式出现的，这些观点之间虽然存在着内在的逻辑关联，但其体系性却不够突出；另一方面，传统行政哲学的一些内容是在为行政生活与行政实践建言献策、解决现实问题的过程中间接体现出来的，其缺乏系统的逻辑推理或其内在的理论逻辑不够具体，必须根据传统理论与实践中所内蕴的价值选择或行为选择等来进行进一步地抽象、推导和转化。这些问题的存在，一定程度上增大了理解、挖掘、梳理传统行政哲学的难度。因此，如何深化对传统行政哲学的挖掘，使其相对零散的观点得以进一步体系化；如何深入探究传统行政实践背后的内在逻辑，从实践逻辑中抽象哲学理论；如何理解传统行政哲学的宏观历史脉络，梳理传统行政哲学发展进程中的断裂与连续性，探究不同理论与实践体系之间的内在联结机制，是实现传统行政哲学之现代借鉴要做的基础性工作之一。其次，传统行政哲学在议题和关注点上存在一定的局限性。传统行政哲学具有强烈的现实关怀和实践指向性，其在很大程度上以服务于现实的行政体系为直接目标，具有较强的现实功利色彩。基于此，传统行政哲学在议题上重点关注的是行政体系中的德性、价值与人格以及与行政权力的稳固相关的行政本体论、与德性和伦理观念的内化相关的行政认识论等，而对于行政之真、行政之正当与善、行政正义等相对抽象的议题着墨较少，这在一定程度上阻碍了传统与现代、中国与西方之间的理论对接，也增加了传统行政哲学之现代借鉴的难度。对于现代行政哲学来说，借鉴传统行政哲学，就要挖掘传统与现代的相通之处，注重从观点、思维逻辑、价值隐喻等视角去梳理传统行政哲学的意涵，找寻其对于现代行政哲学在方法、思路等方面的启迪。

第二，传统行政哲学在价值导向上存在着一定的局限性。首先，传统行政哲学在价值体系上与传统社会的行政情境具有高度的契合性，但其对于现代社会来说却未必适配。传统行政哲学在价值内容上具有较强的官本位和集权色彩，以此为基础所生发出的行政价值观，主要包括稳定、秩序、节制、忠诚等。在这样的价值导向下，传统社会在价值培育、行政实践、社会生活等领域，一定程度上都是围绕着行政职位的获取、社会稳定与秩序的构建而展开的。这样的价值导向，在一定程度上限制了社会主体在价值与目标追求上的多元性、限制了行政个体与行政体系的想象力、阻碍了行政个体与行政体系甚至是整个社会体系的创造力，更阻碍了社会主体的行政权利意识、行政参与意识等的生成。传统行政的价值特质与行为选择，与现代社会所追求的民主行政、法治行政的要求存在着明显的差异，也与现代社会及现代行政体系所追求的创造性、多元化发展逻辑等存在着较大的差异。因此，对于传统行政哲学的价值内涵与价值思维，我们必须进行细致的甄别，择其有利者而用之。其次，在传统社会中，理想逻辑中的价值追求与现实逻辑中的价值实践存在着较大的差异。传统行政的理想价值追求带有明显的为公性色彩，公共价值优先是其基本的价值预设；而在现实逻辑中，行政权力主体在行政价值追求上却往往呈现出一定的个私性色彩。这种个私性价值追求，在传统社会中主要表现为行政主体的享乐意识、上升意识、权谋意识、人情意识，等等。这些个私性价值，是传统行政价值运行的潜在逻辑，在一些情境中，这种对潜在价值逻辑的遵守，甚至成为行政主体融入现实行政环境、获取必要的行政资源的重要策略性选择，是一些行政主体在特定行政环境下的一种现实生存法则。传统社会在理想价值逻辑与现实价值逻辑之间的这种差异，是现代行政理论与实践体系在借鉴传统行政哲学时所必须规避的价值陷阱。这种规避，要求我们对理想行政价值追求与现实行政价值追求之间的差异进行严格的区分，并通过制度规范和价值环境的有效塑造，来避免个私性价值在现代行政生活中的作用发挥，确保公共性价值在行政实践领域的主导地位。

第三，传统行政与现代行政的实践性差异，决定了对传统行政哲学的借鉴需要经历科学的现代转化。传统行政哲学在特定的历史情境下有其科学性和合理性，但在现代甚至后现代的行政实践情境中，却可能会存在一定的水土不服。这主要是因为：首先，传统行政哲学是基于单中心主义的立场而生发出来的，在单中心主义的行政体系中，行政决策的制定、行政信息的传播，都是单中心的、线性化的。因此，在传统的行政哲学体系中，无论是其所主张的行政主体的德性构建，还是行政主体的价值塑造，主要都是针对处于权力中心的行政主体所提出的要求。因为，在传统的单中心行政逻辑中，只要行政德性与行政价值的有效性，尤其是处于行政权力中心的君王的行政德性与行政价值的有效性得到了保障，就能较好地实现社会德性与社会价值的有效建构，并在一定程度上达成良治的目标。但现代行政生活是多中心、网状结构的，在这样的社会中，德性结构与价值追求也相应地呈现出多元化的特质。在现代情境中，要实现有效的治理，行政德性、行政价值与社会德性、社会价值之间必须形成良好的契合，而这种契合的产生，是在二者的良性互动中形成的，这与传统共同体中的社会德性与社会价值主要由行政德性与行政价值所引导和构建形成了一定的对比。也就是说，在传统的行政哲学体系中，德性与价值主要体现为精英德性与精英价值，而在现代社会中，这种德性与价值则更应是大众性的、互动性的、共识性的；并且，以社会德性和社会价值来引导行政德性和行政价值，成为现代行政哲学所必须首先关注的问题。因此，尽管传统行政哲学提出并凸显了德性与价值问题的重要性，但在具体的德目、行政价值的具体内容、不同德性与价值类型的互动关系上，现代行政哲学不应照搬照抄传统行政哲学。其次，传统的基于权力的控制型行政与现代的基于权利的服务型行政具有明显的差别，决定了传统行政哲学借鉴意义的有限性。传统行政是围绕行政权力而展开的，是一种基于权力的控制型行政；现代行政则是以权利为基础而展开的，是一种基于权利的服务型行政。在目标设定上，对于权力型、控制型行政来说，其关注的重点在于经由对社会的控制而实现行政权力的稳固，可以说，行政权力的稳固是其所追求的首要价值，也是其追求社会福祉与社会秩序的重要动力所在；而对于权利型、服务型行政来说，行政的首要目标在于追求社会价值，即追求其自身的存在对于便利社会、服务社会及实现社会福祉增进的意义，可以说，社会本身便是行政实践活动的动力来源。以此为基础，在权力型、控制型行政中，其相应的行政哲学具有相对明显的功利性目的，如服务于行政职位的获取、行政权力的稳固、行政合法性的提升等，它是围绕行政权力而展开的。而在现代的权利型、服务型行政中，行政哲学则必须围绕社会服务的有效性而展开。这样的差异，决定了现代行政哲学对于传统行政哲学的借鉴必须保持谨慎性和灵活性。现代行政哲学可以对传统行政哲学获取社会秩序和合法性的独特思维逻辑进行借鉴，但同时也应看到，现代行政哲学在重心上不应再强调权力与控制的重要性，而是应为决策的科学化、民主化提供本体论基础，为行政共识的获取提供宏观层面的理论支持，为现代行政伦理与行政价值的进一步完善提供内在的理论支撑。现代行政哲学可以而且应当从传统行政哲学中吸取资源，但其必然要以现实的社会环境、行政发展成果、社会制度条件等为基础。

第六章
当代中国特色行政哲学的核心构成及其反思

    中国特色行政哲学的发展，有赖于行政理论的不断创新所提供的思想资源，也有赖于行政实践的不断进步所提供的智识灵感。19世纪中后期以来，伴随着西方思想在中国的强势输入、伴随着清政府在20世纪初的灭亡，中国传统行政哲学在实践层面的影响力逐渐式微，中国的行政思想与实践在古今中西的争论中、在军阀割据的现实中，呈现出一片复杂而又混乱的局面。直到中国共产党的成立，中国特色行政理论与实践的发展才得以开启新的篇章。随着马克思主义在中国的传播及其所带来的行政方法与思维上的启发，随着西方行政理论与方法的有效引荐和中西方行政理论的交融，随着中国行政理论与行政实践的自我探索与不断创新，中国的行政理论与实践在发展与完善的过程中不断丰富着自身的内涵、凸显着自身的特质。这种内涵和特质，需要从行政哲学的总体性视角进行理论化的总结和梳理，以使理论层面的中国特色行政哲学得以系统化、实践层面的中国特色行政生活与行政经验得以理论化。本章将以马克思主义及其中国化视域中的中国特色行政哲学，西方行政理论本土化视角中的中国特色行政哲学，中国特色行政哲学的自我生成三个部分为基础，对当代中国特色行政哲学的核心构成、主要特质、内在逻辑等进行梳理和反思。

第一节　马克思主义及其中国化视域中的中国特色行政哲学

马克思主义是中国特色社会主义的理论基础。马克思主义哲学作为马克思主义理论的重要组成部分，是当代中国特色行政理论与实践发展的认识论和方法论基础，也是中国特色行政哲学体系构建的理论前提。

一、马克思主义及其中国化视域中的行政价值观

马克思主义及其中国化视域中的行政价值观，是在马克思主义基本原理指引下，基于中国自身的理论建构与行政实践探索而逐渐形成和发展起来的，其具有极为丰富的内涵和独特的理论特质。

第一，强调"人"是行政的根本价值定位和目标追求。

对人的重视，是马克思主义的核心特质之一。在马克思主义的视域中，人是具体的、历史的，而非抽象性的。"人的本质不是单个人所固有的抽象物，在其现实性上，它是一切社会关系的总和。"[①] 社会关系视域中的人，是社会嵌入性、社会依存性的，对人的把握，不能脱离对社会关系本身的把握，因为，对于具体的人而言，"成为奴隶或成为公民，这是社会的规定，是人和人或 A 和 B 的关系。A 作为人并不是奴隶。他在社会里并通过社会才成为奴隶"[②]。由于社会关系是历史的、发展的，与之相应，基于社会性维度的人的本质也是随着社会关系的变化而变化、发展而发展的，具有明显的历史性。"历史性是人的丰富性与具体性的重要方

---

① 《马克思恩格斯文集》第 1 卷，人民出版社 2009 年版，第 501 页。
② 《马克思恩格斯全集》第 30 卷，人民出版社 1995 年版，第 221—222 页。

面。"① 这种历史性与发展性意味着，人在不同的历史情境和生产关系形态下会呈现出不同的特质、展示出不同的价值追求。在资本主义社会中，人的社会关系主要呈现为"以物的依赖性为前提的人的独立性"特征，人对物的依赖性被突凸，其对物的价值的过度强调，使相应的人与行政成为服务于物的工具，在这样的社会形态中，人的个性因资本对人的统治而被束缚，其劳动也背离了"自由自觉的、创造性的实践活动的本质"②。因此，对于无产阶级而言，要实现人的自由与解放的目标，就要打破传统的生产关系，真正"占有现有的生产力总和"③，通过所有制关系的转变，来结束无产阶级的异化劳动，实现人的全面自由发展。人的全面自由发展，是马克思主义所追求的根本目的之一，就其实践的角度而言，它只有在打破资本主义的生产关系、建立起社会主义的生产关系的基础上才有可能。

不难看出，马克思主义是一种以人为中心的解放性理论。基于马克思主义的理论逻辑来实现对行政的内在价值的把握，决不能脱离特定的生产关系。在社会主义的生产关系中，行政是以服务于人的解放与发展为目标的，这是社会主义行政价值的内在规定性。社会主义行政实践对人的解放与发展的推进，是以促进生产力的解放与发展为前提，它不是抽象的，而是基于对生产力发展和人的发展的互动逻辑的准确体认而展开的。

在中国的行政语境中，以公有制为基础的社会主义生产关系的确立，为促进行政价值与人的价值的真正联结、使行政真正成为人的价值实现的助推者提供了基础。在长期的革命实践、社会建设实践及改革开放实践中，中国共产党人始终强调人民在历史发展中的基础性地位，强

---

① 贺来、张欢欢：《"人的本质是一切社会关系的总和"意味着什么》，《学习与探索》2014 年第 9 期。

② 王晶：《马克思人的自由与解放思想及其现实路径》，《党政干部学刊》2018 年第 6 期。

③ 《马克思恩格斯选集》第 1 卷，人民出版社 1995 年版，第 129 页。

调人民性这一行政实践的根本价值定位。其主要表现可从以下两个方面来看。

首先，从生成关系来看，强调人民是包括行政史在内的世界历史生成与发展的动力。毛泽东指出，"人民，只有人民才是创造世界历史的动力"①；习近平指出，"人民是历史的创造者，人民是真正的英雄"②，这是对"人民"在历史发展进程中的基础性地位的肯定。具体到行政生活的历史进程与人民的逻辑关系来看，人民的基础性、动力性地位是永恒性的，人民对于行政发展的基础性、决定性、本源性地位是一般性的，这是行政发展的内在规律。社会主义的公共行政是人民的行政，其必然要明确确认人民的这种基础性地位。这种确认不同于传统儒家基于"天""德"等所形成的以行政权力为核心的"威慑型"或"利诱型"确认，它是从历史唯物主义逻辑出发，基于对人民在行政发展中的根本动力这一基础性地位的本体性认识及基于对历史发展规律的准确把握与遵循而实现的，这使得社会主义的行政生活在其与人民的价值相谐问题上，呈现出明显的内在性与必然性。

其次，从行政的根本目的来看，强调行政的目的是为人民服务，强调人民本身的目的性价值。对于人民与行政体系的互动关系，毛泽东指出，"我们的一切工作干部，不论职位高低，都是人民的勤务员，我们所做的一切，都是为人民服务"③。邓小平指出，我们党"它之所以成为先进部队，它之所以能够领导人民群众，正因为，而且仅仅因为，它是人民群众的全心全意的服务者，它反映人民群众的利益和意志"④。因此，在中

---

① 《毛泽东选集》第三卷，人民出版社 1991 年版，第 1031 页。
② 习近平：《在第十三届全国人民代表大会第一次会议上的讲话》，人民出版社 2018 年版，第 2 页。
③ 《毛泽东文集》第三卷，人民出版社 1996 年版，第 243 页。
④ 《邓小平文选》第一卷，人民出版社 1994 年版，第 218 页。

国特色社会主义的行政逻辑中，行政与人民之间的交往关系，是一种服务与被服务的关系，服务是社会主义行政的基本价值设定。社会主义行政的基本价值，在于其具有服务于社会、服务于人民的功能，因此，在马克思主义的行政交往关系中，尽管权力性因素不可或缺，但行政权力一方面不再是行政体系本身的目的性追求，而是一种由人民赋予的、实现行政服务由抽象向现实转化的手段性依托；另一方面，对于个体性行政主体而言，行政权力与职位也不再是其目标追求，而是基于人民、基于组织的信任而赋予的一种服务供给工具。服务型价值选择而非权力型价值选择，是社会主义行政人的基本特质。如果偏离了这一点，把行政权力目的化，就是对党的"全心全意为人民服务"这一根本宗旨的偏离，也就背离了社会主义行政的基本价值要求、背离了"人民的勤务员"这一身份定位。

第二，强调行政在促进社会价值生产过程中的互动性。

行政的直接意义，在于其具有某种程度的社会价值生产与创造能力。行政的社会价值生产与创造过程，主要是基于对社会的方向引导、基于上层建筑与经济基础之间的互动过程而实现的。也即：行政作为上层建筑的组成部分，作为一种执行力量，其社会价值生产与创造的实践、公共性价值的凸显，是通过顺应社会生产力发展的要求、社会价值创造的需要，使生产力和社会价值创造的过程得以解放、激发、释放而实现的。从这一逻辑过程不难看出，没有行政与社会的良性互动，就没有社会价值的有效创造。

在马克思主义的视域中，行政与社会的互动过程，是一种不断发展、不断调适的过程。在不同的社会形态中，行政与社会之间存在着不同的互动形式，其虽然在某种程度上都要实现社会需求的满足及某种程度的社会价值生产，但在不同的社会形态中，这种价值生产的能力与意愿是存在着差别的。例如，在封建社会中，行政作为一种统治性力量，是统治阶级实行阶级统治的工具，它顺应的是小农经济的发展要求，体现的是自给自足的自然经济这一经济基础对于行政上层建筑的需要。在这样的社会形态中，行政在价值生产和价值导向上是特殊性指向的，它首先要满足和维护的是地主阶级的利益与价值需求，公共性价值即使被言说与实践，也更多的是为了缓和社会矛盾而生成的，是一种手段性价值，其目的性、本体性意义隐而不彰。在历史唯物主义的视域中，随着生产力向社会化的机器大生产进发，资本主义的生产关系及其相应的行政体系必然要实现对旧式的生产关系与行政体系的取代。对于行政体系而言，这是行政作为一种上层建筑顺应资本主义工业大生产的历史发展规律的必然结果，也是从资产阶级的视域来理解行政的价值生成与创造时，必然要作出的选择。资本主义的行政逻辑及价值生产是以维护生产资料的私人占有为前提的。这就决定了，在资本主义的行政制度体系中，行政的价值生产是指向资产阶级的，它仍然是特殊主义的。在资本主义的行政逻辑中，公共性价值虽然在理想层面、话语层面上成为一种主流价值，但受制于资本主义的生产关系，它必然是虚假的。

在马克思主义的视域中，要实现行政权力与社会的一体化，就必须打破资本主义的上层建筑，建立起无产阶级的权力体系，使治理机构回归到人民手中，"把靠社会供养而又阻碍社会自由发展的国家这个寄生赘瘤迄今所夺去的一切力量，归还给社会机体"[1]，使其从"统治社会、压制社会的力量变成社会本身的充满生气的力量；这是人民群众把国家政权重新收回，他们组成自己的力量去代替压迫他们的有组织的力量"[2]。因此，从历史趋势上看，资本主义生产关系必然要被社会主义的生产关系及相应的

---

[1] 《马克思恩格斯选集》第 3 卷，人民出版社 2012 年版，第 101 页。
[2] 《马克思恩格斯选集》第 3 卷，人民出版社 2012 年版，第 140 页。

行政逻辑所取代。社会主义是以解放生产力、发展生产力，消灭剥削、消除两极分化为基本旨归的，在社会主义实践中，人的发展、行政的发展都被提升到新的维度，这是一种以人的全面自由发展为旨归的、以共同富裕为指向的人类发展维度。在这一维度上，人的内涵被极大地丰富了，以社会主义生产关系为基础，人民这一概念的内涵也具有了最广泛的包容性。而社会主义行政的目的之一，就是要积极服务于人的全面自由发展，积极解放生产力、发展生产力，真正为人类的解放与发展而服务、为人类社会理想图景的切近而服务。这一过程的实现，离不开对人民的基础性地位的肯认。

在中国特色社会主义的构建实践中，突出行政价值与社会价值的同一性、强调社会价值创造过程的群众依赖性，是其基本的价值诉求。在这方面，毛泽东指出："应该使每一个同志懂得，只要我们依靠人民，坚决地相信人民群众的创造力是无穷无尽的，因而信任人民，和人民打成一片，那就任何困难也能克服，任何敌人也不能压倒我们，而只会被我们所压倒。"① 毛泽东认为，要调动人民群众的积极性，首先要调整的是传统社会那种政府与社会的身份关系和交往关系，真正实现让人民当家作主，一是要"让人民来监督政府"，使政府"不敢松懈"，真正建成廉洁的政府②；二是要调动行政主体和社会主体两个积极性，"只有领导骨干的积极性，而无广大群众的积极性相结合，便将成为少数人的空忙。但如果只有广大群众的积极性，而无有力的领导骨干去恰当地组织群众的积极性，则群众积极性既不可能持久，也不可能走向正确的方向和提到高级的程度"③。换言之，行政体系与社会之间只有实现良性的互动、通力合作、

① 《毛泽东选集》第三卷，人民出版社 1991 年版，第 1096 页。
② 《毛泽东年谱》中卷，人民出版社 1993 年版，第 611 页。
③ 《毛泽东选集》第三卷，人民出版社 1991 年版，第 899 页。

发挥各自的积极性，才能真正实现促进人的解放与发展的目的，才能真正推动人的全面自由发展。

邓小平对于行政体系与人民群众之间的辩证关系也进行了深刻的阐释。他指出，"党只有紧紧地依靠群众，密切地联系群众，随时听取群众的呼声，了解群众的情绪，代表群众的利益，才能形成强大的力量，顺利地完成自己的各项任务"①。党和行政体系的自我目标设定，归根结底是人民的目标设定，二者具有同一性。在根本上，其都是为了实现社会的解放与人的解放，促进人的全面自由发展。这种目标上的同一性，也是党和行政体系之所以得到人民群众广泛拥护和认同的基本因由。在实践中，党和行政体系自我目标设定的合理性、其目标设定与人民目标之间的一致性，需要在与人民群众的互动过程中来实现。党和行政体系必须通过与人民的互动来确保目标设定的科学性与合理性，实现政党理性、行政理性、社会理性的合一，才能使行政目标转化为一种一致性的力量，促进人民群众投身于自我解放与发展的实践之中。

在新时代，习近平总书记明确提出了"坚持以人民为中心"的发展思想，指出"人民是历史的创造者，是决定党和国家前途命运的根本力量。必须坚持人民主体地位，坚持立党为公、执政为民，践行全心全意为人民服务的根本宗旨，把党的群众路线贯彻到治国理政全部活动之中，把人民对美好生活的向往作为奋斗目标，依靠人民创造历史伟业"②。这是在新时代对党及其引领下的行政体系的人民性与群众性的新阐释，为中国行政实践与行政哲学的发展提供了根本遵循。其中，"美好生活"的实现是新时代人民群众的基本期待，也是党和行政体系的目标导向。在实践中，

---

① 《邓小平文选》第二卷，人民出版社 1994 年版，第 342 页。
② 习近平：《决胜全面建成小康社会　夺取新时代中国特色社会主义伟大胜利——在中国共产党第十九次全国代表大会上的报告》，人民出版社 2017 年版，第 21 页。

对美好生活的创造，需要党和行政体系的引导和凝聚，也需要人民群众自我力量的充分发挥、自我创造力的充分调动，这是对马克思主义基本原理的继承与创新，是对马克思主义的人民性的一贯强调。

二、马克思主义及其中国化视域中的行政认识论

马克思主义认识论有其自身的特质。这种特质的主要表现之一在于其具有强烈的实践导向性。具体来看，马克思主义认识论的实践性特质至少有如下两个维度的表现：首先，人是认识的主体，也是实践的主体。在马克思看来，"人们决不是首先'处在这种对外界物的理论关系中'。……而是积极地活动，通过活动来取得一定的外界物，从而满足自己的需要"[①]。所以，人是一种能动性存在，其通过自身的劳动而实现对对象的改造，以使其符合主体自身的要求。人们开展认识活动的目的是为了指导实践，认识只有当其能落实到现实实践之中时，才能发挥最大的价值。其次，客体是人类实践的对象，是人的创造性得以展现的对象性存在。客体只有在与人的相互作用中、只有在其成为人的实践对象时，才能摆脱纯粹的自然性，并打上主体的烙印、体现人的主动性与创造性。也即，事物只有当其成为人的实践对象时才能成为客体，才能从"自主之物"转化成"为我之物"。人对客体认识的深度，决定了其能否成为人的改造对象以及其具体的改造形式与深度。对客体的改造，是人的实践活动的表现，也是人的实践活动的目的与结果。

具体到行政领域中，行政认识作为认识的一种特殊形态，也是以其实践性为基本表征的。首先，如果将从事治理实践的人与组织看作行政

---

① 《马克思恩格斯全集》第 19 卷，人民出版社 1963 年版，第 405 页。

主体的话（即专门从事行政实践的人与机构），那么，作为行政之对象的社会问题、各类行政服务对象及少数专政对象等，则是行政的客体。行政作为一种权威性实践，总是要根据自身对于行政客体及对于行政发展规律等的认知，来实现对行政客体的一定程度的建构、引导与服务。也就是说，行政认识总是以行政之主观向行政之客观的转化为目的的，它总是要基于其对于自身功能的理解、对社会价值的认知与把握，而使行政主观与行政客观之间达成某种程度的一致性。在不同的社会形态中，人们的行政认识存在着差异，其必然也会导致人们在行政实践过程中出现行为选择上的差异。其次，行政实践与行政认识之间是互动的，行政实践是行政认识的基础，行政认识对于行政实践具有反作用。一方面，行政认识的生成离不开实践，行政实践的深度和广度决定了行政认识的深度和广度。特定的行政实践的深度和广度，在根本上要受社会形态、生产力等因素的影响，它是历史性的、发展性的。与之相应，行政认识的深度和广度也要受特定的社会形态、生产力发展水平等的影响，其也是一个不断前进的发展过程。另一方面，行政认识在行政实践面前也并非完全被动的，在马克思主义认识论的视域中，行政认识能够反作用于行政实践，其中，错误的行政认识会阻碍行政实践的发展，正确的行政认识则会推动行政实践的发展。正确的行政认识，应是一种合目的性与合规律性相统一的行政认识，它不仅要反映行政发展的内在规律，也要准确反映人们的总体需要。

在中国的行政实践中，中国共产党人从马克思主义的辩证唯物主义和历史唯物主义视角出发，以中国的改革与发展实践为基础，对行政认识问题提出了深刻的见解，为行政实践的有效展开提供了坚实的基础。

在实践与认识的关系问题上，毛泽东强调了实践的第一性和基础性。"辩证唯物论的认识论把实践提到第一的地位，认为人的认识一点也不能离开实践，排斥一切否认实践重要性、使认识离开实践的错误理论。"① 人的认识的生成与发展，是以实践为逻辑起点并由感性认识发展到理性认识的过程。其中，主体参与实践、通过与对象性事物的相互作用而产生感性认识，是认识发展的第一环节；由感性认识而产生概念、判断和推理，实现认识的飞跃，上升到理性认识，是认识的第二环节。其中，"只有感觉的材料十分丰富（不是零碎不全）和合于实际（不是错觉），才能根据这样的材料造出正确的概念和论理来"②。

在行政实践中，基于行政认识生成的上述逻辑，毛泽东认为，调查研究是收集感性材料、实现经验获取的基础。"要了解情况，唯一的方法是向社会作调查，调查社会各阶级的生动情况。"③ 在具体方法上，调查"第一是眼睛向下"，"第二是开调查会"。④ 调查的实质，就是一种对实践的切近，其目的在于通过直接经验与间接经验的获取，来确保行政实践的科学性、准确性与有效性。调查研究的过程，一方面在于达致行政主体与群众之间的交往与互动，实现行政体系不同层级之间的信息互通，以便获取更为准确的行政决策信息。在以毛泽东同志为代表的马克思主义者看来，由实践与认识的关系、感性认识与理性认识的关系所决定，从群众中获取第一手资料，是确保行政认识与行政实践相符的前提。另一方面，其在于将对马克思主义理论的科学认知落实到实践之中。认识的目的在于"将群众的意见（分散的无系统的意见）集中起来（经过研究，化为集中的系统的意见），又到群众中去作宣传解释，化为群众的意见，使群众坚持下去，见之于行动，并在群众行为中考验这些意见是否正确"⑤。这一过

---

① 《毛泽东选集》第一卷，人民出版社 1991 年版，第 284 页。
② 《毛泽东选集》第一卷，人民出版社 1991 年版，第 290 页。
③ 《毛泽东选集》第三卷，人民出版社 1991 年版，第 789 页。
④ 《毛泽东选集》第三卷，人民出版社 1991 年版，第 789—790 页。
⑤ 《毛泽东选集》第三卷，人民出版社 1991 年版，第 899 页。

程，从行政的视角来看，是一个从行政实践到行政认识，到再实践和再认识的循环过程，其是确保行政决策准确反映人民意志，并使行政决策获得人民的认同、理解与支持的基本路径。

以邓小平同志为代表的马克思主义者对于实践与认识的关系也进行了深刻的阐述。邓小平的行政认识论，主要有如下三个方面的内容。首先，强调实践是检验真理的唯一标准。这一论断，否认了在行政认识中迷信权威、遵从教条等错误倾向，肯定了实践在认识过程中的基础性地位，是对马克思主义认识论的运用和发展。其最直接的实践意义在于，它使行政领域的思想解放与创新具备了认识论上的依据，从而使得尝试性、探索性、创新性的行政实践具备了更大的可能性空间。其次，继续大力倡导群众路线，强调在与群众的互动过程中实现认识的获取与提升。早在 1956 年，邓小平就指出，"我们党对于群众路线历来的解释，正如毛主席讲的，无非是从群众中来，到群众中去，集中起来，坚持下去。这就是正确地反映群众的意见，然后正确地领导群众。党的正确的路线、政策是从群众中来的，是反映群众的要求的，是合乎群众的实际的，是实事求是的，是能够为群众所接受、能够动员起群众的，同时又是反过来领导群众的，这就叫群众路线"①；"从领导方法来说，只有从群众中来，才能到群众中去"②。邓小平对群众路线的强调，进一步肯定了行政认识并非来源于行政主体的主观创设，而是基于与群众的互动而达致的。行政认识能否准确反映人民群众的要求、行政认识与社会诉求能否达成一致、行政决策能否达致合规律性与合目的性的统一，关键要素之一就是要看其是否有效实现了对群众意见的有效吸取、吸纳与整合。再次，坚持解放思想、实事求是的认识原则。事物是不断发展变化的，行政认识

① 《邓小平文选》第一卷，人民出版社 1994 年版，第 287—288 页。
② 《邓小平文选》第一卷，人民出版社 1994 年版，第 304—305 页。

也只有不断发展、不断提升，才能适应事物本身的变化或引领事物的发展。在邓小平看来，行政认识的发展，前提在于打破固有思维，实现思想的解放。"一个党，一个国家，一个民族，如果一切从本本出发，思想僵化，迷信盛行，那它就不能前进，它的生机就停止了，就要亡党亡国。"①行政认识能否打破固有的藩篱，实现对实践之适应与引领，对于行政实践具有重要的反作用力。但是，对于行政领域而言，其思想解放并非是随意的，而是必须在实事求是的根本前提之下展开。实事求是对于行政认识所提出的要求在于，一是必须走群众路线，以获取事实性知识、研究真理；二是要达致对真理性认识的坚守，做到有所变、有所不变。对此，邓小平说，"国外有些人过去把我看作是改革派，把别人看作是保守派。我是改革派，不错；如果要说坚持四项基本原则是保守派，我又是保守派。所以，比较正确地说，我是实事求是派"②。所以，实事求是强调的是对事实、真理和规律的遵循，它既为行政领域的思想解放提供了根本性动力，同时，也为行政领域的思想解放设定了真理性、合理化的界域。

在新的时代背景下，习近平总书记的治国理政思想与实践，也体现了其对于认识与实践之逻辑关联的深刻体认。具体来看，其特点主要集中在如下三个方面：一是强调"知行合一"。在领导干部的认识层面上，习近平指出，"政治上的坚定、党性上的坚定都离不开理论上的坚定。干部要成长起来，必须加强马克思主义理论武装"③；要战胜各种风险和困难，广大领导干部必须加强理论学习，掌握和运用辩证唯物主义和历史唯物主义，必须加强理想信念，做到不忘初心、牢记使命。习近平强调了理

---

① 《邓小平文选》第二卷，人民出版社 1994 年版，第 143 页。

② 《邓小平文选》第三卷，人民出版社 1993 年版，第 209 页。

③ 《习近平关于"不忘初心、牢记使命"论述摘编》，党建读物出版社、中央文献出版社 2019 年版，第 67—68 页。

论、理想信念等认识形态的重要意义。但是，思想上、认识上的提升并不是终点。"武装头脑、指导实践、推动工作，落脚点在指导实践、推动工作；学懂弄通做实，落脚点在做实"①，习近平指出，对于领导干部这个"关键少数"而言，只有用思想指导实践，做到知行合一、真抓实干，才能实现个人的成长、才能为实现伟大复兴的中国梦贡献力量。二是在新时代继续强调群众路线的重要性。群众路线作为一种马克思主义传统，广大党员干部必须加以切实践行。党的十八大以来，习近平不仅从理念和认识层面上强调了领导干部要坚持"以人民为中心"，做到"为民、务实、清廉"，强调"把党的群众路线贯彻到治国理政全部活动之中，把人民对美好生活的向往作为奋斗目标，依靠人民创造历史伟业"②；同时也指出要"照镜子、正衣冠、洗洗澡、治治病"，坚决整治形式主义、官僚主义、享乐主义和奢靡之风，使高高在上、挥霍浪费、脱离群众现象明显扭转，党风、政风和社会风气为之一新。③ 三是强调治理过程的整体性，以整体性来应对治理实践的复杂性。纷繁复杂的治理实践，要求实现行政认知的整体性。只有在整体性思维视域下准确把握行政对象之间的相互联系与相互影响，才能避免顾此失彼，促进整体目标的达成。在这样的行政认识逻辑之下，习近平提出了"全面深化改革""全面从严治党""'五位一位'总体布局""五大发展理念"等一系列带有整体性色彩的实践体系，其无论是对于党的自我管理，还是对于推动改革实践、推进行政体系的完善等，都提供了重要的认知基础与实践支撑。

① 《在常学常新中加强理论修养 在知行合一中主动担当作为》，《人民日报》2019年3月2日。
② 习近平：《决胜全面建成小康社会 夺取新时代中国特色社会主义伟大胜利——在中国共产党第十九次全国代表大会上的报告》，人民出版社2017年版，第21页。
③ 《历史使命越光荣奋斗目标越宏伟 越要增强忧患意识越要从严治党》，《人民日报》2014年10月9日。

三、马克思主义及其中国化视域中的辩证行政思维

唯物辩证法是马克思主义哲学的基本构成，是中国特色行政理论与实践发展的世界观、认识论和方法论基础。马克思主义唯物辩证法内涵极为丰富，但其核心观点大体可从如下两个方面来把握：一是强调事物的普遍联系，认为世界是相互联系、不断运动、不断变化的统一整体；二是强调矛盾的普遍性，认为矛盾无处不在、无时不有，强调矛盾是事物发展的根本动力。马克思主义的唯物辩证法，既为正确认识行政的本质提供了科学的思维方法，也为把握行政发展的过程及其内在动力提供了根本的、科学的向导。

首先，突出事物的普遍联系、强调发展的必然性。在马克思主义的视域中，联系是指事物内部诸要素及事物之间所存在的相互影响、相互制约、相互作用、相互依赖的关系。联系是事物的存在样态，其具有普遍性和形式多样性。联系的普遍性，意味着世界上不存在完全孤立的事物，"每个事物（现象、过程等等）是和其他的每个事物联系着的"①。对于任何事物而言，只有当其处于一定的内、外联系之中时，才能得以生成和发展。事物的联系决定着事物的质的生成与变化，"任何一事物的质只有在与其他事物的联系中才能存在和变化"，"事物无不依赖其内部联系构成并规定它的质，依外部联系表现并维持它的质。因此，联系既是质得以产生和构成的根源，又是质赖以表现和存在的条件"。②事物的联系在形态上是复杂而丰富的，其既有横向的联系、也有纵向的联系，既有内部的联系、也有外部的联系，既有必然的联系、也有偶发的联系等；其中，规律

---

① 《列宁选集》第2卷，人民出版社1995年版，第411—412页。
② 章韶华：《我所理解的马克思主义辩证法》，中国广播电视出版社1992年版，第106页。

就是事物运动过程中所存在的固有的、本质的、必然的、稳定的联系。

事物的联系与相互作用，构成了运动与发展，联系与运动、发展是事物的一体两面。在恩格斯看来，"当我们通过思维来考察自然界或人类历史或我们自己的精神活动的时候，首先呈现在我们眼前的，是一幅由种种联系和相互作用无穷无尽地交织起来的画面，其中没有任何东西是不动的和不变的，而是一切都在运动、变化、生成和消逝"①，"这些物体处于某种联系之中，这就包含了这样的意思：它们是相互作用着的，而它们的相互作用就是运动"②。在马克思主义的视域中，运动是绝对的，静止是相对的，世间万物都处于发展变化之中，不存在一成不变的事物。所谓发展，即是指事物的正向运动，它是新事物代替旧事物的过程，是一种前进的、上升的运动。这种运动，是在否定之否定的逻辑中完成的，其不是直线上升式的，而是波浪式、螺旋式的，也即，事物的发展总是前进性与曲折性的统一，这是事物发展的一般规律。

马克思主义关于事物普遍联系、不断运动、不断发展的观点，在中国行政理论与实践中的表现，大体可从如下四个方面来考察。

一是强调行政体系与其他社会体系之间的互联性。例如，在行政改革实践中，中国高度突出了经济体制改革、政治体制改革、行政体制改革之间的互动性、互赖性，强调在加快建设社会主义市场经济体制的同时，积极推进行政审批制度改革、推进行政职能调整、促进行政机构优化等，以促进经济体制改革与行政体制改革相互支撑、相互配合，体现了其对于政治、行政、经济等体系相互联系的重视。在新时代，党中央强调了经济建设、政治建设、文化建设、社会建设、生态文明建设的"五位一体"，在全面深化改革、推进国家治理体系与治理能力现代化的进程中，强调开

---

① 《马克思恩格斯选集》第3卷，人民出版社2012年版，第395页。
② 《马克思恩格斯选集》第3卷，人民出版社2012年版，第952页。

展包括政治体制、经济体制、文化体制、社会体制、生态文明体制在内的全方位改革等，都体现了事物普遍联系对于行政生活的方法论意义。

二是强调整体与部分之间的辩证关系。在马克思主义的普遍联系逻辑中，整体与部分的关系是其重要的维度。坚持整体与部分的统一，要求我们既要立足整体、统筹全局，达致整体最优、实现整体功能大于部分功能之和的效果，同时也要重视部分，强调以部分带动整体。整体与部分的逻辑关系在中国行政体系与行政结构中的具体运用，主要有如下两种重要表现：其一，强调地方要服从于中央、部分服从于整体，以确保全国一盘棋，在部分利益与整体利益发生冲突时，部分利益要服从于整体利益、以整体利益为优先，并强调"集中力量办大事"是中国国家制度和国家治理体系的显著优势；其二，在行政绩效的增进上，一方面，允许和鼓励一些地区设立差异性、试验性的行政制度（如经济特区、自由贸易区、中国特色社会主义先行示范区、共同富裕示范区等），以实现一部分人先富起来，通过政策实验来实现经验的累积，通过部分带动整体。另一方面，也强调通过行政的竞争性逻辑（经济绩效比较、官员竞争锦标赛）的设立，充分调动地方的积极性，从而扩充行政绩效的总量。在行政绩效总量得到扩充的基础上，中央也强调通过自身的资源与价值再分配能力的提升，来实现对落后地区的扶助与统筹，进而达致发展的均衡与协调的总体性效果。

三是强调人与自然体系之间的普遍联系。在习近平新时代中国特色社会主义思想的理论逻辑中，人与自然被纳入了"生命共同体"的范畴之中，"山水林田湖是一个生命共同体，人的命脉在田，田的命脉在水，水的命脉在山，山的命脉在土，土的命脉在树"①，强调了人与自然之间的紧

---

① 《习近平关于全面深化改革论述摘编》，中央文献出版社 2014 年版，第 109 页。

密依存关系，使人与自然之间的逻辑联系呈现出明显的本体论色彩，这为行政绩效的考量、行政发展方向的设定，都提供了根本性的指导。

四是在行政发展过程中，强调质量互变与否定之否定逻辑。在社会主义的行政发展视域中，行政发展是前进性与曲折性的统一，其发展的过程是漫长的、道路是曲折的。行政发展的过程是一个理性累积的过程，在这个过程中，顶层设计与摸着石头过河，都是实现经验累积、推进行政发展的重要路径。

其次，强调矛盾的普遍性，突出"对立统一"律在普遍联系中的基础性地位。在马克思主义的视域中，矛盾即是"对立统一"，它"是自然和社会的根本法则，因而也是思维的根本法则"[1]。在继承和发扬马克思主义辩证法的过程中，中国共产党人对行政实践中的矛盾进行了深刻的阐释、形成了丰富的理论成果。

其一，强调矛盾的普遍性和特殊性。在马克思主义的视域中，矛盾的普遍性，表现为矛盾无处不在和无时不有。世界上任何事物都包含着矛盾、"矛盾存在于一切客观事物和主观思维的过程中"[2]，矛盾贯穿于事物发展过程的始终、是推动事物发展的根本动力。在马克思主义的行政哲学视域中，对矛盾的普遍性的把握，要求我们用两点论和两分法来观察和处理行政实践问题。要看到，一切行政事物都是矛盾的统一体，都包含有相互矛盾着的两个方面；矛盾的两个方面既对立又统一，推动着行政事物的发展。在认识行政事物、把握行政规律，分析和解决行政问题时，要坚持全面的观点，既看到事物的正面，又看到其反面；既看到它的现在，又看到它的将来；既看到主流，又看到支流，看到二者的区别和联系；克服只知其一、不知其二的形而上学片面性。

---

① 《毛泽东选集》第一卷，人民出版社 1991 年版，第 336 页。
② 《毛泽东选集》第一卷，人民出版社 1991 年版，第 336 页。

所谓矛盾的特殊性，即指矛盾的个性，它表明不同事物的矛盾各有其特点、同一事物的矛盾在不同的发展阶段有不同的特点，构成事物的诸多矛盾以及每一矛盾的不同方面各有不同的性质、地位和作用。矛盾的特殊性对于行政生活最重要的方法论意义在于，在行政问题化解的过程中必须坚持具体问题具体分析。对于不同时空情境中的矛盾，要采用不同的方法、有针对性地加以解决。正如毛泽东所指出的："无产阶级和资产阶级的矛盾，用社会主义革命的方法去解决；人民大众和封建制度的矛盾，用民主革命的方法去解决；殖民地和帝国主义的矛盾，用民族革命战争的方法去解决；在社会主义社会中工人阶级和农民阶级的矛盾，用农业集体化和农业机械化的方法去解决；共产党内的矛盾，用批评和自我批评的方法去解决；社会和自然的矛盾，用发展生产力的方法去解决。"[①] 在行政生活中，必须准确分析行政生活中矛盾的特质及其在不同时间序列中的转化，经由理性分析，准确研判行政生活的基本性质是什么、行政生活的主流是什么、行政生活的发展趋势是什么。行政矛盾的激烈程度不同、矛盾的性质不同，就要采用不同的矛盾化解方法，只有这样，才能有效防止矛盾的激化、确保矛盾化解的有效性，促进和谐行政状态的生成。

其二，要准确定位社会的主要矛盾。在马克思主义的视域中，矛盾可分为主要矛盾与次要矛盾，在行政实践中，抓主要矛盾、解决主要问题，是行政推动社会发展、发挥自身价值的重要方式。社会主要矛盾是动态的、发展变化的，对主要矛盾的正确认知，是实现矛盾有效化解的基础。在社会主义初级阶段，社会的主要矛盾在不同时期也会有所变化。如1956年党的八大报告指出，我国社会的主要矛盾"已经是人民对于建立先进的工业国的要求同落后的农业国的现实之间的矛盾，已经是人民对于

---

① 《毛泽东选集》第一卷，人民出版社1991年版，第311页。

经济文化迅速发展的需要同当前经济文化不能满足人民需要的状况之间的矛盾。"①1981 年，党的十一届六中全会通过的《关于建国以来党的若干历史问题的决议》指出，"我国所要解决的主要矛盾，是人民日益增长的物质文化需要同落后的社会生产之间的矛盾"②。党的十九大报告指出，我国社会的主要矛盾已经转变为"人民日益增长的美好生活需要和不平衡不充分的发展之间的矛盾"③。党对主要矛盾的不同界定，为行政生活的任务、功能的定位及行政体系的自我发展，提供了根本性的方向指引。

由于行政是内嵌于社会之中的，因而，行政生活主要矛盾的变化，与社会主要矛盾的变化具有高度的同步性。在中华人民共和国成立后的数十年中，落后的社会生产力是摆在行政体系面前的基本现实，如何实现生产力水平的不断提升，成为行政体系所必须首先思考和解决的问题。通过近四十年的改革开放，我国已经"稳定解决了十几亿人的温饱问题，总体上实现小康，不久将全面建成小康社会"，在这个过程中，"人民美好生活需要日益广泛，不仅对物质文化生活提出了更高要求，而且在民主、法治、公平、正义、安全、环境等方面的要求日益增长"④。一方面，随着社会的不断发展，人们的需求不再单单局限于物质方面，而是逐渐复杂化、体系化，囊括政治、经济、文化、社会、生态等各个方面；另一方面，从社会发展因素上看，我国面临着"社会生产力水平总体上显著提高，社会生产能力在很多方面进

① 中共中央党史研究室：《中国共产党历史（第二卷）》上册，中共党史出版社 2011 年版，第 396 页。

② 中共中央文献研究室编：《三中全会以来重要文献选编》下，中央文献出版社 2011 年版，第 168 页。

③ 习近平：《决胜全面建成小康社会 夺取新时代中国特色社会主义伟大胜利——在中国共产党第十九次全国代表大会上的报告》，人民出版社 2017 年版，第 11 页。

④ 习近平：《决胜全面建成小康社会 夺取新时代中国特色社会主义伟大胜利——在中国共产党第十九次全国代表大会上的报告》，人民出版社 2017 年版，第 11 页。

入世界前列"与"发展不平衡不充分"①的双重现实。在这样的情境中，行政体系只有积极作为，推动社会实现更平衡、更充分的发展，才能促进社会主要矛盾两个方面之间的动态平衡。因此，现实的社会发展情境和主要矛盾的变化，为行政目标与职能的转变提供了逻辑前提和认识论基础。

四、马克思主义及其中国化视域中的行政道德观

马克思与恩格斯对于道德问题的阐述，主要是在对资本主义制度进行批判、对共产主义理想进行阐释时呈现出来的。具体来看，马克思与恩格斯的行政道德观，至少包含如下两个方面的内容。

一是强调生产力、生产关系与行政道德的逻辑关联。马克思和恩格斯指出，伦理、道德不是凭空生成的，它与社会生产力及与之相应的生产关系紧密相关。"思想、观念、意识的生产最初是直接与人们的物质活动，与人们的物质交往，与现实生活的语言交织在一起的。人们的想象、思维、精神交往在这里还是人们的物质行动的直接产物。表现在某一个民族的政治、法律、道德、宗教、形而上学等的语言中的精神生产也是这样。人们是自己的观念、思想等等的生产者，但这里所说的人们是现实的、从事活动的人们，他们受自己的生产力和与这相适应的交往的一定发展——直到交往的最遥远的形态——所制约。"②在不同的生产力条件下，社会的生产关系、阶级结构等也存在着差异，其所呈现出来的道德观念也就不同。恩格斯明确指出，"现代社会的三个阶级即封建贵族、资产阶级和无产阶级都各有自己的特殊的道德，那么我们由此只能得出这样的结论：人

---

① 习近平：《决胜全面建成小康社会　夺取新时代中国特色社会主义伟大胜利——在中国共产党第十九次全国代表大会上的报告》，人民出版社 2017 年版，第 11 页。

② 《马克思恩格斯选集》第 1 卷，人民出版社 1995 年版，第 72 页。

们自觉地或不自觉地，归根到底总是从他们阶级地位所依据的实际关系中——从他们进行生产和交换的经济关系中，吸取自己的道德观念"①。行政道德作为社会道德的组成部分，在根本上也是由生产力与生产关系所决定的。行政作为国家机器的构成部分，在阶级社会中，其总是要反映统治阶级对于道德问题的理解，并要基于阶级统治的有效性视角，来实现对社会道德观念的建构。

因此，在阶级社会中，道德总是阶级性的、而非普遍性的。资本主义社会中的所谓普遍道德是资产阶级为了维护其统治的有效性而建构出来的虚假道德形态。在资本主义伦理关系中，商品交换过程中的自由和平等，掩盖了资本主义私人占有的内在本质。在现实逻辑中，资本主义私有制是"以剥削别人的但形式上是自由的劳动为基础的私有制"，资本主义所谓的自由，并不是普遍的、真实的自由，"不是一个普通的个人在对待另一个人的关系上的自由。这是资本压榨劳动者的自由"②。由此可以推导，在马克思和恩格斯的视域中，行政道德也是工具性的，它是调和阶级之间的矛盾、维护资本及资本家的利益、使资产阶级的道德得以合法化的手段。

二是对共产主义道德形态的构设。在马克思和恩格斯的视域中，真正普遍化的道德，只有在人的自由存在状态得以确保、在每个人都得到"自由发展"的共产主义社会之中才有可能实现，这是以生产力的高度发展及与之相应的生产关系的确立为前提的。要实现新的伦理与道德形态的构设，要求我们顺应历史发展的内在规律，推进上层建筑的变革，推翻资产阶级的行政体制及其相应的行政道德，也即要："抛弃关于'人权'和'正义'的幻想"，"抛弃法权的条件和正义的环境"，"一旦从这样的条件或环境中解放出来被提上历史的议事日程，解放的道德就要求建立一个

---

① 《马克思恩格斯选集》第 3 卷，人民出版社 1995 年版，第 434 页。
② 《马克思恩格斯选集》第 1 卷，人民出版社 1995 年版，第 227 页。

世界，在这个世界里，法权的道德已不再必要"①。这意味着，只有在社会生产力高度发达、私有制得以完全废除、"由私人利益所导致的自发的分工不复存在，人的劳动本质得以回归"②、社会成为自由人的联合体的前提下，道德的特殊性才能消弥、其普遍性特质才可能得到彰显。

马克思和恩格斯对道德与行政道德的一般性揭示，为中国特色行政道德观念的形塑提供了基本的理论支撑。在长期的革命与国家建设实践中，党的主要领导人在马克思主义基本原理的指引下，对于社会主义的行政道德问题进行了深入的探究，使得马克思主义的基本原理与中国行政的具体实践得以紧密结合，从而进一步深化了对于行政道德发展规律及社会主义行政道德建设规律的认识。以马克思主义为基本视角，中国的行政道德观主要呈现出如下三个方面的特色。

首先，突出行政的利他性与公共性。在中国共产党人的行政哲学视域中，行政道德本质上是一种超出于基本的、底线性要求之外的利他行为或心理倾向。行政生活中的利他，主要有两种表现形式，其一是非自我牺牲基础上的利他。基于行政的公共性价值设定，在制度规范与职责安排范围之内的利他，是行政主体的一种内在责任，并不具有道德的属性。只有超出于制度与职责要求的利他，才是行政主体德性的体现。其二是自我牺牲基础上的利他，其以行政主体自我利益某种程度的受损或自我利益受损风险的某种承担为前提，代表着道德上的较高层次。马克思主义者的行政道德观，包含了上述两个方面的利他要求。如毛泽东指出，党员干部一方面要做到"不拿群众一针一线"，防止以权谋私，履行行政主体的基本义务；另一方面，也强调作为共产党人的行政主体要"随时准备拿出自己的

---

① ［英］史蒂文·卢克斯：《马克思主义与道德》，袁聚录译，高等教育出版社 2009 年版，第 43 页。

② 曹典顺：《论马克思社会建设思想的建构逻辑》，《世界哲学》2019 年第 4 期。

生命去殉我们的事业"①，以自我的牺牲来实现对公共利益的追求。可见，在中国化马克思主义的视域中，基于对中国共产党的性质及其使命的理解，其对行政主体的道德人格诉求带有一定的理想性色彩，并对行政主体的道德提出了较高的要求。

其次，将消极型行政道德与积极型行政道德相结合。在中国共产党人的视域中，消极型行政道德主要有两种表现，一种表现为对行政主体的反道德行为与非道德行为的价值与道德批判，另一种表现为对行政主体损害社会利益的自利性行为的现实控制；而积极型行政道德，则主要表现为对正向道德观的积极内化及对公共利益的积极追求。如邓小平强调要"批判和反对资产阶级损人利己、唯利是图，'一切向钱看'的腐朽思想，批判和反对无政府主义、极端个人主义"②；同时也强调要"教育全党同志发扬大公无私、服从大局、艰苦奋斗、廉洁奉公的精神，坚持共产主义思想和共产主义道德"③，"党和政府愈是实行各项经济改革和对外开放的政策，党员尤其是党的高级负责干部，就愈要高度重视、愈要身体力行共产主义思想和共产主义道德"④。总之，马克思主义的行政道德观从"不应如何"与"应当如何"两个层面，对行政主体的行政道德提出了严格的要求，为行政主体的行为选择提供了良好的范导。

再次，强调行政道德的治理意义。在马克思主义的视域中，行政道德的重要意义之一在于其对于治理主体及现实的治理实践具有明显的规范性价值。从目的性价值的角度来说，它要求行政主体将行政道德视为一种基本的人生追求，形成正确的道德观，实现对行政道德的真正内化和认

---

① 《毛泽东选集》第三卷，人民出版社 1991 年版，第 1097 页。
② 《邓小平文选》第二卷，人民出版社 1994 年版，第 368 页。
③ 《邓小平文选》第二卷，人民出版社 1994 年版，第 367 页。
④ 《邓小平文选》第二卷，人民出版社 1994 年版，第 367 页。

同。马克思主义视域中的行政道德认同，是以其实践转化为目的的，它要求个体性行政主体基于道德认同的构建，而达致行政的利他性与公共性的增进，真正促进社会利益与社会福祉的提升。

具体来看，行政道德的治理意义，主要基于如下两重逻辑而实现：一是德性的示范性与相互性逻辑。江泽民指出，对于领导干部而言，"要求别人做的，自己首先做到；禁止别人做的，自己坚决不做。有些事情群众能做，我们领导干部不能做"①。领导干部只有率先垂范、具有更高的德性标准，才能引导和促进社会道德的提升，促进行政实践进入良性循环。同样，领导干部只有积极提升个体德性，主动与人民群众呼吸相通，血肉相连，休戚与共，诚心诚意做人民的公仆，才会受到人民的支持与爱护。在领导干部与人民群众的交往逻辑中，领导干部的德性修养，成为实现良性交往的逻辑前提。二是行政道德是行政系统自我风险得以有效化解的基础。行政道德的提升，本质上是行政体系的自我提升与自我完善，在马克思主义的视域中，只有实现了行政体系的自我提升和自我完善，才能实现行政体系与社会体系之间的良性交往。正是在这个意义上，坚持党要管党、防控行政腐败，成为历届领导人所反复强调的重要内容。在新时代，习近平明确指出，"党面临的最大风险和挑战是来自党内的腐败和不正之风。权力寻租，体制外和体制内挂钩，形成利益集团，挑战党的领导。我们惩治腐败的决心丝毫不能动摇，惩治这一手始终不能软。'诛一恶则众恶惧。'要保持政治定力，持续强化不敢腐的氛围，使有问题的干部及早收手、收敛，遏制腐败现象蔓延势头。同时也要抓不能腐的制度建设。"②

---

① 《江泽民文选》第一卷，人民出版社 2006 年版，第 456 页。

② 中共中央纪律检查委员会、中共中央文献研究室：《习近平关于党风廉政建设和反腐败斗争论述摘编》，中国方正出版社、中央文献出版社 2015 年版，第 101—102 页。

这是从内部视角对于行政腐败这一反道德现象提出的防控要求，目的在于通过党与行政体系的行政道德水平的自我提升，实现对党与行政体系自身风险的有效化解。党的十九大报告指出："坚持和加强党的全面领导，坚持党要管党、全面从严治党，以加强党的长期执政能力建设、先进性和纯洁性建设为主线，以党的政治能力建设为统领，以坚定理想信念宗旨为根基，以调动全党积极性、主动性、创造性为着力点，全面推进党的政治建设、思想建设、组织建设、作风建设、纪律建设，把制度建设贯穿其中，深入推进反腐败斗争，不断提高党的建设质量，把党建设成为始终走在时代前列、人民衷心拥护、勇于自我革命、经得起各种风浪考验、朝气蓬勃的马克思主义执政党。"① 全面从严治党，是习近平总书记在新时代提出的重要目标，也是提升党员和广大行政人员的道德水平，实现行政体系内部风险化解的重要路径选择。

第二节 西方行政理论的本土化逻辑与
中国特色行政哲学体系构建

在全球化的现实视域中，理论的跨国交融与借鉴，是实现人类知识生产与发展的重要助推力量，是任何处于全球化体系中的国家都不能回避的一种重要现象和趋势，对于中国行政理论与行政哲学的发展而言，亦是如此。

20 世纪 80 年代以来，中国公共行政学学科建制与理论发展，走的是

---

① 习近平：《决胜全面建成小康社会 夺取新时代中国特色社会主义伟大胜利——在中国共产党第十九次全国代表大会上的报告》，人民出版社 2017 年版，第 61—62 页。

一条自我创制与引进、借鉴相结合的道路。其中，对西方行政学的引进、吸收、借鉴，是改革开放以来国内行政学实现快速发展的助推因素之一。从表现上看，中国行政学对西方理论的引鉴，主要集中在以下四个方面：首先，借鉴西方行政学的基础理论与学科范式。中国公共行政学中一些较为流行的基础理论，如公共选择理论、新公共管理理论、治理理论等，多是从西方源起、经译介而得到国内学者关注的。在学科范式上，中国行政学的设立，立基于西方式的"政治—行政"二分范式，与西方行政学一样，对政治学与行政学之间理论界分的强调，很大程度上是确立行政学学科合法性的基础。其次，在概念和话语体系上对西方的借鉴。在中国的行政学学术体系中，包括公共管理、公共治理、公共产品、公共性、合法性等学科研究的基础概念，很多都是从西方引入的。在研究的关注点上，从西方新引入的行政学概念或理论，部分地成为了中国行政学研究的热点来源，并成为一定时期内流行的行政范式；同时，对西方基础概念的引入，也是中国行政学推动理论创新的灵感来源之一。再次，中国行政学的理论聚焦点与西方的行政理论演进脉络存在对应性。如果将自 19 世纪末正式诞生以来的西方公共行政学发展归结为传统公共行政、新公共行政、新公共管理、治理理论、新公共服务、整体性政府等不同阶段的话，可以看出，中国的理论研究虽然在时间上有所滞后，但从历时态视角来看，中国公共行政学的关注点与西方公共行政学的学科演进大体上存在着逻辑上的对应：如 20 世纪 80 年代初至 90 年代中后期，我国行政学的学科关注点对应的是西方传统公共行政与新公共行政时期的内容，其主要聚焦于行政组织、行政决策、行政法制、行政文化等议题，相关教材一般也以这些议题为主（尽管在西方，20 世纪 70、80 年代起新公共管理就已兴起）；20 世纪末以后，源自西方的新公共管理、治理理论等逐渐为中国公共行政学界所重视，成为学者们关注的主流。这种学术演进上的基本对应性，一定程度上表明早前的中国行政学在理论研究上的整体性滞后。最后，在行政技术与行政价值层面对西方的借鉴。在技术层面上，自21世纪初以来，以授权、民营化、政府购买等为主要内容的行政技术，得到了国内公共管理理论界的高度关注。在实践中，这些技术也得到了较为广泛的应用，在一些地方和特定领域，这些新的技术甚至成为推进行政实践创新的理论引导之一。从价值取向上看，效率、公平、服务等行政价值在国内行政学研究领域相继成为主流，这与西方行政价值观的演变历程亦具有大体的相似性。这些现象意味着，西方的行政学理论不仅影响着我国公共行政学的理论形态，也在一定程度上影响着我国行政实践领域的技术运用与价值选择。

尽管对西方公共行政学的理论引鉴是我国行政学发展过程中的一种重要现象，但必须指出的是，这种引鉴并非简单的复制，而是针对一些概念、理论、实践、方法等进行着形式多样的本土性转化，从而使一些西方理论呈现出较强的本土性色彩、打上了明显的中国烙印。那么，中国行政学借鉴西方行政学理论的具体形态如何？其有何内在逻辑和规律？对这一问题的反思，既有助于厘清西方行政理论本土化的内在机理，也有助于防止西方理论本土化进程中所可能存在的风险与偏误。

一、西方行政学与行政哲学本土转化的具体形态

本节主要从行政哲学的宏观视角出发，以新公共管理、治理理论、新公共服务理论为核心示例，通过原生理论与其中国运用之间的比照，来对西方行政学理论的本土化形态进行探讨。

（一）新公共管理理论及其本土化

如前所述，20世纪七八十年代起，西方行政学理论的发展便进入了新公共管理时期。从宏观视角上看，新公共管理理论的核心特质，大体

包含以下三个方面。其一，在关系与交往维度上，将政府与社会的关系理解成企业与顾客的关系。在新公共管理的视域中，政府是提供公共产品的企业，而公民则是消费公共产品的顾客，相对于统治型行政与管理型行政而言，它有效弱化了公共行政的权力色彩和"主体中心主义"理念，而开始"关注政府实施的各种计划、项目的有效性，表现出了一种目标导向的趋势"，使行政权力真正成为一种工具性存在。[①] 从动力逻辑来看，新公共管理强调政府的动力来源于社会与市场的反向施予。"管理市场化取向的维护者相信，在市场压力下的公共管理者可以提高其绩效水平"[②]，政府要通过"各种形式引入竞争机制，增强成本意识，提供优质服务"[③]。其二，强调授权与责任的自我承担。在新公共管理的视域中，公共产品的供给主体是多元化的。这种主体的多元化，主要通过授权、放松管制、撤资、委托、替代等民营化路径[④] 来实现。授权、放松管制及民营化等的本质是责任的重新分配、职能的重新界定。根据新公共管理的责任分配逻辑，政府的责任重心在于"掌舵"，在于进行宏观层面的把控，而具体的实践操作，则主要经由市场与社会的自我力量而实现。其三，在价值取向上，强调效率的提升与顾客需求的最大满足。在新公共管理的视域中，"3E"——经济（Economy）、效率（Efficiency）、效能（Effectiveness）是其所追求的重要目标之一。[⑤] 效率是新公共管理追求的

---

① 张康之：《论政府的非管理化——关于"新公共管理"的趋势预测》，《教学与研究》2000 年第 7 期。

② ［美］珍尼特·V. 登哈特、罗伯特·B. 登哈特：《新公共服务：服务，而不是掌舵》，中国人民大学出版社 2004 年版，第 3 页。

③ ［美］珍尼特·V. 登哈特、罗伯特·B. 登哈特：《新公共服务：服务，而不是掌舵》，中国人民大学出版社 2004 年版，第 4 页。

④ 张成福、党秀云：《公共管理学》，中国人民大学出版社 2002 年版，第 299 页。

⑤ Farnham, D. and Horton, S., "Managing the New Public Services(2nd ed.)", London: Macmillan Press, 1996, pp.259-260.

核心目标，但相对于传统的公共行政体系来说，新公共管理的效率追求有两方面的特质：一是基于综合性的成本控制逻辑来推进效率的提升。传统公共行政的效率更多的是通过对人的潜能的激发而实现的，它是一种基于主体行为改善而实现的主体型效率。而新公共管理则主张通过全方位的成本压缩而防止行政成本的自我扩张，具有较高的综合性。二是强调效率的方向性。传统公共行政对效率的强调带有一定的机械性色彩，往往导致对其他价值的忽略，而使其陷入价值冲突与治理困境之中。而新公共管理则强调效率必须是一种能够满足顾客需求的正向效率，对效率方向性的强调，提升了新公共管理的交互性，使政府成为一种更具亲和力和社会融入性的政府。

新公共管理理论提出之后，自 20 世纪 90 年代末开始在国内产生了较大的影响。首先，它促进了新的学科范式在国内的兴起与传播。公共管理理念的引入，使公共管理学成为各高校行政管理专业的主流课程之一，从国内相关教材的内容来看，其主要也是集中了西方新公共管理研究的一些最新成果。在学科体系中，公共管理被设定为包含行政管理等专业的一级学科。其次，在理论与实践领域，绩效管理、民营化、政府购买等新公共管理的话语体系与实践经验被较为广泛地借鉴，产生了一定的影响。但是，中国行政学在借鉴西方新公共管理理论的同时，也在理论的本土化方面进行了一些尝试和努力。具体来看，这种本土化尝试大体包含如下两个方面的内容。

首先，强调理论借鉴上的"中体西用"。如前所述，西方的新公共管理理论将政府与社会的关系理解为企业与顾客的关系，这是西方新公共管理理论对政府的公共交往关系的本体论预设，也是西方新公共管理开展理论推衍的逻辑前提。而在中国的行政学体系中，这样的本体论预设虽然也为学界所关注，但其更多的是作为公共管理理论的一个基本构件或特质而被加以引荐的，在实际的理论研究中，很少有学者刻意将这样的本体论预设当成一种理所当然的前提或作为公共行政理论研究的普遍准则。在实践层面上，这样的理论预设也没有得到实质性的关注，更没有成为政府的行政价值前设。无论是在理论层面、还是在实践层面，中国公共行政的价值逻辑，仍然是马克思主义的或传统式的，其基本假定在于，行政生活是基于自身的生产力状况及政治与文化逻辑而生发出来的，它是服务于社会、服务于人民、服务于政治的一种工具性、衍生性存在，政府与人民之间的关系也不是一种"企业—顾客"式关系，而更倾向于是一种"委托—代理—服务"式关系。中国对西方新公共管理的理论借鉴，更多地集中于技术层面，如绩效管理技术、民营化技术等，其本质目的在于提升公共产品的供给效率，并借由西方的治理技术来助推中国式行政价值逻辑的实现。这是一种典型的"中体西用"逻辑。

其次，对理论的扩充化理解。这主要有两个方面的表现：一是对价值内涵的扩充。西方的新公共管理奉行管理主义范式，其主要强调的是以效率为核心的"3E"价值。在西方式的行政价值中立预设之下，价值本身并不是西方新公共管理所关注的重点，这与西方的立宪主义行政范式形成了明显的区分。而在中国语境中，公共管理则更倾向于是一个价值的综合体，其既包容了西方新公共行政理论与新公共服务理论所强调的公平、正义、服务等价值，也包容了中国政治体系所强调的一系列核心价值，如人民性、发展性、解放性、共同富裕等。总体来看，中国公共管理的价值与中国政治体系的价值是同步和同质的，其具有明显的时代性、演进性、多元性和系统性。二是管理手段的扩充。以管理主义范式为基础，西方的新公共管理所关注的管理手段主要是技术主义的，其所采用的分析工具主要是实证主义的，无论是在管理工具还是分析工具的选择上，其都带有明显的可量化性和技术导向色彩。而在中国语境中，公共管理则更多地被认为是一种综合运用各种治理工具（包括经济工具、法治工具、权力工具、价值工具、技术工具等）来实现管理目标的过程，在手段与分析工具上，其包含了定性与定量两个维度，具有更强的体系性。

（二）治理理论及其本土化

在西方语境中，治理理论具有较为丰富的内涵。根据斯托克的理解，治理主要可总结为如下五种观点：治理是指出自政府、但又不限于政府的一套社会公共机构和行为者；治理明确指出在为社会和经济问题寻求解答的过程中存在的界限和责任方面的模糊之点；治理明确肯定涉及集体行为的各个社会公共机构之间存在的权力依赖；治理是指行为者网络的自主自治；治理认定，办好事情的能力并不在于政府的权力，不在于政府下命令或运用其权威，政府可以运用新的工具和技术来控制和指引。[①] 总体而言，西方社会的治理，是一个不同主体参与和合作以解决公共问题的过程，对价值多元化的强调、对治理主体多元化的认可、对社会自治逻辑的肯认、对社会事务处理的协作逻辑的凸显，是西方式治理的基本内涵。

西方式治理有其独特的价值逻辑，这种价值逻辑的主要内容，可从如下两个方面来看。首先，治理的生成与西方式多元主义背后价值冲突的不可调和紧密相关。在西方的行政价值思维中，一元与多元的价值争论是一个旷日持久的话题。在价值多元主义者看来，不同价值之间具有不相容性与不可通约性。"价值的不可通约性是指不存在哪一种尺度或标准可以衡量相冲突的价值，以便消除冲突，也不存在一种至善或超级价值，人们可借此度量其他价值。当价值之间既不可相容、又不可通约时，价值冲突便出现了。这种价值冲突无法通过妥协或诉诸更高级的价值偏好来解

---

① ［英］格里·斯托克：《作为理论的治理：五个论点》，《国际社会科学杂志》1999年第 1 期。

决，也不能通过将其降为某种情绪或激情以便消除其存在。"① 价值上的不相容与不可通约，增加了政府进行价值整合的难度，政府面临着以一元化价值主导社会的无力感。在这样的背景下，推进社会自我的价值表达、价值创造与价值实现，是促进不同价值体系间和谐共生的基础，这也正是西方治理理论生成的价值前设。其次，西方式治理的价值落脚点是个体性的。西方治理理论是以个体主义为其逻辑基础的，其本质在于通过对国家权力的弱化，来实现国家与社会关系的重塑，这种重塑的核心内容，在于通过由公民所结成的自愿性社团对于行政生活的参与，来实现个体权利的组织化表达与实现。因此，从本质上说，治理理论所优先追求的是个体权利而非公共善，公共善与其说是最终目的，不如说是个体权利追求的逻辑结果②。可见，西方式治理实质上遵循的仍是自由主义逻辑，而个体价值是西方式治理理论的落脚点。

经由俞可平等学者的引入，治理理论在中国公共行政的理论与实践层面都获得了巨大的认同、产生了重大影响。可以说，治理成为我国理论与实践领域近年来的中心话语之一。但国内对于治理理论的理解与应用，却同样并非是复制性的，而是具有自身的鲜明特色。具体来看，这种特色主要表现在如下三个方面。

首先，对治理实践中政府理性的强调。在西方式治理逻辑中，国家、市场、社会体系中不同主体的互动及其网络化结构，是实现有效治理的基

① 邵腾：《公共行政中的价值多元主义及其批评者——一场学术争论的文本考察》，《甘肃行政学院学报》2017 年第 4 期。
② 有论者指出，整体性治理理论在本体论上是整体主义的，主张整体优先于部分，但在认识论上，其仍然坚持实证主义认识论，其本质上"是一种个体主义的认识论，主张治理中的所有机构与主体都是平等与独立的客体。但它又有点类似于社会建构主义，同时强调认识论的相互依赖，即结构——历史的解释模式"。参见翁士洪、顾丽梅：《治理理论：一种调适的新制度主义理论》，《南京社会科学》2013 年第 7 期。

础。与西方自由主义的价值追求相适应，西方式治理从一开始就具有强烈的分权色彩，这种分权在一定程度上缓解了政府行政权力的负外部性效应的同时，也使得政府在治理体系中的角色定位变得模糊甚至导致了公共产品供给过程中的责任缺失问题。而在中国的治理理论与实践中，社会参与虽然也是理论领域与实践领域共同的重要议题，是政府实现职能转换与转移的重要载体，但中国语境中的政府与社会关系更倾向于是一种"核心—引导—协作"式关系。其主要表现在于，其一，从职能结构维度来看，在中国的治理体系中，政府不仅是社会主体的积极培育者，同时还对社会主体承担治理责任的方向和途径等具有一定的规范性和导向性，其不仅是协作性的，更是引导性、助推性的。也就是说，在西方式的治理情境中，其（在理想层面上）强调的是限制政府理性而实现社会理性的发挥；而在中国的治理逻辑中，则更强调通过政府理性来引导和促进社会理性，这种引导功能的发挥，有效实现了社会主体与政府职能承接之间的有效对接，避免了社会组织在一些职能领域"扎堆"而在另一些领域"缺位"的现象或问题。其二，政府强调通过权力的自限而实现与社会主体的协作。西方式的协作治理是在社会力量发育较为完全的基础上实现的，其协作治理实践的推进过程具有一定的自然性色彩，或者说，它在一定程度上是基于社会理性的进化而实现的自然过程。而中国的协作治理实践则更多的是在社会理性发育并不完全的情境中，政府基于对社会自我治理之优势的预期而主动展开的。因此，政府对自我权力的控制、对公共产品供给责任的社会化转移，都带有较强的理性逻辑与主动性色彩。在这个过程中，政府基于"权力清单"等治理工具，实现了对自我权力与职能的明确和优化，其在确保了政府自身职能得到有效承担的同时，也使政府权力的转移具备了良好的空间。总体来看，中国的"核心—引导—协作"式治理结构，对于政府资源掌握相对较多、公共服务的社会自我供给能力相对较弱、价值的异质性色彩越来越浓厚的社会现实而言，既有助于确保公共资源分配的相对均衡，又有助于形成对公共产品供给的理性规划，提升资源使用的效率，做到政府与社会两个积极性的充分发挥。

其次，注重治理实践中的价值整合。如前所述，西方式治理是以价值上的多元性为基础的，这种价值上的多元与分散化，与西方的自由主义、个体主义文化之间具有内在的契合性。然而，在西方的治理逻辑中，价值上的高度分散及这种分散性背后的价值相对主义特质，使得治理实际上成为一种缺乏理想图景的，头痛医头、脚痛医脚的问题应对式策略行为，而缺乏价值与目标上的整体性和方向性。这样的分散逻辑，既加大了社会的异质性，从而增加了对于公共问题的治理难度，同时也可能因缺乏对于治理主体的总体性协调，而造成治理过程的重复与资源浪费。与之相反，在中国的治理理论与实践中，其虽然也吸收了治理理论所蕴含的价值多元的内核，但这种价值多元，是一种以核心价值认同为基础的价值多元。在治理实践中对社会主义核心价值观的强调、对社会主义共同理想图景的遵循与信仰，使治理实践具有了明确的方向性；同时，其也确保了治理实践中价值的体系性与整合性，有效提升了价值的凝聚力和资源的整合力。不难看出，经由对治理的宏观价值导向的重新定位，中国式治理实现了治理理论与西方式自由主义取向之间的剥离，促进了治理作为一种工具与社会主义制度之间的良性嫁接。

再次，对治理理解的泛化倾向。西方治理的特定意义在于对主体多元化的强调，其实质在于通过不同主体的协作，来实现对公共问题的共同解决。可见，在西方社会中，治理理论是对传统公共行政理念的革新，是一种特定的公共问题解决方案。而在中国的公共行政领域中，除在治理理论引入初期更多地遵循了西方原初的外延设定来对治理概念进行把握之外，近些年来，无论是在理论领域还是实践领域，对于治理的理解都呈现出相对泛化的倾向。这种泛化倾向主要表现为，不管是传统的以政府为中心的行政、还是由社会不同主体所引导和展开的各种管理实践，都被称为治理，并形成了政府治理、社会治理、基层治理、企业治理等多重概念组合。这些概念组合虽然并未否定西方原初意义上的主体多元性意蕴，但同时也植入了一些本土性的内涵。以"政府治理"概念为例，其既可能意味着一种以政府为中心的管理，也可能意味着一种以政府为中心的、其他主体共同参与的协作式治理，依情境不同，其可以有不同的解释。在前一意义上，"治理"实际上等同于"管理"，而在后一意义上，则又偏向于西方原初意义上的"治理"（Governance）。但无论是哪种解释，"政府治理"概念组合中的政府更多的是带有主动性色彩的，即以政府为基础来"治理某某"。而在"社会治理"概念中，其表征的实际上是"对社会的治理"，即通过不同主体（也可能是社会自身）的共同作用，来实现对社会秩序的维护，其中"社会"更多的是被治理的对象。在"基层治理"这一概念组合中，其既指对党和政府管理体制之基础层级的管理和约束（即基层机构的自我治理），在这一层面上，其与传统的科层制行政体制是相统一的，同时，其也指代对社区、村落等社会基本单元中的个体或社会性组织的治理，这一层面的治理，也是本土意义上的"社会治理"概念的核心所指。可见，中国情境中对治理的理解，是对西方原初意涵与中国式特殊意涵的综合，这种综合使得中国的治理概念相对于西方而言更具包容性和广泛性，但其也使得中国意义上的治理概念的理论特质、独特性和理论界域不如在西方语境中那样明显。

（三）新公共服务理论及其本土借鉴

在西方语境中，新公共服务理论的发展，是基于对新公共管理的管理主义倾向的反思而展开的，其目的在于重新梳理公共管理实践中的价值因素，并以人的社会性特质为基础来推进公共行政的理论建构。总体来看，新公共服务理论的主要特质在于三个方面。其一，将政府的角色定位为服务者与协调者。新公共服务理论认为，政府角色应从议程控制转变为议程安排，即"使相关各方坐到一起，为促进公共问题的协商解决提供便利。在这样一个公民积极参与的社会中，公共官员将要扮演的角色越来越不是服务的直接供给者，而是调停者、中介人甚至裁判员。而这些新角色所需要的不是管理控制的老办法，而是做中介、协商以及解决冲突的新技巧"①。其二，强调公共利益、民主、服务等核心价值。新公共服务理论强调政府应积极促成公民之间的对话与利益表达，"鼓励公民采取一致的行动，而不应该仅仅通过促成妥协而简单地回应不同的利益需求"②。民主是公共意见收集的前提，也是公共利益达成的基础；只有在达致对公共利益准确把握的基础上，政府的服务才能更具针对性、更有效率。其三，强调公民身份与公民权。针对新公共管理的顾客隐喻，新公共服务理论指出"政府不应该首先或者仅仅关注'顾客'自私的短期利益，相反，扮演着公民角色的人必须关心更大的社区，必须对一些超越短期利益的事务承担义务，必须愿意为他们的邻里和社区所发生的事情承担个人责任。换言之，政府必须关注公民的需要和利益"③。不难看出，新公共服务理论具有明显的社群主义导向，其对自由主义的原子式个体假设提出了批评，主张政府在推进公共空间的构建、提升公民的行政参与、鼓励公民的公共精神方面有所作为。

新公共服务理论提出之后，经由丁煌等学者的引荐，在国内产生了

<hr>

① [美]珍尼特·V.登哈特、罗伯特·B.登哈特：《新公共服务：服务，而不是掌舵》，中国人民大学出版社2004年版，第7页。
② [美]珍尼特·V.登哈特、罗伯特·B.登哈特：《新公共服务：服务，而不是掌舵》，中国人民大学出版社2004年版，第7页。
③ [美]珍尼特·V.登哈特、罗伯特·B.登哈特：《新公共服务：服务，而不是掌舵》，中国人民大学出版社2004年版，第8页。

较大的影响。与其他理论不同的是，新公共服务理论在国内的传播具有明显的佐证性特质。这种佐证性特质的产生，主要基于如下两个方面的事实：一是中国公共行政的价值特性。在中国的行政体系中，"服务"一直是中国共产党领导下的中国公共行政实践的根本目标与核心价值追求，而源自西方的新公共服务理论以一种较为系统的理论形式对服务的内涵及其原由等进行了阐述，为服务型行政实践的展开提供了较好的理论参考。因此，从价值层面上看，新公共服务理论的引入，并不是要输入一种新的价值理念，而是要引入一种佐证服务价值之必要性的新视角，从而进一步强化服务价值的合理性。从这个意义上说，新公共服务理论的最大价值之一在于其提供了一种社群主义式的思维逻辑，从而凸显了公民责任、公民参与、重视人和重视公民权等政府服务的基本维度，这些维度与中国所倡导的集体主义、公共利益、以人为本思维等是存在着嫁接空间的。二是中国公共服务的理论与实践在当时已有所进展。在新公共服务理论被引荐到国内之前，中国在公共服务供给及服务型政府建设方面的理论与实践即已展开。在理论上，"公共服务"概念早在 20 世纪 90 年代初就已受到一些学者的关注，而在实践中，服务型政府的建设实践在 2000 年前后就已在一些地方政府中展开。可以说，服务型政府的构建与公共服务供给质量的提升，在新公共服务理论得以正式引入时已经成为国内学界与实践领域关注的重点。21 世纪初期，学者们纷纷试图对服务型政府的内涵进行界定，但又莫衷一是，新公共服务理论的提出，一定程度上为服务型政府的理论研究与实践发展提供了思路。

基于价值上的相对一致，新公共服务理论在国内的传播过程中并没有被过多地剪裁，其本土化的进程，更多的是通过理论的充实、发展与应用性转化而实现的。这种充实、发展与应用性转化的可能表现，大体集中在以下三个方面：一是充实服务的具体内涵。在服务的具体所指上，西方新公共服务理论主要关注的是如何为公民的有序参与提供便利，其强调政府要扮演协调者和居间人角色，提供议程安排、公民领袖培养、公民参与引导等服务；而中国的公共服务理论与实践则更强调"公仆"化的公职人员身份设定，强调政府要基于其公共性的价值设定、以政府的资源供给能力为限，为社会提供全方位、体系化的服务供给。相对而言，中国所关注的服务更为多元化、系统化。二是价值层面的充实。在西方新公共服务理论的视域中，民主参与、人本、服务等是其核心价值指向，而在中国的公共服务理论研究与实践中，除上述价值之外，效率、公平、可持续等价值也得到了高度的重视。① 在此基础上，推进公共服务均等化、构建公共服务均等化的评价指标体系等一系列话语和实践，亦得到了广泛的认同和强调。三是应用层面的扩展。从理论形态来看，西方的新公共服务理论更多的是一种宏观层面的哲学理论，其专注点在于价值的构建与理念的重新塑造。而中国虽然对于新公共服务的理论逻辑也给予了充分的重视，但其更关注的是这一理论在不同领域中的具体应用，如在和谐社会构建中的应用②、在绩效评估体系构建中的应用③、在公务员激励方面的应用④，等等。新公共服务理论在中国实践中的应用性、实操性转化，弱化了西方新公共服务理论的抽象性、哲学性色彩，为现实的公共服务供给实践提供了更为有效的参考。

---

① 西方新公共服务理论对效率的忽视，也成为本土批判和反思新公共服务理论之内在缺陷的重点所在。参见熊烨、褚艳：《新公共服务理论：反思与批判》，《河北科技大学学报（社会科学版）》2013 年第 3 期。

② 彭未名、王乐夫：《新公共服务理论对构建和谐社会的启示》，《中国行政管理》2007 年第 3 期。

③ 江易华：《新公共服务理论对建立政府绩效评估体系的启示》，《广西社会科学》2007 年第 1 期。

④ 王颖：《新公共服务理论视野下公务员角色重塑》，《社会科学辑刊》2006 年第 4 期。

二、西方行政理论本土转化的内在逻辑

西方行政学的本土转化，从其内在逻辑上看，大体可归结为三种类型，即实践性逻辑、价值相合逻辑、创造性转化逻辑。其中，实践性逻辑表征着西方行政理论的本土转化，是立基于其对中国行政实践具有较好的指导功能这一目的而展开的；价值相合逻辑表征着西方理论的价值与中国行政价值的契合性，是理论能否实现引进与转化的关键；而创造性转化逻辑则表征着理论的中国化创新与发展，是理论借鉴过程中所必须关注和思考的核心问题。

（一）实践性逻辑

在实践哲学的视域中，理论作为一种认知形式，与实践之间存在两重关系：其一，实践与认识都既有其普遍性维度，也有其特殊性维度。实践的普遍性主要表现为实践本身要受事物自身发展内在规律的制约，这种内在规律具有普遍的规范性作用；而认识的普遍性，则在于其一旦准确反映事物发展的内在规律，就会具有相对普遍的指导意义。实践的特殊性表征的是在不同的时空环境中所存在的实践的形式、过程、方法、逻辑的差异性；而认识的特殊性，则一方面由实践的特殊性所决定，另一方面由人们观察的视角与认知能力等所决定。对于行政理论与行政哲学而言，实践与认识的普遍性和一般性，决定了不同理论之间的借鉴是可能的；而实践与认识的特殊性，则要求我们在对行政理论与行政哲学进行借鉴时，必须对其可能存在的理论与实践后果进行审慎的反思。二是实践与认识的目的性。认识的目的是为了指导实践、推动实践的发展。在这个意义上，理论与认识对于实践的有用性及其指导意义，成为认识是否合理的重要评价标准。理论与认识只有能够助推实践的正向发展，达致合目的性与合规律性的统一时，才是正确的，或者说，其才是有价值的。

实践与认识之间的上述关系，要求我们在推进行政理论与行政哲学的借鉴时，必须对异质文化体系中的理论进行剪裁，并对理论的有用性进行反思与衡量。我国对西方行政理论的借鉴，正体现了其实践性、目的性色彩，具体有两个方面的表现。

其一，西方行政理论的本土化进程，具有回应中国特殊实践的内在诉求。例如，在行政法治建设上，由于中国传统文化中缺乏社会权利保障意义上的法治思维，而马克思主义经典作家对于如何实现行政法治体系的有效构建又缺乏具体的、实操性的论述，由此，从西方引入一定的行政法治理念及相应的行政制度构建经验，是中国实现后发性知识超越、推进中国行政制度建设快速发展的重要路径。因此，在中国的行政法治建设过程中，无论是在理念层面，还是在具体制度层面，我国都部分地吸收和借鉴了西方的行政法治逻辑：如在理念层面上，2014 年发布的《中共中央关于全面推进依法治国若干重大问题的决定》（以下简称《决定》）指出，"行政机关要坚持法定职责必须为、法无授权不可为"，这与西方行政法治所倡导的"法无授权即禁止"逻辑存在着一定的相通性；而《决定》中"把公众参与、专家论证、风险评估、合法性审查、集体讨论决定确定为重大行政决策法定程序"① 等提法，则在一定程度上体现了对西方行政程序法制构建相关理论与经验的吸收。尽管如此，中国对西方行政法治体系建设理论与经验的吸收亦有其不可逾越的前提，那就是其必须与中国的制度体系、治理理念、宏观行政架构等相契合，必须与中国的人民代表大会制度、社会主义政党制度及其相应的政治—行政关系等的内在要求、运行逻辑相适应。这种契合和适应的达致，要求我们通过对理论与经验的科学剪裁，避开西方式行政法治中所内蕴的阶级属性和自由主义价值观，以防止理论借鉴的

---

① 《中共中央关于全面推进依法治国若干重大问题的决定》，《人民日报》2014 年 10 月 29 日。

风险。在这一理论引入与剪裁的进程中，中国的现实需要和中国实践本身的特殊性，是决定理论与经验是否需要被引入以及如何被引入的关键。

其二，中国行政领域对西方行政学的借鉴，明确体现了理论借鉴的目的性。这种目的性直观地体现为，中国对西方行政理论的借鉴主要是基于自身行政改革的需要而推进的。从逻辑上说，正是中国行政改革与发展实践的需要，才助推了西方行政理论的引入。例如，从改革开放以来的国务院机构改革实践来看，机构改革的实践最初于1982年便已大规模展开，随后历经数轮推进。在1982—1998年的历次改革中，国内行政学的理论发展虽然为改革的推进提供了重要支撑，但其也仍存在着诸多局限：如对职能与机构设置的内在联结性把握不够，导致了机构精简而职能却并未进行相应调整情况的存在，使得机构精简的成果无法得到有效稳固；在对职能主体的理解上，无论是在改革实践领域还是理论界，其主要的关注点都在于政府自身的结构及职能调整，而对职能的社会化转移关注不够，这种对职能转移主体的忽视，一定程度上阻碍了改革的顺利进行。进入21世纪以来，随着市场经济的快速发展、社会自我管理能力的增强及新公共管理理论、治理理论等的引入，使得机构改革所赖以为基的政府职能转移具备了民营化、非营利组织等技术选择和主体选择，从而使政府职能转移具备了更高的可行性，这为政府机构改革逐渐摆脱"精简—膨胀—再精简—再膨胀"的怪圈奠定了基础。可以说，西方行政理论的本土化过程，就是一个使西方的理论服从和服务于我国的政府职能转变与政府机构改革实践，使西方理论与中国话语、中国实践相结合的过程。这样一种基于实践需要而展开的理论本土化，遵循的是理论的实用性逻辑，其借鉴过程具有较强的目的性。

（二）价值相合逻辑

价值上的契合，是西方行政理论本土化的前提与基础。在理论的借鉴与融合过程中，所谓的价值相合，主要有两种表现形式：其一是基于价值中立而实现的价值相合。这种意义上的价值相合，导源于事物本身没有明显的价值偏向，或其本身涉及的便是一个"是"的问题，而不涉及"应当"层面的价值问题。其二是基于价值上的一致性而实现的价值相合。这一意义上的价值相合，意味着不同理论体系虽然都存在各自的价值诉求，但从价值诉求总的方向上看，其具有同向性或同一性。

西方行政理论的本土化过程，体现了价值相合的上述两种形式。一是通过摒弃西方行政理论中的价值性内容，仅专注于事实性内容而实现的价值相合。如在对新公共管理理论的借鉴中，正如前文所述，尽管我们对新公共管理的民营化等行政授权技术进行了充分的借鉴，但对于企业家政府的价值预设却并不涉及。这种去价值化的、选择性的借鉴，避免了因价值与意识形态问题而导致的自我封闭，促进了西方理论中的优秀成果为我所用。二是追求价值内容的共同性与一致性。中西方行政实践中存在着诸多共同的价值追求，如民主、公平、效率等。这种价值上的共同性，为西方行政理论的本土转化提供了基础。例如，西方的协商民主与交往行为理论所倡导的商谈合法化逻辑，与中国的政治协商民主理论与实践所倡导的民主价值内核之间存在着高度的契合性。这种价值上的契合使得西方的协商民主与交往行为理论一经提出便得到了中国的广泛认同与关注。以我国长期以来的人民政协协商民主实践为基础，参考西方的协商民主理论，中国提出了"社会主义协商民主制度"概念，确立了包括政党协商、人大协商、政府协商、政协协商、人民团体协商、基层协商等丰富内容在内的概念与实践体系，并广泛开展了协商行政的理论研究与实践运作。这些理论与实践体系无论是在内容的广度上、还是在制度设计与协商形式上，都与西方式的协商民主存在着较大的差异，彰显了鲜明的中国特色，也助推了中国相关理论与实践体系的发展。

（三）创造性转化逻辑

所谓创造性转化，即以西方的行政理论为基础，结合中国的实际进行理论的再创造与再革新。在知识生产过程中，再创造与再革新主要包括如下三种形式，即理论的扩充式理解、理论的压缩式理解、理论的转化性理解。所谓理论的扩充式理解，即以西方的理论或概念为基础，在承继其原有理论构成和精髓的同时，扩充概念的内涵与外延；理论的压缩式理解，主要表征为对理论的内容进行剪裁，仅吸收其中合理的、有价值的部分；而所谓理论的转化性理解，则强调仅参考西方理论的部分意涵或技术性策略，而对其实质内容和话语等进行完全的再创造。

西方行政理论的本土化过程，也采用了上述三种形式。就理论的扩充式理解而言，前文谈及的新公共管理及治理理论中都存在其典型表现。关于理论的压缩式理解，前文所探讨的弃置新公共管理的价值内涵而仅关注其技术性因素，以及在对西方行政法治进行借鉴的过程中仅吸收其与社会主义行政法治实践相契合的部分内容中都有其典型表现。在转化性理解方面，西方的整体性政府与无缝隙政府理论在中国的引荐和应用就具有一定的典型性。整体性政府与无缝隙政府都是西方社会基于互联网的迅速发展而提出的理论体系，其目的是打破部门之间的壁垒，实现政府部门的再造，推进服务供给的无缝隙化。而在中国语境中，这种整体性政府与无缝隙政府模式无论是在话语表述上还是具体实践上，都进行了创造性转化。如近年来各地政务服务中心所推行的"一门式办理""一站式服务"等模式，其在流程上倡导"前台综合受理、后台分类审批、综合窗口出件"，一定程度上体现了整体性政府理论的精髓，但其话语表述和运作逻辑则更多的是中国化的。在浙江等地，基于互联网和治理技术的发展，整体性治理逻辑率先被转化成了"最多跑一次"改革实践，其以"整体性数字政府建设"等为基础，以数据"跑路"的形式代替了人力或可行的审批流程，提升了办事效率。① 再如，2018 年启动的新一轮国家机构改革，强调了"坚持优化协同高效"的改革原则，提出要"优化党和国家机构设置和职能配置，坚持一类事项原则上由一个部门统筹、一件事情原则上由一个部门负责，加强相关机构配合联动，避免政出多门、责任不明、推诿扯皮"②，一定程度上也体现了整体性政府理念的意蕴，其所突出的"协同""统筹""联动"等治理话语和原则，具有鲜明的中国特色；而其所主张的"正确理解和落实党政职责分工，理顺党政机构职责关系""形成统一高效的领导体制，保证党实施集中统一领导，保证其他机构协同联动、高效运行""统筹党政军群机构改革"等改革话语，则对西方式的整体性治理原则进行了外延上的扩充，这种扩充，对于中国在治理实践中实现党的有效领导、确保治理的正确方向、促进各类治理资源的有效整合等，都有着重要的作用。

三、关于中国特色行政哲学发展的进一步反思

在全球化成为一种不可逆转趋势的今天，国际间的理论交流、融合与互鉴，是实现全球行政理论与实践进一步完善与发展的重要路径。在过往的行政理论与实践发展进程中，中西方行政理论的交融、对西方理论多种形式的引入、借鉴与转化，有效打破了制度、文化间的屏障，促进了西方理论与中国体制、文化、实践逻辑、惯习等之间的良性嫁接，极大地促进了行政学理论的国际交流与全球行政知识的总体性增长。在全球化的时代背景下，这种理论与实践的交融、交流和互鉴，在今后一段时间内，都

---

① 翁列恩：《深化"最多跑一次"改革 构建整体性政府服务模式》，《中国行政管理》2019 年第 6 期。

② 《中共中央关于深化党和国家机构改革的决定》，《人民日报》2018 年 3 月 5 日。

将是一种不可逆转的潮流与趋势。但需要指出的是，无论是在过去还是将来，中西方行政理论的交融与转化、中国对于西方理论的借鉴过程都不是复制型的，而是转化型、提升型的。

以上我们从宏观视角探讨了中国行政理论与实践领域对于西方行政理论的吸收与转化逻辑。具体到行政哲学这一具体领域而言，这种吸收和转化可能会较以上所描述的一般性过程要更复杂一些。这主要是因为，西方学界对于行政哲学的总体关注度并不高，其理论体系的构建也尚不完备，这导致了直接的理论交融、借鉴和转化并不具有现实的可操作性。这就要求我们在吸收和借鉴西方现有的关于行政哲学、行政文化、行政伦理等研究成果的同时，也要注重从西方的哲学、政治哲学、伦理学等学科中吸取营养。这样的借鉴过程，要求我们基于跨学科的视角，对西方哲学思想的具体内容、发展脉络、内在根基与社会和学术影响等进行消化和吸收，在此基础上，再对其于中国公共行政理论与实践的借鉴价值进行反思。西方哲学与政治哲学思想体系的发展相对是较为成熟的，其内容十分庞杂，可挖掘、反思和借鉴的地方也很多，如以柏拉图、亚里士多德等为代表的古希腊政治理性主义者所持守的温和理性主义的态度及其思维逻辑，对于当代中国行政理性的构建具有较好的参考意义；西方传统自然法理论所强调的自然法关于现实行政实践的一般性、终极性规范意义，对于中国行政法治及行政德性规范体系的构建等，具有一定的参考价值；此外，西方的现象学、存在主义、女权主义、后现代主义等，都具有观察和思考生活世界、人类社会的独特视角，其对于中国特色行政哲学的构建，都能产生方法与思维上的良好启发。因此，有必要深入挖掘这些哲学思想对于中国特色行政哲学构建的内在意义，将其与中国的理论与实践进行有效的融合与嫁接，在原有的理论基础上进行合理的加工、提升、发展，使其成为中国行政哲学实现理论构建与提升的有效工具，也使其成为人类行政知识增长与行政认知完善的理论来源。

第三节 中国特色行政哲学的自我生成及其反思

中国特色行政哲学的生成，是以对中国特色行政实践的理论抽象为前提，以对中国内生性行政理论的反思及创造为基础的。因此，对实践中的行政现象进行理论化的总结与提炼，挖掘其内在的规律与逻辑，使其由个别上升到一般；或以一定的理论前设为基础，进行合理的逻辑演绎、再组合与再革新，形成新的理论形态，促进理论对实践的指导，是中国特色行政哲学构设、创新的两条基本路径。中国行政理论与行政实践的悠久历史和不断演进，为中国特色行政哲学的构建提供了丰富的思想资源。对于行政哲学而言，只有注重从传统实践中挖掘资源，并从现代实践中抽象理论，只有注重吸收传统及当代的行政理论成果，注重推进理论的进一步组合、运用与深化，才能有效提升当代行政理论与行政哲学的理论深度、确保当代行政理论与行政哲学的中国特质。

本节将从传统行政哲学的现代转化及现代行政哲学的自我构设两个维度出发，对中国特色行政哲学的理论抽象与构建过程进行总结与反思。

一、传统行政哲学的现代转化

行政理论与实践的发展，不能忽视传统因素的结构性影响。传统行政理论与行政实践，为当代中国行政哲学的构建提供了思维范式、文化基因、经验基础和理论来源，是当代中国行政哲学发展的重要根基。在中国传统中，无论是在理论层面还是实践层面上，都有着丰厚的资源，对这些资源的挖掘，有助于凸显理论的中国特质，并促进新的行政理论视域不断开拓。鉴于此，对于中国传统理论与实践的深度考察与探究，也成为国内外诸多学者关注的重要方面，相关成果极为丰富。具体而言，目前的相关研究，主要形成了如下两种基本思路。

（一）"返本开新"思路

在行政哲学的视域中，所谓"返本开新"，即从传统行政理论与行政哲学中挖掘资源，为现代行政理论与行政哲学的构建提供理论论证和合法性支撑。返本开新的学术理路，最初主要由现代新儒家所提出和持守。[①] 在新儒家那里，返本开新的根本目的在于"开新"，其基本前设在于对传统与现代之间的内在相通性的体认。这种相通性意味着，现代的一些价值追求与思维逻辑，可以从传统中找到依据。在新儒家的视域中，对传统与现代之间相通性的证明，及从传统中寻找现代价值与现代思维之依据的做法，一方面有助于挖掘传统观念中的现代性，从而为传统之存续提供合法性证明；另一方面，也能为现代社会的思想转型提供文化支持，在逻辑上使一些现代观念成为内生性的、而非外源性的。

本质上，返本开新是一种"旧瓶装新酒"的做法，这是新儒家区别于一般性儒学研究者的重要标志。例如，冯友兰的新理学就是以"旧瓶装新酒"为主要特质的。"这个'旧瓶'就是理学家所使用的名言或曰概念，如道、理、气、太极等，而'新酒'是柏拉图、新实在论、道家、玄学、禅宗、唯物史观。"[②] 在冯友兰的视域中，"理"是一个可以与中、西、马等理论相互融通的概念，具有广泛的延续性和理论承接性。余英时也认

---

① 从传统的学科分类上看，目前新儒家的多数研究成果并不是从行政学的视角出发的，但其思维方式、思想进路与具体观点等，也为中国行政理论与行政哲学的构建提供了重要的思维启发与理论借鉴。

② 颜炳罡：《泛化与界域：论当代新儒家的定性与定位》，《求是学刊》2001年第2期。

为，传统儒学资源对于现代社会具有重要的借鉴意义。在"内圣"与"外王"的概念中，余英时更关注的是"外王"，即形而下的实践领域。"余先生梳理明清儒学'形而下'方面的思想资料，揭示出儒家'形而下'的思想正在朝着中国本土的'现代性'的方面移动，从而提醒我们：中国近代的变化并不是完全由西方挑战所激起的，而是有着中国历史发展的内在动力的作用。"① 余英时先生明确指出，"儒学的批判是从内部开始的。不仅晚清如此，'五四'初期也是如此"②。蒋庆与姚中秋等对传统儒学的关注，则更侧重于儒学的政治方面。蒋庆推进了新儒学的政治转向，并对儒学在现代政治与行政体系中的内嵌提出了一系列具体的建议，进行了一种理想层面的设想。姚中秋则主张积极解读传统经典，并探究传统思想在现代社会中运用、践行的路径。其出版了《儒家式现代秩序》及《华夏治理秩序史》（卷一、卷二）等，试图通过对传统经典文本的梳理，来挖掘传统思想的现代治理意义。

总体来看，新儒家的返本开新思路为中国特色行政哲学的构建提供了重要的借鉴。这种借鉴主要表现在：其一，其为中国行政哲学对传统思想的挖掘提供了一种新的视角，即关注传统与现代之间的沟通、融汇，关注行政文化与行政哲学的延续性，并使传统行政理论与行政哲学成为现代行政理论与行政哲学构建、论证的有效工具。其二，其既强调了对传统理论的深度解读，也关注和重视中西方思想之间的汇通。总体来看，一方面，新儒家对中国传统理论的深度解读，为中国行政哲学对传统思想的深度理解提供了重要的思想资源和理论启示，同时，其也为中国行政哲学打破思维束缚、推进传统思想的理论创新提供了思路；另一方面，新儒家的

① 孙勇才：《道不同不相为谋：论余英时与现代新儒家》，《河南师范大学学报（哲学社会科学版）》2005 年第 2 期。

② 余英时：《现代儒学论》，上海人民出版社 1998 年版，第 2 页。

中西汇通视角，也为中西方行政哲学开展有效的比较与互鉴，提供了重要的理论启示。

但是，新儒家的学术理路，也存在着一些问题，在推进中国行政哲学构建的过程中，必须加以重视、进行有效的规避。首先，新儒家在推进"返本开新"的过程中，对"新"的过度重视，使其对传统思想的解读可能存在着一定的偏误，其所着力推进的传统与现代的关联，也可能存在一定的牵强性。由于新儒家的目的是沟通传统与现代，并从传统中寻求现代性的因素，因而其最终落脚点在于"新"。但是，对"新"的重视，也使其往往忽视了传统行政理念的原始意蕴，其对传统理论的过度剪裁与重新诠释，使理论自身的逻辑自洽性和说服力受到了影响。因此，对于中国特色行政哲学的构建来说，如何在挖掘传统资源，注重古今、中西融汇的同时，又适度区分什么是旧、什么是新，适度区分原生性与衍生性内容，或有助于在保持传统行政哲学思想之开放性的同时，避免对传统思想的误解式解读。其次，新儒家所谓的"开新"，实际上更多的是对西方理念的适配，在理念上仍然是以传统与现代、落后与先进的价值二分为基本前提的。在一些新儒家学者那里，西方代表的是先进、是一种需要赶超与模仿的目标；在思想层面上，对中国传统思想进行注解的目的，也是要使其通过思想剪裁而实现与西方思想的契合。这样的做法，表面上看是理论与文化自信的体现，但实际上却是一种理论与文化的不自信。因此，我们必须看到，中国的传统行政思想与行政哲学尽管并非完美无缺，但也有其自身的运行逻辑和内在意义，这种逻辑自洽性与"意义自证性"意味着，中国的文化与哲学尽管具有与其他文化与思想体系进行比较的必要，但却并不需要经由其与西方文化与哲学之间的趋同性，来证明自身的合法性和价值。因此，在中国特色行政哲学的构建过程中，对传统行政理论与行政哲学的借鉴，必须避免刻意追求与西方价值之间的同一性，或以这种同一性的高低来评价和证明自身的理论价值之大小的倾向，而要切实从传统行政理论与行政哲学自身的内在逻辑进路与价值取向出发，进行理论的提炼与提升。只有这样，才能真正挖掘和凸显传统行政理论与行政哲学的内生性价值，并提升中国特色行政理论与行政哲学的世界性、一般性和超前性。

（二）传统行政理论与行政哲学挖掘思路

秉持这一思路的学者，主要致力于对传统行政理论与行政哲学的核心内容进行梳理与总结，并反思其对于当代行政实践所可能存在的借鉴意义。针对繁杂的传统行政理论资源，其多采用诠释性的方法，试图还原传统行政理论与行政哲学的本来面目，进而为现代行政理论与实践的发展提供思维启发和理论支持。具体来看，其大体类型及核心观点包含如下三个方面。一是对传统行政理论与行政哲学的总体性梳理与探究。如朱仁显主编的《中国传统行政思想》一书，以历史人物为基础，对从先秦到清代的传统行政思想进行了较为全面的梳理，其中就包含了对传统行政哲学思想的考察。例如，其梳理了《尚书》的治理思想，指出《尚书》具有"尚道重民"的思想特质；其将《老子》的行政思想归结为"无为而治"的治国纲领、"小国寡民"的组织模式、"圣人无为"的领导思想等，较好地还原了老子行政思想的核心内容；其将孔子的德性行政思想归结为"道之以德，齐之以礼"，指出了其"为政以德""以礼治国"的双重内涵。[①] 高振杨、刘祖云将中国传统行政伦理的范畴概括为三个方面，即"德治"是中国传统行政伦理的主脉、"仁政"与"礼治"是中国传统行政伦理的双旋结构、"忠勤廉诚"是中国传统行政伦理的多维规范。[②] 同时，其将中国传统行政伦理思想的内核概括为四个方面，即无为而治是道家行政管理

① 朱仁显主编：《中国传统行政思想》，福建人民出版社 2002 年版。
② 高振杨、刘祖云：《中国传统行政伦理：范畴展开、学理基础与形下落实》，《上海行政学院学报》2010 年第 2 期。

的"一种精神",既仁且礼是儒家行政"两手措施","法""术""势"是法家行政管理的"三剑齐发","兼爱""非攻""尚同""尚贤"是墨家的"四维诉求"。① 二是以具体论题为基础,对传统行政理论与行政哲学思想进行梳理。如唐凯麟、龙兴海将儒家官德思想的"合理内核"概括为以民为本思想,"致公无私"思想,立身惟正、处事公正思想,事"上"有度思想,修身养廉思想等,并认为这些思想"作为一种在一定程度上溶入了民族道德精神乃至民族性格的传统行政伦理资源",对于当今中国的公务员行政道德建设具有重要的借鉴价值。② 李维香对先秦道家的行政伦理进行了探讨,其将道家的行政伦理总结为三个方面,即"无为而无不为"的行政伦理境界,"以慈为怀""谦下不争"的行政伦理规范,省刑罚、轻赋税、去礼文、宽政务等行政伦理实现路径三个方面。③ 曹胜高从王道学说的视角,论述了周秦儒学的行政意识问题,他指出,"如果说两周诸子的王道说是以恢复'先王之道'为期许,周秦诸子所理解的'王道',则更侧重于以实现外王之道为要求。先王之道指向历史,而外王之道则指向实践"④。三是挖掘传统行政思想的现代价值。如郭小聪、琚挺挺指出,儒家传统文化中的"治道"思想,对于中国国家治理体系与治理能力现代化的推进具有重要的启示,主要表现在"仁政"理想为现代国家治理体系和治理能力现代化提供了价值基础;"德治"精神是现代国家治理能力提升的根源;"复性"功夫为现代公共治理者的培养提供了思路等方面。⑤ 李熠煜

① 高振杨、刘祖云:《中国传统行政伦理思想的历史发端》,《学习论坛》2010年第5期。
② 唐凯麟、龙兴海:《现代理性视野中的传统行政伦理观——儒家官德思想的合理内核及其价值》,《求索》2004年第7期。
③ 李维香:《先秦道家的行政伦理诉求》,《管子学刊》2013年第4期。
④ 曹胜高:《王制论与周秦儒学的行政意识》,《商丘师范学院学报》2015年第11期。
⑤ 郭小聪、琚挺挺:《论儒家传统文化的"治道"思想及其现代意义》,《中山大学学报(社会科学版)》2014年第5期。

指出，道治作为《道德经》的核心，其对行政管理的启示在于，道治是人法自然之治，其昭示了行政实践顺应自然规律的必要性；道治反对礼治与人治，有益于依法行政实践的推行等。①

　　学界对传统行政理论与行政哲学的挖掘，为现代行政理论与行政哲学的充实提供了重要基础，也为现代行政理论与行政哲学的进一步发展提供了重要参考。但其存在的问题在于：首先，其理论的创新性和学术增量存在欠缺。如前所述，这一视角的研究主要是诠释性、整理性的，诠释和整理的过程虽然可以产生新知，但就目前国内的相关研究而言，其对于知识增量的贡献却仍十分有限。这主要表现在，一方面，目前相关研究主要偏重的是思想与史料的腾挪式整理，而对传统思想的发展逻辑、内在规律的抽象不够，限制了知识增量的产生；另一方面，目前学界对传统行政理论的诠释，很多仍只是一种"文转白"式的古文翻译，而缺少对新的行政概念体系的提炼与建构，这限制了相关研究对于现代行政理论与行政实践的启示与借鉴意义。其次，其理论深度和论题的延展性不够。就目前的中国传统行政理论与行政哲学研究来看，其思维视域仍相对较为局限。例如，没有对传统行政思想研究本身所涉及的一系列宏观性、基础性问题进行深度反思，比如，相关研究究竟应基于何种立场和视角而展开？是站在现代的立场还是站在传统的立场来研究传统的行政理论与行政哲学？不同的立场，无疑会影响理论研究的过程及相关结论。此外，对于传统行政理论与行政哲学的诠释，究竟应采取什么路径？是进行字里行间式的阅读、挖掘其隐微之义，还是关注古典文献的显白意义？在对思想史的关注上，究竟是寻求历史的客观性和科学性，还是适度地设定某种价值前设，从传统思想中去寻求历史的佐证，使行政思想与行政哲学研究带上研

_____

① 李熠煜：《论道治——〈道德经〉对行政管理的启示》，《湘潭大学学报（哲学社会科学版)》1999 年第 1 期。

究者自身的价值取向？对这些问题的回答，或有助于我们打开思维视野，从而拓展传统行政思想与行政哲学研究的眼界。但就目前来看，这样的深度研究仍然十分欠缺，限制了传统行政思想研究成果的借鉴价值与实践指导意义。

二、当代中国行政哲学的自我创新与自我建构

中国特色行政哲学的发展与构建，除需对传统行政实践与行政理论进行深入挖掘与探究外，也需对当代行政理论与实践进行行政哲学层面的抽象、提炼、阐释、创造、革新。一些学者在这方面也进行了诸多努力与尝试，为中国行政理论与行政哲学的充实提供了一定的基础。

（一）对中国行政发展规律与行政理想图景的逻辑演绎

从经济基础与上层建筑的关系视域来看，行政实践及相应的行政理论本质上属于上层建筑的范畴，作为一种上层建筑，其发展与演进取决于社会的经济基础或生产力发展水平。因此，根据经济基础或生产力发展水平来对社会的基本形态进行把握，并根据社会的基本形态来推导行政实践的模式及发展规律，成为构建行政理想图景的重要思路。张康之认为，从社会发展历程来看，人类社会的发展主要可划分为农业社会、工业社会、后工业社会三种形态，在上层建筑层面上，人类的行政实践可以用统治型行政、管理型行政、服务型行政来与之对应。[1] 张康之的落脚点在于后工业社会及与之相对应的服务型行政，认为后工业化是中国实现现代化赶超的机遇。"对中国来说，后工业化应当成为我们的机遇，由于我们所背负的管理行政模式之包袱尚不沉重，恰是轻装上阵之时。中国政府提出服务

---

[1] 张康之：《全球化、后工业化背景下的行政学主题（一）》，《南京工业大学学报（社会科学版）》2011 年第 2 期。

型政府建设是一个具有现实性和科学性的伟大历史目标，如果能够在服务型政府建构的道路上取得积极进展，也就会在下一阶段走向一个更高的目标，那就是确立起服务行政模式建构的目标。"① 应该说，将生产力发展水平、社会发展形态与行政发展形态相对应的做法，看到了社会历史过程进步的必然性与行政实践演进与发展的必然性，并看到了社会历史发展的自然性及行政发展形态的自然性，具有强烈的历史唯物主义色彩，有较强的理论借鉴意义。这种基于历史唯物主义视角的论证，也为中国的服务型政府建设提供了良好的逻辑证明。但是，由于张康之的总体目标在于探寻一种行政发展的一般性理论，因此，在行政话语和概念建构与运用方面，其并未突出本土行政话语体系与一般性行政话语的区别，导致其理论的本土特色不够明显。

在理想图景的构建上，党的十八届三中全会提出，推进国家治理体系和治理能力现代化是全面深化改革的总目标之一。在党的十九届四中全会上，党中央通过了《中共中央关于坚持和完善中国特色社会主义制度 推进国家治理体系和治理能力现代化若干重大问题的决定》，分析了中国国家制度和国家治理体系的显著优势，指出坚持和完善中国特色社会主义制度、推进国家治理体系和治理能力现代化的总体目标是：到我们党成立一百年时，在各方面制度更加成熟更加定型上取得明显成效；到2035年，各方面制度更加完善，基本实现国家治理体系和治理能力现代化；到新中国成立一百年时，全面实现国家治理体系和治理能力现代化，使中国特色社会主义制度更加巩固、优越性充分展现。这种国家层面的改革动员与理想图景宣誓，为政治与行政学界的理论研究提供了良好的视野。高小平认为，"'治理'是哲学的命题，是思维与存在围绕着有序性的矛盾运动

---

① 张康之：《全球化、后工业化背景下的行政学主题（二）》，《南京工业大学学报（社会科学版）》2011 年第 3 期。

过程。'治理'又是一个属于历史的范畴"，"当下公共领域的实践和现代政治学、行政学等研究将治理拓展为一个内容丰富、包容性很强的概念，重点是强调多元主体管理，民主、参与式、互动式管理，而不是单一主体管理"。基于对"治理"的上述理解，高小平认为现代化的行政逻辑，具有"四个统一、三个结合"的特质，其中，"四个统一"即党和政府的领导与多元主体参与公共事务管理的统一、法治与德治的统一、管理与服务的统一、常态管理与非常态管理的统一；"三个结合"即坚持解放思想、解放和发展社会生产力、解放和增强社会活力相结合，坚持顶层设计与摸着石头过河相结合、推进治理制度创新，坚持发挥市场和社会在资源配置中的决定性作用与更好发挥政府作用相结合、推进治理方式创新。① 杨冠琼、刘雯雯认为，国家治理体系与能力现代化本质上是国家治理体系与其面临的公共问题之间不断契合的过程。任何社会面临的公共问题，都具有"社会和文化嵌入性""时空依赖性""知识、理性和技术依赖性"，从本体论上说，其都是"结构不良的问题"或"奇异问题"。因此，当代公共问题的复杂动态性可分解为"多重嵌入性""动态演化性""宏观涌现性""主观建构性""自组织临界性""不确定性"等六个方面的特征。要有效应对具有复杂动态性的当代公共问题，必须转换和重构关于公共问题性质、特征及化解这类问题方式途径的心智模式。② 范逢春认为，从理念层面而言，国家治理现代化就是要进行价值重构，这种价值重构包含价值目标、价值尺度及价值取向的重构。"在价值目标层面，国家治理现代化是要建立合理的'公平—效率'关系，从根本上实现社会的公平正义；在价值尺度方

---

① 高小平：《国家治理体系与治理能力现代化的实现路径》，《中国行政管理》2014年第1期。

② 杨冠琼、刘雯雯：《公共问题与治理体系——国家治理体系与能力现代化的问题基础》，《中国行政管理》2014年第2期。

面，是要树立'民主、法治与科学'的政治现代化衡量标准；在价值取向层面，是要强调民生可持续发展、民权可持续改善和社会可持续稳定。"①彭洲飞认为，国家治理现代化的关键在于三个领域：一是现代性理念，包括科学、民主和法治，这是国家治理现代化的价值追求；二是辩证思维，即联系、系统和批判的思维，这是国家治理现代化的思维方式；三是文化思维，即立足中华优秀传统文化、吸纳先进文明，创新治理新文明。②

总体来看，由"国家治理体系与治理能力现代化"这一中国话语所提供的论域出发，无论是在政治学领域、还是在行政学领域，学者们都对其给予了高度的关注。治理现代化视域中的政治与行政理论研究，以对"治理""现代化"等概念元素的内涵界定为基点，试图立足于中国语境来构建具有本土特色的治理现代化体系，这样的思路，应该说已经开放出了一种构建中国式行政理想图景新的关注点。但在思维逻辑上，若要在"国家治理体系与治理能力现代化"的政治与价值引领下进一步推进理论与实践的良性互动，学界或仍须在如下两个方面进行更多的尝试与创新：其一，要更加关注原创性话语的构建。"治理体系与治理能力现代化"是中国的原创性话语、具有浓厚的本土色彩，但是，由于该话语所存在的广泛包容性，导致人们在对其内涵的阐释上存在着不少分异。目前，学界的关注点多在于"治理体系与治理能力现代化"所具有的政治价值与实践效应，而较少从宏观上关注其对于中国式政治与行政逻辑构建的意义，或较少从宏观层面上挖掘其本土意蕴与本土价值。这主要表现为，在对治理的理解和诠释上，国内学界主要仍然是从"governance"意义上展开的，即

---

① 范逢春：《国家治理现代化：逻辑意蕴、价值维度与实践向度》，《四川大学学报（哲学社会科学版）》2014 年第 4 期。

② 彭洲飞：《再探国家治理现代化——基于哲学视角的思考》，《新疆社科论坛》2017 年第 5 期。

强调的是治理主体的多元化和多中心化；在对现代化的理解上，主要强调的也是民主化、法治化、公平化、公共性等价值，而对中国个殊性的话语和价值关注不够。当然，我们并不是说这些概念或价值不符合治理现代化的特征，更不是说这些概念与价值理念不应该被强调，而是说在对相关议题的关注上，应该具有更高程度的本土理论自觉，在遵循"现代化"的一般标准的同时，更加着重提炼符合自身特色的个殊性标准。这种提炼，不应是基于理论的刻意创新而展开的，而应是因其能揭示人类治理逻辑发展的另一层面的内在规律而达致的理论上的必然。其二，摒弃落后和先进的二元思维，并将中国当成研究的内在起点。在对国家治理体系与治理能力现代化的理解上，一些学者仍然秉持着传统与现代的二元对立取向；在这种二元对立中，西方的民主政治与民主行政标准往往成为现代化的样板，而中国的行政理论与行政哲学则成为一种为实现西方式样板而可加以随意剪裁的工具性存在。这样的研究，由于其并没有真正将传统当成现代化的历史起点，也没有真正将中国的实践当成现代化研究的逻辑起点，因而很难达致真正促进中国特色行政理论与行政哲学构建的目的。因此，我们必须看到，所谓的现代化不是依据西方样板的现代化，而是根据中国治理实践、行政实践的自我发展逻辑而展开和推进的现代化，这种现代化的目的是使治理与行政实践符合经济、政治、文化、社会、生态发展的现实需要，使其顺应、引领时代的发展，它是中国社会自我发展的必然。在形态上，其依据的是中国特色的现代化逻辑并表现为中国式治理现代化的特殊形式。这一点，既是使行政理论发挥对行政现实指导意义的必然要求，也是构建中国特色社会主义哲学社会科学体系的必然要求。

（二）行政哲学理论视角与观点的自我创新

总体来看，近些年来，中国行政哲学研究在视角与观点创新方面取得了一定的进展，夯实了中国特色行政哲学的理论基础。例如，在对权力与权利的理解上，张康之提出了"公共行政拒绝权利"的命题，指出公共领域是一个权力的领域，公职人员在职业行为中对权利的追求，可能导致权利私利化，进而引发腐败风险。张康之主张，"对于公共行政来说，以往关于权利问题的一切规定都不再适用，只有责任才是行政人员的全部行政行为的基本内容"①。这种以在公共领域中拒斥权利意识而规避权力的负面效应、确保行政权力的公共性的思路，区分于西方自由主义与社群主义之间所展开的关于正当优先于公共善、抑或公共善优先于正当的争端，指出了公职人员因其职业身份的特殊性所导致的伦理选择的特殊性。不可否认，这为从伦理层面上构建中国特色行政秩序与行政话语提供了一种有益的思路。此外，张康之还针对西方新公共管理理论提出的以企业家精神来重塑政府的逻辑，提出了"公共的是非交换的"这一命题。张康之认为，以企业家精神来改造政府的变革，"仅仅表明公共部门中存在着一些不应当存在着的'私人'服务内容，改革应当把这些本来应当属于私人物品的因素还给私人领域"，"而一切属于公共范畴的都是不可交换的……这是一个铁的定律，违背了它，就意味着破坏了社会生活的健康"②。这一命题对于正确把握西方企业家政府改革逻辑的实质、对于在中国的公共行政实践中如何正确实现公与私的界分，具有一定的启发意义。

在中国特色行政哲学理论的构建上，何颖重点对中国式行政理念、行政作用、行政价值等议题提出了自身的见解。在行政理念问题上，何颖主张"中国的行政理念建构要采取一种理性的态度，在思想资源上，既要系统分析并吸收中国传统文化中的民本、善政、贵和、天人合一等有价值的行政理念，又要吸纳现代西方国家政府管理中的理性、规制、市场、服务等理念的科学成分，进而克服我国行政领域的'人治'、'官本位'、'人

---

① 张康之：《公共行政拒绝权利》，《江海学刊》2001 年第 4 期。
② 张康之：《公共行政中的哲学与伦理》，中国人民大学出版社 2004 年版，第 55 页。

身依附'、'任人唯亲'等封建的行政理念"。在行政作用问题上，何颖认为"在经济全球化背景下，在我国市场经济体制逐渐完善的条件下，在我国由农业社会向工业社会转型时期，我国行政要发挥强势、有限政府的作用。作为强势政府，就要发挥好政府在市场经济与社会转型中主导作用，做有为的政府、责任的政府、效能的政府、法制的政府、服务的政府；作为有限政府，就必须处理好政府与社会、政府与市场、政府与责任、政府与公正、政府与民主、政府与规制、政府与'客户'之间的关系"。在行政价值问题上，何颖认为，东西方政府不同的行政价值观使得东西方不同国家所走的行政发展道路完全不同，而"我国的行政价值问题应主要研究与解决公平与效率、制度与伦理、道义与功利、民主与法制等关系问题"[①]。

颜佳华等在中国特色行政哲学理论的推进上也做出了一些尝试性探索。例如，在《行政哲学研究》一书中，其提出了一个包括行政本质论、行政主体论、行政客体论、行政决策论、行政控制论、行政方法论、行政动力论、行政规律论、行政价值论在内的行政哲学研究框架[②]，在内容构设上，其融合了西方行政学基础理论、马克思主义哲学理论（例如，用马克思主义的矛盾论来理解行政动力问题；基于马克思主义对行政规律的理解，将行政规律阐释为"行政过程中内在的、本质的、必然的、稳定的、普遍的联系"[③] 等），结合了中国行政实践的现实需要，具有较强的本土特色。

（三）对行政实践的理论抽象与反思

从实践维度来看，对于一些契合中国行政生态、具有中国特色的创

---

① 何颖：《行政哲学的图景》，《中国行政管理》2008 年第 6 期。
② 颜佳华：《行政哲学研究》，湘潭大学出版社 2009 年版，第 7—10 页。
③ 颜佳华：《行政哲学研究》，湘潭大学出版社 2009 年版，第 9 页。

新性行政经验进行理论抽象、演绎与哲学性总结，或基于现有的哲学基础理论来反思现实的行政问题、为现实行政问题的解决提供哲学指导，是中国特色行政哲学理论建构得以立基的两条重要路径。但在理论抽象、总结维度上，目前有价值的成果主要仍集中于中观层面，而哲学宏观层面的探讨尚不深入。例如，在中国式行政话语建构与中国行政模式的提炼上，周黎安提出了"行政发包制"及"政治锦标赛"等概念，其将"行政发包制"用于描述和解释"中国的绝大多数公共服务，包括一些属于溢出效应比较广泛的公共服务，如医疗和社会保障、教育、环境治理等，都发包给了地方政府，尤其是基层政府，中央政府出资比例很低"，"一些具有地方公共产品性质的公共事务又受到中央政府的严格控制，比如，国家发改委是根据项目的投资金额大小决定审批权的层级分配，不管公共项目是否属于地方性质，只要投资金额足够大，审批权就属于国家发改委"的现象。① 而"政治锦标赛"则是指"上级政府对多个下级政府部门的行政长官设计的一种晋升竞赛，竞赛优胜者将获得晋升，而竞赛标准由上级政府决定，它可以是 GDP 增长率，也可以是其他可度量的指标"的现象。② 王绍光等将中国的决策过程概括为"集思广益"型决策，它"是指通过一定的程序和机制安排以集中代表着不同方面观点参与者的智慧，不断优化政策文本的决策过程。'集思广益型'过程实际上就是分散的信息不断被集成的过程，这也是将群众的'分散的无系统的'意见化为'集中的系统的意见'的过程"③。杨宏山提出了"双轨制政策试验"的概念，指出"双轨制政策试验"是指在单一制体制下，"中央决策者有选择性地赋予某些地

---

① 周黎安：《行政发包制》，《社会》2014 年第 6 期。
② 周黎安：《官员晋升锦标赛与竞争冲动》，《人民论坛》2010 年第 5 期。
③ 王绍光、鄢一龙、胡鞍钢：《中国中央政府"集思广益型"决策模式：国家"十二五"规划的出台》，《中国软科学》2014 年第 6 期。

区以政策试验权，支持试点地区探索并执行新的政策方案，在试点地区和一般地区之间形成双轨制的政策结构。改革开放以来，为探索有利于加快发展的新政策体系，中央决策者有选择地确定一些试点地区，赋予其政策创新先行先试权，并在试点地区与一般地区之间进行绩效比较。对于成效显著的新项目和解决方案，再通过政府学习和上级推广途径，加快政策创新向一般地区扩散"①。近年来，类似行政模式与概念的中观提炼成为学界关注的重点，相关成果层出不穷，其在描述、反映、诠释中国的行政智慧与行政方案上具有较好的价值。但是，由于这一层面的研究关注的议题多在于行政生活的某个特定领域或仅仅聚集于某种特定的行政现象，其缺少基于规律发掘视角的宏观理论提升，缺少对中国行政历史演进逻辑和发展主线的挖掘，因而在一定程度上也限制了其深层次的理论价值和实践指导意义。此外，目前学界的相关研究多是基于经济学、管理学或政治学等学科而展开的，真正基于传统意义上的行政学视角的研究并不多，这实际上也从另一个角度证明了中国本土行政哲学在理论发展上的弱势。

中国特色行政哲学是以实践为基本指向的，哲学作为时代精神的精华，总是要落实到现实的行政生活中，指导人们的行政知识生产和行政实践活动。因此，如何以中国特色行政哲学理论来指导中国行政实践的展开，使行政实践真正反映和呈现中国智慧、中国方案，也是理论和实践领域关注的重点。例如，"创新""协调""绿色""开放""共享"五大发展理念的提出，以其鲜明的中国特色和时代价值，为行政实践与行政哲学的发展提供了基本指导，受到了理论界的广泛关注。谭九生、欧叶荣对共享理念于行政价值的指引进行了分析，认为"共建共享、渐进共享体现了以秩序、效率为主的基础性行政价值观"，"全民共享、全面共享体现了

---

① 杨宏山：《双轨制政策试验：政策创新的中国经验》，《中国行政管理》2013 年第6 期。

以公平、正义为主的扩展性行政价值观"，"为了人民、依靠人民、人民共享"的发展理念体现了以人民为中心的终极性行政价值观。① 这是将一般性发展理念具体化到行政领域中，对其所提供的价值理路和价值规定进行阐发的逻辑，具有一定的理论参考价值。陈肖生则围绕顶层设计问题，对国家治理规则顶层设计的必要性和合理性进行了行政哲学层面的论证。陈肖生认为，"经验规则观"与"建构规则观"的共同之处在于其都认为"一个社会的治理需要有普遍和系统的治理规则或方案来作为社会合作及人际互动的协调性规范"，同时，"经验规则观自身的一些重要理论缺陷以及发展中国家面临艰巨改革和转型任务的事实，都促使我们要转向一种能够让人的实践理性发挥更大作用的建构规则观"。② 在《行政体制改革的哲学思考》③ 一书中，吴兴杰从哲学视角出发，对中国行政体制改革的实践及方向进行了系统的反思与展望，其议题涉及行政的起源、行政在社会矛盾化解中的功能、公与私、利益集团、政府与市场等领域，涵盖了当代行政生活中的诸多热点和难点问题，内容较为丰富。总体上看，其基本思路在于运用中西相关哲学原理来分析现实行政体制改革的相关问题，并提出相应的对策，在研究目标上，其并不着意于从经验中提炼出一定的行政哲学理论，而在于运用现有的哲学理论与话语来分析行政现实中存在的问题并提供相应的解决方案。总体而言，在中国行政哲学与实践的互动逻辑中，行政理论对行政实践的引导，已成为二者互动的重要方面。但是，由于目前的行政哲学在理论形态上多是衍生性、转化性、嫁接性的，真正内

---

① 谭九生、欧叶荣：《共享发展理念与新时代行政价值观的创新》，《行政论坛》2018 年第 6 期。

② 陈肖生：《行政哲学视阈下国家治理规则的顶层设计》，《中国行政管理》2016 年第 2 期。

③ 吴兴杰：《行政体制改革的哲学思考：建设适应社会主义市场经济的专业分工型现代法治行政》，中国经济出版社 2014 年版，第 37 页。

生于行政学、内生于行政实践的理论较少，这在一定程度上弱化了行政哲学理论与行政实践之间的直接勾连。在今后的行政知识生产与行政生活实践中，关键在于强化"内生性"的行政哲学理论构设，或是强加行政哲学理论对行政生活的直接指导。

三、相关未尽讨论

中国悠久的行政历史和丰富的行政实践，决定了中国的行政哲学在形态与内涵上的丰富性，这种丰富性，使得学界对中国特色行政哲学的挖掘，也必然呈现出方法和思路上的多元性。在中国特色行政哲学的构建上，目前学界大体存在返本开新、传统诠释、基于理论演绎理论、基于实践提炼理论、运用理论指导实践五种可能的行政哲学挖掘与构设思路。这些不同的视角与思路，事实上代表了人们对于现实实践、历史实践、现实理论、历史理论的不同态度。或者说，其代表了人们对于历史与现实是否可以融通、如何融通，理论与实践之间是否可以衔接、如何衔接等问题的不同看法。强调返本开新的学者在行政历史与行政现实是否可以融通的问题上，是持肯定态度的；而传统诠释思路的学者，则既可能强调通过对传统的诠释而发现传统对于现代的价值，从而找到融通的基点，也可能通过对传统的诠释而发现传统文化的负面维度，从而寻求阻隔这种负面影响的可能性。在理论与实践的衔接问题上，对于二者是否可以衔接的问题，于持唯物主义的、可知论的行政哲学研究者来说，似并不存在任何疑义，因此，人们所面临的关键问题是如何实现理论与实践的衔接的问题，就目前而言，从现实中提炼理论、以理论来引导和解释现实，是两种基本的衔接方式。

对传统行政哲学与现代行政哲学的融通性的理解，要求我们对中国行政哲学发展的历史主线与逻辑问题进行清晰的把握。这种把握，一方面要求我们运用历史唯物主义和唯物辩证法的方法，对行政历史演进的必然性和行政历史发展的自然历史过程进行清晰的认识。要看到，行政发展在根本上是社会矛盾运动的必然结果，行政发展的过程尽管要受主体性因素、生态性因素、利益性因素等的多重影响，但在总体趋势上，它与社会生产力发展的基本要求必须是相适应的。另一方面，行政发展是许多单个相互冲突的意志、由无数个力的平行四边形所形成的历史合力作用的结果。在社会形态上，历史合力的作用形成了奴隶社会、封建社会、资本主义社会、社会主义社会等不同形态，而与之相应，行政生活在历史发展过程中，也必然要形成与生产力发展相适应、与社会发展之历史合力相对应的行政形态，具体来看，其大体表现为统治型、管理型、服务型、协同共治型等。必须看到，就不同行政形态的质与量的关系而言，一方面，不同行政形态之间，必然是存在着质的差异的，不能把不同质的行政形态混同起来；但另一方面，不同行政形态质的差异，又是在量的变化中逐渐生成的。因此，对于不同的历史阶段与不同的行政形态而言，其总是存在着一定的传承关系，这种传承关系主要表现为，后一阶段的行政模式总是建立在历史经验、理性累积的基础之上的，它是一个扬弃的过程、向上的过程。具体到中国的行政哲学而言，传统行政哲学与现代行政哲学之间也必然是传承性的，而非完全断裂的。事实上，传统行政哲学中的优秀成分，构成了中国当代行政哲学的内在基因，是当代行政哲学之所以呈现出独特的中国品性的重要影响因素，例如，对德的重视，使我们将"德才兼备"作为选人用人的基本标准；对"天人合一"的重视，使我们将生态作为行政绩效衡量的重要指标；对"仁""忠""礼""信""义"等交往原则的重视，塑造了当今行政交往的内在文化规范与价值选择；等等。

此外，对行政哲学与行政实践的互动关系的把握，则要求我们要更进一步切近现实的行政实践运作，使行政哲学准确反映中国特色社会主义发展的基本要求。中国特色行政哲学的生成与创新，既要注重源自于其他学科的外生性的理论借鉴，也要注重源自于行政学自我构设的内生性理论创造。内生性的理论创造，必然要将中国特色社会主义的行政实践作为最重要的思想来源。事实上，中国特色社会主义的建设过程、中国特色社会主义的行政实践过程，都包含着丰富的行政哲学意蕴。一方面，中国特色社会主义的建设过程，本身就是以马克思主义为指导而展开的，其实践中充分体现了马克思主义历史唯物主义、唯物辩证法的精髓。与之相应的行政生活也是如此。因此，准确反映现实行政实践中所包含的哲学意蕴，挖掘行政实践中的本体论、价值论、认识论内涵，探究科学发展观、人类命运共同体、生命共同体、国家治理体系与治理能力现代化、新发展理念等的行政哲学内蕴，是促进中国特色行政哲学理论进步的重要方面。另一方面，在中国特色社会主义的运行实践中，中国式的政治与行政、政党与行政、社会与行政、文化结构与行政都存在着不同于西方的互动与交往方式，进一步挖掘其所内蕴的价值实践与交往逻辑，也是促进中国特色行政实践的发展、推进中国特色行政哲学理论研究得以深化的重要思路。

第七章

改革开放以来中国行政实践
进程的行政哲学意蕴

第一节　改革开放以来中国行政
实践运行的核心特质

中国特色行政哲学的体系构建，离不开对中国特色行政实践的哲学反思。本章将以改革开放以来的行政实践进程为基础，力图对其实践逻辑进行哲学层面的宏观性抽象与提炼。改革是社会主义制度的自我完善与发展。立基于中国改革开放这一时代背景的行政改革实践，也是社会主义行政系统的自我完善与发展，它是行政系统适应社会发展趋势、推动社会进步的重要路径。从行政哲学的视域来看，改革开放以来的中国行政实践进程，主要包含如下五个方面的特质。

一、价值型行政的普遍实施

在行政领域中，价值具有实然与应然的双重内蕴。一方面，价值是指行政作为客体满足人们需要的属性，这种意义上的价值，更多的是与行政的实然功能及社会的现实需求相联系的。另一方面，它也指涉行政体系的精神性样态，既表征着行政系统自身的目标追求或理想图景，也表征着社会对于行政体系之功能的某种期许。所谓价值型行政，正是一种以价值构设、价值创造、价值实现为主要追求的行政模式。价值型行政不同于传统行政的地方在于：首先，它具有明确的价值追求，或者说，它着意于通过行政体系自身功能的完善，以适应社会的现实需求和目标期许，从而使行政体系与社会需求之间达成价值上的一致。其次，它注重行政体系的价值创造与价值实现功能。价值型行政的主体不仅注重精神态行政价值的构设，更注重将这种精神态的价值构设转换成社会现实，从而真正实现社会需求的满足。社会需求的动态性决定了行政价值本身也是动态的，这种动态性表现在它既要适应社会需求，也要构建和引领社会需求。最后，价值型行政强调的价值是全面的，它既包括社会价值，也包括行政体系自身的价值。社会价值强调的是行政体系对社会需求的满足、对社会发展的推动，而行政体系自身的价值则表现为行政体系的功能完善以及行政主体自身需求的合理满足。

中国改革开放以来的行政发展，是一种价值型行政的实践创新过程，主要可从如下三个方面来看。首先，强调行政的价值关联性。与西方的所谓中立型行政相比，中国的行政体系对于行政的价值关联性有着更清醒的认识。这种价值关联，可从价值输入与输出两个维度来看。在价值输入维度上，其表现为行政体系主动在价值上保持与党的价值、社会价值的一致性，以确保行政体系与党的价值理念的完全同一、对社会价值诉求的有效汇集；在价值输出维度上，其主要表现为它是党的价值理念的落实者、执行者和社会价值某种程度的建构者，起着价值中继者和塑造者的双重作用。其次，具有明确的、体系化的价值目标。具体来看，中国行政体系的价值目标至少包括两个层面：一是终极目标层面，即通过行政与社会之间的有效互动、使行政成为解放和发展生产力的有效推动者，最终实现人的全面自由发展。二是具体价值层面，包括行政的人民性、公共性、效率、公平、服务等诸多内涵。社会主义核心价值观也是对行政具体价值的描述，它概括了我国行政体系所应遵循的主导性价值，为行政体系的价值实践提供了基本判准。最后，强调行政价值的公共性面向及其现实转化。其主要表现包括：一是通过积极型行政的构建而使行政体系成为公共价值的促进者。这意味着，中国的行政体系在价值构建与实现中是强主观能动性的，它着意于通过有效的资源分配、价值倡导与宣讲，为社会提供有效的价值内容、并为这些价值内容的实现提供现实的资源支持，使民众具有实实在在的获得感。二是通过对行政体系自身负面效应的控制而防止其对公共利益的争夺。行政权力的扩张性是导致行政的公共性被遮蔽或弱化的重要因素。在中国的行政发展实践中，防止行政权力过度扩张对公共价值造成消极影响、通过德性行政人格的构建和约束性制度的构建而防止行政体系中的贪污腐败现象的发生，是确保行政的公共性的重要手段。这种对公权力的约束，并不完全是消极意义上的对行政主体能动性的控制，而更多的是对行政主体能动性的一种方向性规范。换言之，通过构建由德性与规范性制度所组成的约束体系，行政体系对于负面的、违背公共性和人民性的价值取向是消极的、控制型的，而对于符合公共性和人民性的价值取向和主体能动性，则是积极的、鼓励型的。

二、技术型行政的合理发展

行政技术是在"行政活动过程中为实现一定的行政目标而创造、掌握、运用的各种工具性、实践性的知识体系的统称"[1]。作为一种知识体

---

[1] 苏曦凌：《行政技术论》，《内蒙古社会科学（汉文版）》2012年第9期。

系，行政技术有助于行政主体准确理解行政的本质、把握行政的规律，从而推动行政主体在繁杂纷乱的行政事务面前采取正确的行为，提升行政行为的效率。因此，行政技术对于行政发展实践而言是不可或缺的，行政技术的创新，既是行政实践创新的推动力量，也是行政实践创新的直观表现。在行政体系中，技术创新的表现形式至少包括如下两个方面。首先，它表现为行政管制、行政服务、民主行政等社会交互性行为的发展。可以说，凡是涉及行政体系的输入与输出方式的调整、涉及行政体系内部及行政体系与社会体系之间的关系结构等的创新，都属于行政技术创新的范畴。这种创新一般是相对抽象和难以直观的，它往往通过主体行政行为的实施方式、相关制度体系的构建与完善或行政主体的思维方式、话语体系的调整等表现出来。其次，它表现为先进科学技术的有效运用。现代科技（如互联网、大数据、区块链、人工智能等）对于行政的功能是辅助性的，且这种功能的发挥往往要受技术本身的发展现状及行政主体对于技术所秉持的态度的影响。但是，这种功能在许多情境下又是不可或缺的，它不仅是行政效率提升的有效助推力量，同时也是促使行政主体实现行为转变和观念进化的重要助推力量。

我国改革开放以来的行政发展实践，也是一种行政技术逐渐进步的过程。主要表现为：首先，大胆采用了一系列具有中国特色的行政技术，实现了行政手段与方式的革新与发展。例如，在行政对经济的干预上，由以前的直接型行政控制转向了间接型宏观调控，实现了对经济、社会的有效管理；在民主行政的时代背景中，开拓了听证会、民主恳谈等新型行政技术，促进了民主行政实践形式的发展；在推进社会问题化解、防治行政腐败的过程中，推进了巡视制度、各类"领导小组"等行政技术，使相关问题的解决更高效、更精准；在行政执法中，通过规范执法、柔性执法等技术的引入，使行政执法行为更加温和、更加人性化；在社会治理中，网格化治理、整体性治理、精细化治理、精准扶贫等技术的引入，使社会治理中的关系结构更为顺畅，同时也节约了人力与物力资源。其次，大力推进先进科技在行政体系中的运用。在互联网大举兴起的背景下，无纸化办公、办公自动化、电子政务等相继推出，推进了行政体系在内部交流的顺畅化，也促进了行政主体与行政客体交互过程的便捷化；"雪亮工程"等技术治理手段的运用，有效提升了治理能力，为共建共治共享的社会治理格局的形成提供了技术基础；而政务微博、政务微信、政务抖音等的运用，更进一步提升了政府与社会的互动能力和互动效率。最后，注重技术与价值的互构与融合，使行政技术成为行政价值及行政目的得以实现的助推器。例如，服务型政府的建设及其相应的技术配套，使政府的服务价值得以彰显和落实；绩效管理的技术创新，助推了按绩取酬意义上的公平的实现，也促进了行政效率的提升；法治型政府的构建及其相应的技术供给，促进了行政行为的规范化，同时也承载了政府对秩序、自由、民主等的价值追求；而多元共治型技术、电子政务的实施、整体性政府的构建、"政策试验"的推广、"项目制"的实施等，都成为提升政府服务供给能力、提升政府行政合法性、促进政府公共性价值实现的重要基础。值得指出的是，在中国的行政实践进程中，价值型行政与技术型行政相比，价值型行政是第一序列的，而技术型行政是第二序列的。或者说，技术型行政是工具性的，它必须服从于价值型行政的要求，以促进价值实现为根本目的，这是确保行政技术方向正确性的前提，也是确保行政技术正面效应发挥的根本。

三、交往—协商型行政的有效运用

交往性是公共行政的本质属性之一。从历时态视角来看，人类公共行政实践中所呈现的社会交往关系类型往往是多元化的，它可以是以权力的运用为核心的专制型交往，也可以是以平等对话为基础的民主型、协商型交往。交往—协商型公共行政，是一种以行政体系与社会主体之间的物质和能量交换为基础，以二者之间的交往关系为内核，以实质化民主的实现为基本目的的行政模式。它区分于传统行政的地方在于：首先，公共行政被理解成一种社会关系，是物质—能量的交换场所。这种社会关系中的物质—能量交换主要表现在，社会主体具有公共性需求，而行政主体是公共性需求的满足者；行政主体具有合法性需求，而社会是这种合法性需求的满足者。二者在交往过程中相互满足、相互支撑状态的实现，是形成行政关系相对稳定样态的前提。其次，在关系互动的过程中，二者之间能否保持诉求的相对开放性，是这种交往关系能否正常发展的决定性因素。①也就是说，以社会交往和社会关系为核心的公共行政，其诉求必然是在互动中建构起来的，而不是单方决定的。在互动中建构的诉求，必然存在协商、妥协与讨价还价，只有在协商与妥协的基础上，才能真正达成共识。最后，交往—协商型公共行政中所呈现的社会关系是一种社会内部的非对抗性关系。行政体系与社会体系的非对抗性，是交往—协商型公共行政得以展开的前提。在交往—协商型公共行政中，行政体系是社会结构的内在组成部分，它是社会需求的集中者、实现者、服务者。这种社会关系的内在性和非对抗性意味着，人们虽然在具体观念上可能存在着分歧，但其对于社会的根本价值认同是一致的或相似的。

中国改革开放以来的行政实践进程，也呈现出明显的交往—协商型特征。其表现主要包括：一是协商民主在公共决策实践中的广泛应用，改革开放以来，政党协商、人大协商、政府协商、政协协商、人民团体协

---

① 桑玉成、熊觉：《论政治妥协与协商民主》，《学术月刊》2015 年第 8 期。

商、基层协商、社会组织协商等协商形式不断发展和完善，在协商实践中，不同主体通过面对面的解释、劝说，实现了党政之间、党派之间、不同社会主体之间以及社会主体与行政主体之间的共识构建。二是注重决策过程的互动性。这种互动性主要表现在，一方面，政府更注重自身的开放性和透明性，如网络与电话举报渠道的设立、任前公示、民意测验、市长信箱等，为政府收集民情、了解民意提供了路径与方法。另一方面，引导社会参与能力的增强。这种引导既表现在简化参与的准入门槛上（如运用更通俗的、更引人注目的网络语言来打理政务微博、微信等），也表现在培养公民参与的理性意识上（如倡导制度化参与、排除非理性参与等）。三是注重对行政体系内部交往关系的引导。如通过法治国家与法治政府的构建来控制行政交往中的人情性因素，保持行政交往关系的规范化；通过民主决策程序的完善、行政分权、行政决策咨询制度的建立等，构建行政体系内部的协商共治机制；通过政治宣讲、典型树立等增强行政主体的德性，强化主体间的德性化交往。这些措施在一定程度上防止了行政交往关系的扭曲，对于确保行政实践的公共性具有非常重要的意义。

四、共治—协同型行政的充分凸显

共治与协同的本质是不同社会主体的功能整合，是在目标共识、价值共识的基础上，基于行政体系的引导而共同推进社会价值最大化的过程。共治与协同的达成，有两项前提条件：其一，它以主体间的资源分有为前提，也即不同主体在资源占有、功能定位上的差异，为主体基于组合、互助而达致新的功能或实现功能的某种程度的强化提供了基础。这种新的功能的凸显或功能上的强化，为治理主体提升社会问题的化解能力提供了可能性。其二，共治—协同作为一种主体间行为，总是以一定共有知识的分享为前提的。这种共有知识,大体包括目的维度的共有知识、价值维度的共有知识等。所谓目的维度的共有知识,也即不同主体对共治实践、协同性实践目标的分享与共识,只有当主体认为自身的功能有助于共治体系实现其总体化的目标设定时,共治行动与实践的心理契约才能达成、其现实实践也才有可能展开;所谓价值维度的共有知识,即不同主体认为共治与协同实践与自身的价值定位是契合的,对于公共性实践而言,只有当共治实践有利于公共善的构建时,共治与协同的行动与实践才能有效达成。

在中国的语境中,共治—协同型行政模式的功能实现,离不开如下三重逻辑。一是矛盾化解与秩序供给逻辑。作为一种公共性实践,共治—协同型行政首先指向的是社会矛盾的化解和公共善的达致。在辩证唯物主义的视域中,矛盾是无处不在、无时不有的,矛盾是一切事物的共性。正确认识矛盾,适时引导和利用矛盾,促进对立双方的转化,是实现和谐行政状态生成的基本路径。在实践逻辑中,对社会矛盾的认识与引导,要求我们必须抓住有利时机,将矛盾化解于萌芽状态,这是有效减少社会效益损失、促进社会秩序和公共善生成的必然要求;而共治—协同型行政模式,实际上是提供了一种治理下沉的渠道,其扩充了行政信息的获取路径和半径,从而有助于提升矛盾发现与化解的时效性。中国式共治—协同型行政逻辑中的矛盾化解,不是以行政权力的强制性为核心的,它是在功能整合的基础上,通过劝导、服务、协助、商谈、吸纳、主动介入的过程而达致的,具有明显的预见性、预防性。在实践中,其强调通过"自尊自信、理性平和、积极向上的社会心态"[1]的培育,从而引导社会性主体理性对待矛盾、寻求矛盾的正确化解方式,这是一种精准化、前置化、内在

---

[1] 习近平:《决胜全面建成小康社会 夺取新时代中国特色社会主义伟大胜利——在中国共产党第十九次全国代表大会上的报告》,人民出版社 2017 年版,第 49 页。

化的治理逻辑，具有良好的前瞻性和根本性。二是行政引导社会逻辑。行政引导社会，强调的是行政理性的向导性与预见性，它强调通过行政对社会协同力量的引导、通过行政体系对社会组织资源分配的调控，而使社会与行政之间达成价值、功能上的协同，以减少资源的不必要消耗。因此，中国语境中的共治与协同实践不是无组织式的、随机式的，在结构形式上，它是一种"引导—协同"式结构，这种"引导—协同"式结构的价值与功能意义在于，它通过社会组织自我的价值选择、行政体系的外在价值监督，而实现了对社会组织价值与功能的有效规范，这种规范有效弱化了社会组织所可能存在的自利性倾向，并有效彰显了其公共性维度。三是强调基于共治与协同来达成共享的价值目标。在共治、协同与共享的逻辑关系中，共治与协同的直接目的在于促进秩序、服务与善的生产，以扩大公共善（公共利益、公共益品等）的总量。公共善的有效生产与总量扩充，是实现善的共享的逻辑基础。因此，共治与协同的直接目的，就在于通过善的生产主体的扩充，实现善的生产者与善的消费者的同一化，以提升社会主体参与公共善生产的积极性，并避免由单一的行政体系来推进公共善的生产时所存在的能力不足。所以，中国式的共治与协同，与能动型的、积极型社会主体的塑造是相伴随的，在实践中，这种能动型社会主体的塑造，不仅以价值上的共同性为动力，也以善的分配的共享性为动力。这种共享性逻辑对于社会主义的行政实践而言并非是外生性的，而是公平、共同富裕等社会主义基本价值在治理领域的凸显。

五、进取—发展型行政的积极推进

进取、发展是对公共行政的态度、目标及其互构机制等的描述。其中，进取主要指向的是个体性行政主体与行政体系的精神样态，它既表征着一种积极推动个体性行政主体、行政体系自身不断成长、不断完善的精神性诉求，也表征着一种经由自身的成长与完善而促进社会整体不断发展、进步的能动性诉求。而发展所表征的是一种目标和方向，在总体上，它既要凸显历史运动和变化的基本规律和必然趋势，同时，也要反映历史实践中主体的目的性诉求。行政实践逻辑中的发展，主要表现为个体性行政主体与行政体系可以基于其自身对事物发展规律的正确认识，通过充分发挥主观能动性而实现对客观对象的改造，从而促进客观事物的发展。所以，对于进取—发展型行政而言，其在目标导向上是以社会发展为根本指向的，而对于如何实现发展、发展应达致何种程度、发展应导向何种方向等方面，它并不认为行政主体与行政体系是完全宿命论的，而是强调在遵循事物发展内在必然性的基础上，突出主体的目的性、主动性、创造性和可选择性。个体性行政主体与行政体系的目的性、主动性、创造性和可选择性的发挥，是规避纯粹的自发性发展所可能存在的各类问题与偏误、确保发展实现合目的性与合规律性相统一的重要路径。

在具体的实践逻辑中，个体性行政主体与行政体系的进取，具有不同的表现形式。其中，个体性行政主体的进取，主要表现为个体行政能力的提升、个体公共精神的彰显、奉献意识的增强及将行政作为一种职业的内在化等，它是提升行政体系总体功能的主体性动力来源；而行政体系的进取，则主要表现为行政体系通过不断的自我改革与革新，不断找准自身的功能与价值定位，准确把握行政权力的施予范围及方向，精准提升资源与价值分配的有效性和带动性，使作为上层建筑的行政体系与社会生产力的发展相适应、与社会发展的基本要求相适应，从而更好地成为社会发展的推动力量。

在中国语境中，对进取—发展型行政的强调是其重要特质之一。首先，在个体层面上，强调个体激励与社会发展之间的内在联结。具体表现在：其一，在干部管理上，强调要抓好领导干部这一"关键少数"，使其做到"以身作则、以上率下，严明纪律、严格要求"①。抓"关键少数"的基本逻辑在于，要通过注意力的集中化，来加强对"关键少数"的监督、管理、培养、教育，确保其做到忠诚、干净、担当，从而更好地发挥领导干部的示范效应和带动性。这种示范性和带动性的现实效果之一在于，其有助于形成推动发展的负责机制、有助于形成干事创业的良好氛围、有助于增强应对发展中各种风险和挑战的能力。不难看出，抓"关键少数"，内蕴着以干部队伍优化来更好地推动发展的目标指向。其二，在精神状态上，强调领导干部和行政人员在实践中要做到"撸起袖子加油干"，增强推进发展的主动性；同时，强调领导干部要增强斗争精神，主张要"坚定斗争意志，当严峻形势和斗争任务摆在面前时，骨头要硬，敢于出击，敢战能胜"②，以应对发展中的各种考验。"撸起袖子加油干"、增强"斗争精神"等，对于个体性行政主体增强奉献精神、公共精神，鼓励其在行政实践中做到日夜兼程推动发展、着力满足人民对美好生活的向往等，具有明显的动员效应。其三，在领导干部的考核指标上，突出德、能、勤、纪、廉等维度，全面考核其政治素养、道德修养、干事能力、现实绩效等，其中，个体性行政主体是否能够做到主动提升自我、是否能够在推动发展上有所作为，是重要的考核要素之一。这样的考核评价体系，在一定程度上构建起了一种涉及不同层级的横向竞争机制，形成了"晋升锦标赛"逻辑，有效调动了领导干部促进自我进步并基于自我进步而推进社会发展的积极性。在发展方向的引导上，强调要通过"完善发展成果考核评价体系"，"纠正单纯以经济增长速度评定政绩的偏向，加大资源消耗、环境

---

① 《抓住"关键少数"推进全面从严治党》，《人民日报》2017 年 2 月 13 日。
② 《发扬斗争精神增强斗争本领　为实现"两个一百年"奋斗目标而顽强奋斗》，《人民日报》2019 年 9 月 4 日。

损害、生态效益、产能过剩、科技创新、安全生产、新增债务等指标的权重，更加重视劳动就业、居民收入、社会保障、人民健康状况"[①]，实现发展考核的全方位性和整体性。因此，社会主义的公共行政强调要通过有效的绩效考核，来引导个体性行政主体主观能动性发挥的方向，以使现实的发展实践更符合历史发展的客观规律、更符合人民的需要和期待，这一过程是带有明显的主动性、调适性色彩的。

其次，在行政体系层面上，强调不断深化改革，推进国家治理体系与治理能力现代化。其表现在于：其一，在总体的目标指向上，强调社会主义的本质是解放和发展生产力，因而，发展是社会主义行政逻辑的内在构成。这是从本体论层面上强调了社会主义行政在解放和发展生产力、达成共同富裕这一目标导向上的基本职能。这种总体性的目标导向，是行政体系推动发展的基础性动力来源。其二，强调通过推进行政体制改革而实现行政之发展功能的更好发挥。在行政体制改革维度上，党中央长期以来高度重视政府职能转变与发展推进之间的关联。如《中共中央关于全面深化改革若干重大问题的决定》指出，要"创新行政管理方式，增强政府公信力和执行力，建设法治政府和服务型政府"，并强调要在"进一步简政放权，深化行政审批制度改革，最大限度减少中央政府对微观事务的管理"的同时，"加强发展战略、规划、政策、标准等制定和实施，加强市场活动监管，加强各类公共服务提供。加强中央政府宏观调控职责和能力，加强地方政府公共服务、市场监管、社会管理、环境保护等职责"[②]。总体上，持续的、不断深化的行政改革实践的本质，就是要破除行政生活

① 《中共中央关于全面深化改革若干重大问题的决定》，人民出版社、中国盲文出版社 2013 年版，第 21 页。
② 《中共中央关于全面深化改革若干重大问题的决定》，人民出版社、中国盲文出版社 2013 年版，第 22 页。

中阻碍发展的各类体制机制，要在自身功能定位与发展的外在要求之间找到协调和平衡点，以使行政生活的各个维度真正适应发展的现实需要，从而更好地发挥其作为解放和发展生产力的推动者的功能。

第二节 改革开放以来中国行政实践运行的主要规律与发展趋势

一、改革开放以来中国行政实践运行的主要规律

中国行政实践的核心特质，涉及价值、技术、交往、共治、发展等不同维度，展现了中国行政实践与行政发展的全面性、系统性。但是，从根源上看，改革开放以来的中国行政实践之所以能取得举世瞩目的成就，关键之一在于其对行政发展规律的有效遵循，而从理论层面上提炼和总结这些规律，则成为行政哲学研究的重要任务。改革开放以来中国行政实践运行的主要规律可总结为三个方面。

（一）以行政本体论创新助推行政实践发展

本体论是对事物本源与本质的探究，是一种追问根本的宏观性思考。事物的本源与本质是客观的，它不以人的主观意志为转移，但人们把握事物的本质、获得关于事物发生和发展真理的过程却是动态的、不断深化的。具体到行政本质来说，最初，人们把行政的本质简单地理解成权力的行使（这是一种政治与行政混合的权力），对行政的认识是模糊而又混沌的，随着认识的发展，人们才逐渐将行政权从政治权中分离了出来，体认到了行政的执行性特质。而随着实践的演进和认识的进一步深化，人们对行政的技术性、管理性、共治性、服务性等面向也有了更深刻的理解。这

一由浅入深的认识演化过程表明，行政的本质是多维度、多面向的，行政本质的内在性、隐微性，决定了处于特定历史条件下的认识主体对于行政本质的认识总是存在一定的局限性，这种认识的局限性也决定了人们行政实践行为的局限性。但是，人们对行政本质的认识过程又是累积性的，它会随着时间的推移而深化，与之相应，行政实践也会随着人们对行政本质认识的加深而得以发展。

从中国的实践来看，改革开放以来的中国行政实践创新，也是一种涉及行政本体论层面的创新。这主要表现在：首先，在对作为构成行政本质之重要面向的行政主体的认识方面，人们对行政主体的把握由原来的将政府作为行政唯一主体的单向性思维，转向了政府与社会共同治理、协作治理的多向性思维。这样的认识创新所引发的实践创新在于，一方面，它使得政府能够在一定程度上缩减自身的功能范围、适度减少责任承担，同时，监管和引导社会的自我治理功能，成为政府功能的一个新的重要组成部分；另一方面，它也使得传统行政中那种以"政"为主导、具有浓厚的政治和计划色彩的政治化行政转向了以"治""管""服"为主的行政，使行政具有了更多的社会服务色彩和民生导向性。其次，在对行政权力的认知方面，传统意义上的行政权力主要是作为社会失序的一种控制力量及社会价值的权威性分配工具而出现的，而随着行政改革实践的深化，除了行政权力的控制功能与分配功能外，行政权力的服务功能得到了更大程度的凸显，这极大地提升了行政体系对于社会的亲和性。最后，在对行政基本属性的理解上，传统意义上的行政更侧重于突出行政的政治属性与经济属性，但随着行政实践的发展，行政的文化属性、社会属性、生态属性等得到了更大程度的重视。这意味着，行政不再被简单地当成是政治执行和经济增长的工具，它更是中国文化的传承者、自主性行政话语的倡导者、社会多元化需求的整合者和满足者、人与自然和谐统一的促进者。

(二) 以人民性作为行政实践的基本导向

价值选择是主体行为的内在决定因素。对于任何行政体系而言，其实践创新要确保正确的方向和实践的科学性，就必须找到一种根本性的价值支撑。这样的价值支撑，是实现行政价值结构层次科学化、合理化的基础，是确保价值体系相对稳定性的前提，是区分不同行政体系行政属性的重要标志，更是行政实践创新的方向指引和行为边界。

在中国的公共行政实践中，这种价值支撑可概括为人民性。这里的人民是一个集体概念，它不特指任何个体，也不特指任何利益集团。换言之，以人民性为基础的公共行政，是与私人化、私利化的公共行政相对的，它内在地包含了社会性、公共性等内容。具体来说，人民性逻辑在中国的行政实践中至少有如下四个方面的内涵。其一，行政的目的是服务于人民，人民是一切行政实践的出发点、是一切行政行为所服务的对象。其二，行政权力来源于人民，行政权力是基于人民的信任而赋予的，行政权力之最根本的合法性之一来自于人民的认同与主动选择。其三，行政的基本实践形式是民主，民主的目的在于反映人民的利益诉求，它是实现行政人民性的根本路径。其四，行政是内生于社会的，行政机构是人民的办事机构、行政主体则是人民的勤务员。由于行政内生于社会，决定了行政与社会是相互建构、相互塑造的，行政的发展有赖于社会的发展，社会的发展也有赖于行政的发展。

当代中国行政实践的人民性特征，在现实中的表现是多元的。首先，它表现为行政体系在价值层面上对人民性的强调。在中国的政治与行政体系中，"人民主体地位"和"群众路线"是一种基本的价值主张，这在党和政府的文件中都得到了反复的体现。其内涵包括：一是强调人民群众对于社会主义现代化建设与社会治理的参与性，强调"中国特色社会主义是亿万人民自己的事业"①，要"健全民主制度，丰富民主形式，拓宽民主渠道，保证人民当家作主落实到国家政治生活和社会生活之中"②，并强调"依靠人民创造历史伟业"③，以此确保人民的主体地位；二是强调发展的共享性和增强人民的获得感，提出"必须坚持发展为了人民、发展依靠人民、发展成果由人民共享"④，并强调"必须坚持以人民为中心的发展思想"⑤，"保证全体人民在共建共享发展中有更多获得感，不断促进人的全面发展、全体人民共同富裕"⑥。其次，通过行政德性的诉求确保行政的人民性。这一点，主要表现为在公利与私利的问题上，强调要以公利为先，强调领导干部"除了工人阶级和最广大人民群众的利益，没有自己特殊的利益"，强调领导干部要"在任何时候都把群众利益放在第一位，同群众同甘共苦，保持最密切的联系，坚持权为民所用、情为民所系、利为民所谋"⑦。这在本质上是对作为行政主体的领导干部提出的一种德性行政人格诉求，它是规范行政主体行为的德性标准，也是行政体系的人民性的内在表征。最后，在民主制度构建层面，着力构建和完善民主行政的运行机制。中国特色社会主义民主机制的构建与完善，是多元化、体系化的。在

---

① 胡锦涛：《坚定不移沿着中国特色社会主义道路前进 为全面建成小康社会而奋斗——在中国共产党第十八次全国代表大会上的报告》，人民出版社 2012 年版，第 14 页。

② 习近平：《决胜全面建成小康社会 夺取新时代中国特色社会主义伟大胜利——在中国共产党第十九次全国代表大会上的报告》，人民出版社 2017 年版，第 22 页。

③ 习近平：《决胜全面建成小康社会 夺取新时代中国特色社会主义伟大胜利——在中国共产党第十九次全国代表大会上的报告》，人民出版社 2017 年版，第 21 页。

④ 《习近平谈治国理政》第二卷，外文出版社 2017 年版，第 200 页。

⑤ 习近平：《决胜全面建成小康社会 夺取新时代中国特色社会主义伟大胜利——在中国共产党第十九次全国代表大会上的报告》，人民出版社 2017 年版，第 19 页。

⑥ 习近平：《决胜全面建成小康社会 夺取新时代中国特色社会主义伟大胜利——在中国共产党第十九次全国代表大会上的报告》，人民出版社 2017 年版，第 23 页。

⑦ 《十九大党章修正案学习问答》，党建读物出版社 2017 年版，第 11 页。

根本原则上，"民主集中制"和"首长负责制"为民主行政的发展指明了基本方向；在制度构建上，建设社会主义法治国家、构建法治政府目标的提出，为民主行政的发展提供了政治基础和制度前提；在实现方式上，居民评议政府、电视问政、网络问政等，为民主行政的发展提供了具体的实现路径，这些全方位、多角度的民主行政举措，为行政的人民性价值的实现提供了有效的载体。

(三) 对行政理性的合理认知是行政实践创新的逻辑前提

行政理性是指"行政主体在价值判断、事实认知、目标规划、工具选择等方面进行合理权衡、理智取舍、客观分析、冷静思考的行为能力与行为模式"[①]。在行政发展实践中，行政理性具有如下三个方面的特点。首先，行政理性是生成性的、更是知识性的。行政理性的生成性，即是说理性是行政主体的一种潜在本能，尽管存在着理性程度的差别，但对于个体或由个体组成的组织性实体来说，行政主体与生俱来地具有行政理性。行政理性的知识性，是指行政理性的实现有赖于行政主体对行政的合理认知，或者说，行政主体对于行政本质、行政规律、行政决策逻辑、行政行为等的知识，是行政理性得以生成的基础。行政理性的最大化，本质上是行政知识的获取与利用的最大化。其次，行政理性是规范性的。在行政实践中，行政理性的首要功能是对行政主体的行为规范，其中，行政价值理性规范的是行政主体的价值选择行为，行政制度理性规范的是行政主体的行政实践程序与行政执行行为，行政行为理性规范的是行政主体行为的方式及方向选择。受行政理性规范的行政主体，表现出行为主体的审慎性，这种审慎包括行政主体对自身言行的审慎，对行政决策可能后果的审慎等。再次，行政理性既指行政主体的个体理性，也指作为一个整体的行政

---

① 颜佳华、苏曦凌：《行政理性论》，《湘潭大学学报（哲学社会科学版）》2010 年第 5 期。

体系的集体理性。个体理性是指行政体系中个体的一种行为能力与行为模式，而集体理性是作为一个整体的行政体系的拟人化，是行政体系总体上所表现出来的一种行为能力与行为模式。在行政活动中，个体理性与集体理性都是不可或缺的，它们都是人类行政知识体系与行政行为规范体系中十分重要的组成部分。

中国的行政实践是以对行政理性的合理认知和运用为基础的。对行政理性的合理认知和运用，是中国行政实践保持方向正确性、行政主体保持行为规范性的知识支撑。具体而言，可从如下三个方面来看。首先，充分结合经验理性与逻辑理性，制定和实施有效的行政规划、开展科学的顶层设计。在中国的行政体系中，行政规划和顶层设计是政府未来的行动蓝图，具有方向引导、动力供给等重要功能。行政规划和顶层设计的制定过程，实际上就是一种基于经验理性探求行政与社会发展的逻辑与规律，进而运用逻辑理性来推导未来发展目标和努力方向的过程。其次，摸着石头过河，对理性保持谨慎的乐观。人类知识的有限性决定了人的理性的有限性，而摸着石头过河，在实践中不断完成经验的累积和理性的进化，是实现理性完善的基本路径。摸着石头过河，在政策试点和试验这一实践模式中得到了完备的诠释。政策试验，本质上就是行政主体一方面承认理性的必要性（比如其方案是基于理性设计厘定的，试点的地方也是在理性分析的基础上选定的），但另一方面又对理性能否预计到所有可能性缺乏完全的信心，由此而采取试验的方式获取关于预定方案的进一步知识。这一过程说明，人的理性尽管不是完备的，但却是可完善的。再次，将个体理性与集体理性相结合。个体理性尽管是集体理性的基础，但集体理性并不是个体理性的简单加总，在公共决策中，集体理性的汇集过程不仅是观念的碰撞过程，更是一个新的观念和方案的激发过程。在中国的公共决策实践中，"民主集中制"的实践形式，就体现了个体理性与集体理性的有机结合，其中，"民主基础上的集中"过程体现的是集体理性的汇集过程，而"集中指导下的民主"过程则强调理性的反思与再平衡过程。在这个过程中，有集中才有责任主体、有意见统一，有民主才有集思广益，才有新方案的激发和生成。

二、中国行政实践发展的基本趋势

行政改革、行政发展、行政实践创新是过程性的、累积性的、长期性的。对于转型期的中国来说，推动行政实践持续发展、持续创新，是确保行政与经济、社会之间充分契合的根本需要，是发挥行政在社会发展中能动促进作用的必然要求，是推动行政主体在行为与德性上进一步完善的基本诉求。当代中国的行政实践发展与创新，从趋势上看，主要包含如下三个方面的内容。

（一）中国的行政实践发展与创新将是多元化的、全方位的

首先，从动力来源上看，中国的行政实践发展与创新将是一种政府主动推动型创新与被动适应型创新并举的创新。在政府主动推动型创新中，政府是创新的动力来源，它是政府在认识到自身有限性的基础上，通过政府理性的充分运用以推动行政发展的过程。与之相反，被动适应型创新是由行政环境变化而诱导的创新，行政环境的日新月异，决定了行政系统与行政环境之间要维持物质、能量交换的平衡，就必须及时、充分地开展适应性的调整。行政体系与行政环境之间总是在"平衡—不平衡"的力的互构中实现相互促进、相互发展的。其次，中国的行政实践发展与创新将是集宏观层面的价值理念、思维方法，中观层面的关系结构、行为及话语体系，微观层面的操作性技术等在内的多层面发展与创新。在这些内容体系中，价值层面的公共性、社会性，思维方法层面的辩证性、开放性、

发展性是行政实践发展与创新的根本性范导，其为行政实践发展与创新提供了基本的框架及方向；在关系结构、行为及话语体系创新中，行政关系的服务化、规范化，话语体系的本土化、亲和化、专业化将是基本的发展趋势；而在技术层面的创新上，信息化、高效化、简便化是行政实践所要追求的基本目标之一。最后，直接型发展与创新和间接型发展与创新相结合。直接型发展与创新侧重于对作为行政主体的政府本身的创新，也即通过政府自身对价值、文化、技术等的更新，实现行政体系自身的不断发展，以提升政府自身的适应能力和资源积聚能力。而间接型发展与创新则侧重于对社会的引导，实现政府之外的治理主体的创新，在这种创新模式中，政府是收缩型的、调控型的。事实上，随着社会力量的增长，社会自治将发挥越来越重要的力量，而引导和激发社会在治理方面的自我发展与创新，将成为政府的重要职能之一。

（二）在行政改革与发展的理论来源上，将更注重本土行政哲学资源的汲取

在过往的行政改革与行政发展实践中，西方的行政哲学及行政理论对中国的行政改革与发展实践产生了重要的影响，这种影响既有正面的，也有负面的。从正面影响来看，其新颖的行政技术为中国行政实践的发展提供了借鉴，其规范的行政制度为中国行政实践的发展提供了榜样，其所提出的整体性政府、多中心治理等理念，开阔了中国行政实践的思路；但从负面影响来看，其以行政价值中立性为幌子而展开的价值扩张，其所提倡的价值普适主义思维，其过度技术主义倾向所导致的行政的机械化，其基于特定情境而提出的理论在移植、借鉴过程中的水土不服等，都成为中国行政改革与行政发展实践所要关注的重要问题。因此，今后的行政实践创新，虽然对西方理论的挖掘与借鉴仍不可或缺，但从中国的文化与实践资源中汲取灵感、挖掘资源，是一种更为常态的倾向。这其中的缘由在

于，首先，如前所述，它是实现行政哲学理论与行政实践自主性的需要。这即是说，只有基于中国的资源来提炼和总结本土的行政哲学理论与行政实践，才能防止行政实践创新中的理论短缺、才能有效防止西方行政文化对中国的渗透、才能防止西方行政文化在中国的水土不服；也只有基于中国自身的资源来提炼和总结本土的行政哲学理论与行政实践，才能真正使中国的行政哲学与实践得以更为直观、更为体系化，从而为世界行政哲学与行政实践的发展作出更大的贡献。其次，中国具有丰富的可资提炼与推广的行政哲学资源，其中最为重要的三个组成部分为中国传统文化资源、中国现实的行政理论与实践、马克思主义及其中国化的丰富成果。这些资源为行政实践创新提供了丰富的本体论、价值论、认识论素材，它对于行政哲学理论及行政实践的创新、对于具有中国特色的行政哲学理论及行政实践模式的开创，都具有极为重要的意义。充分运用好这些资源、构建具有中国特色的行政哲学体系，是适应理论发展规律的需要，也是讲好中国故事、为解决人类问题贡献中国智慧和中国方案、推动中国行政实践发展的必然要求。

（三）我国的行政改革与行政发展实践将是稳定的、渐进的

我国的行政改革与行政发展实践之所以是渐进的，缘由在于，首先，我国目前处于并将长期处于社会主义初级阶段，这意味着社会与行政的改革与发展将是一个漫长的、渐进的过程。对于行政体系而言，只有不断解放和发展生产力、不断革除自身不适应生产力发展的因素，才能助推社会主义最终理想的实现。换言之，与社会主义相适应的行政改革与发展必然要经历从量变到质变的累积过程，它是在实践中不断扬弃、不断推进的，如果违背规律、拔苗助长，反而难以取得良好的效果。其次，行政改革与发展实践所依赖的理性与资源是在渐进发展中累积起来的。由知识累积的渐进性所决定，人的理性也是在社会发展中逐渐进步的，如果试图以

绝对理性来实现对社会发展规律的彻底建构，往往会适得其反。渐进理性由于承认了自然的历史规律的必然性，从长时段上看，其更有助于行政体系的正常、有序发展。此外，行政改革与发展是资源依赖性的，而与行政改革与发展相应的各种资源的供给，也只有在社会的逐步发展中才能实现，这同样决定了中国行政改革与发展的渐进性。最后，社会的稳定发展需要行政实践的渐进式创新。行政体系的渐进式改革、发展与创新能有效避免行政的价值断裂所造成的社会动荡，使行政系统保持连贯性、持续性；它能有效保持行政系统在长期的发展过程中所累积起来的各种经验与成果的同时，实现对原有的不适应时代发展部分的扬弃，从而实现行政系统的可持续发展。当然，需要指出的是，渐进式改革、发展与创新并不排斥人的理性建构和主体的有效助推，在行政主体进行了充分反思、做到深思熟虑的基础上，基于适当的时机、以适当的途径助推行政实践的飞跃式发展，也是行政改革与发展实践中不可或缺的组成部分。

第八章
行政哲学相关议题的理论阐释

经由第三章到第七章的探讨，我们大体从传统与现代、理论与实践、行政生活反思与行政知识反思等不同维度，对中国特色行政哲学的主要内容进行了梳理。本章将主要围绕国家治理体系与治理能力现代化，行政之真、善、美，行政德性三个具体议题，对中国行政理论与实践的主要内容及其内在特质等做进一步考察。这些议题，既具有全球层面的一般性特质，也具有本土层面的个殊性特质，对这些议题进行理论挖掘与比较性探讨，既有助于厘清中国行政哲学的独特价值，也有助于充实中国特色行政哲学的理论大厦。

第一节　国家治理体系与治理能力
现代化的哲学阐释

一、国家治理体系与治理能力现代化的内涵及核心概念

在哲学视域中，国家治理是一定的政治共同体为了推进公共利益、实现社会的发展和秩序供给而展开的一种实践性活动，它是共同体得以维

护的重要环节，是社会秩序得以保障的基本前提。推进国家治理体系与治理能力现代化，就是要推进治理文化、治理理念的不断创新，在传承与坚守的基础上，推进作为治理手段和对象的制度、方法、技术的不断发展与完善，促进治理主体不断发挥其主观能动性，扬弃旧的治理结构、治理观念、治理方式中的不合理部分，实现治理结构、治理能力的完善与提升。

要准确把握推进国家治理体系与治理能力现代化的内涵，须从"现代化""治理体系""治理能力"三个核心概念入手。

第一个核心概念是现代化。现代化指的是一种从传统到非传统、从落后到先进、从不适应到适应的转化状态，它表征着国家治理体系与治理能力发展的目标指向。在推进国家治理体系与治理能力现代化的实践语境中，对现代化内涵的理解要关注三个方面的内容。

首先，在新时代语境中，现代化是技术现代化与人的现代化的有机结合，是价值理念与制度机制的同步现代化。在国家治理中，技术的现代化表征的是制度、方法、手段等的创新和发展，而人的现代化则是指人的价值理念、思想境界、行为能力等的提升与进步。在新时代国家治理过程中，治理手段、治理技术的现代化与人的现代化是相辅相成的，其中，人的现代化是治理手段、治理技术现代化的前提，治理手段、治理技术的现代化是人的现代化的结果。推进国家治理体系与治理能力现代化，就必须促进治理手段、治理技术的现代化与人的现代化之间的良性循环，一方面，要通过培育现代化的人来推进治理手段、治理技术的不断发展；另一方面，要充分发挥治理手段和治理技术的引导与教化功能，通过治理手段、治理技术的发展，来培育出更多具有现代意识的人，为构建"人人有责、人人尽责、人人享有"[①]的社会治理共同体等提供更

---

① 《中共十九届四中全会在京举行》，《人民日报》2019 年 11 月 1 日。

加坚实的主体基础。

其次，新时代的现代化立基于中国特色社会主义的现代化。这意味着，现代化并不是一个普适性的概念，其并不意味着一种可以放之四海而皆准的普遍性标准和形态。现代化不等于西方化，在中国语境中推进国家治理体系与治理能力的现代化，所要追寻的是一种基于中国情境的、以马克思主义理论为基础、吸收全人类文明精华的国家治理理想图景。这种国家治理理想图景的描绘需要我们在摆脱西方思维的前反思性影响的基础上，通过中国人民及中国的治理体系对自身治理情境的有效了解、对中国治理模式的不断探究、挖掘而实现；它要求我们在认识到西方所宣称的普遍主义逻辑的特殊主义本质的基础上，去粗取精、去伪存真，最终实现自身文化体系中治理逻辑的有效建构与发展。

再次，新时代语境中的现代化是在发展、扬弃和全面深化的改革进程中实现的。现代化的过程，是一个发展和进步的过程，而实现发展和进步的基本渠道就是全面深化改革。现代化的这种发展性特质和改革性特质，对于推进国家治理体系与治理能力现代化的启示主要有两个方面。一是要把握国家治理体系与治理能力现代化过程的渐进性，它不是一蹴而就的，而是在不断吸收现有的制度精华、不断扬弃现有制度、实践中的不合理方面而逐渐完善的，它是一个从不够完善到更加完善的过程。在推进国家治理体系与治理能力现代化的过程中，我们"既要敢于突破，又要一步一个脚印、稳扎稳打向前走"①；既要努力发掘不足、持续改进，又要看到更加光明的前景与未来，不断将改革推向前进。二是要注意从不同领域综合施策，整体推进各项改革的深化。国家治理体系的各个组成部分是一个相互关联的整体，具有高度的综合性，必须从坚持和完善党的领导制度体

---

① 《完善和发展中国特色社会主义制度　推进国家治理体系和治理能力现代化》，《人民日报》2014 年 2 月 18 日。

系、人民当家作主制度体系、中国特色社会主义法治体系、中国特色社会主义行政体制、社会主义基本经济制度、繁荣发展社会主义先进文化制度、统筹城乡的民生保障制度、共建共治共享的社会治理制度①等出发，进行整体推进、全面改革、全面优化。只有基于全面逻辑的整体性、深入性改革，才能更好地推进治理体系的总体现代化，防止相互掣肘和木桶效应的出现。

第二个核心概念是治理体系及其现代化。从结构上看，国家治理体系大体包含横向和纵向两个维度。国家治理体系的横向维度主要指的是国家治理的主体、形式、内容等。从主体上看，现代化的国家治理体系既包括党和国家机关，也包括"企事业单位、人民团体、社会组织等"②，它是参与式的、网络化的；从形式上看，现代化的国家治理体系既可以基于行政手段、通过自上而下的科层逻辑而达致治理目标，也可以通过经济手段、法律手段、教育手段等达致治理目标，各种手段和治理渠道之间的协同互动、有机合作，是实现治理效能提升的关键；从内容上看，现代化的国家治理体系既包括制度、机制，也包括观念、文化等。在纵向维度上，现代化的国家治理体系表现为不同的科层结构和领导关系，其基于"两个维护"逻辑而凝聚在党中央周围，在灵活的上下级关系及领导与被领导逻辑之下，为国家治理目标的实现而共同努力。总体而言，不同的治理结构（如不同的治理主体和治理手段、不同的治理文化与治理理念、不同的科层结构等）体现着不同的执政思路、体现着不同治理主体间的关系协调，因此，从结构配比与主体互动的意义上来说，国家治理体系的现代化，本质上就是国家治理制度与机制的优化与完善，是组成国家治理体系的各

---

① 《中共十九届四中全会在京举行》，《人民日报》2019 年 11 月 1 日。
② 《完善和发展中国特色社会主义制度　推进国家治理体系和治理能力现代化》，《人民日报》2014 年 2 月 18 日。

部分之间的结构的优化与完善，这种优化与完善既可以是整体性的，也可以是局部的；既可以是横向的治理主体、治理手段、治理理念等的优化与完善，也可以是纵向的自上而下、自下而上的治理结构（如权责关系、治理资源分布等）的优化与完善。由于整体是由部分构成的，部分及其结构影响着整体的功能，因此，构成治理体系的各个部分的结构调整与内容变动，决定着治理体系的功能发挥，也影响着治理体系的现代化程度。

第三个核心概念是治理能力及其现代化。马克思主义认为，一切事物都处在永不停息的运动、变化和发展之中，要保持主客体之间的动态平衡，就必须根据事物发展变化的规律，进行主动、及时的适应和调整。从这个意义上说，治理能力现代化的关键不在于治理能力在某一特定的时期要达致某种恒定的治理标杆，而在于要合理调整治理能力与治理对象之间的关系，实现治理能力与治理对象、治理语境之间的契合，使治理能力能够适应社会发展的需要、适应时代变迁的要求。换言之，治理能力的现代化虽然指向某种理想的发展状态，但这种理想状态并不是一种一成不变的、固定的目标指向，而是一个随着社会需求、治理环境的变化而不断调整的动态过程。从宏观上看，评价一种治理能力是否现代化至少有两条不可或缺的原则：一是需求导向原则。即，现代化的治理必须能够更好地满足人民的美好生活需要、能够更好地达成和促进社会认同。社会认同产生于公民对治理现状的满足和对治理效果的良性预期，这种对现状的满足和对未来的良性预期并不完全取决于治理权力及资源汲取能力的大小和强弱，而同时也取决于治理反映社会需求、引导社会需求的能力。从这个意义上说，治理能力现代化的关键维度之一在于通过对党全心全意为人民服务根本宗旨的有效落实及对群众路线的坚持，通过广泛的、多层的、制度化的民主途径及全过程民主逻辑的运转和实施，来了解、归总、回应社会的诉求，并通过资源的合理汲取和调动来更好地整合社会、引导和满足社会需求，以实现治理能力与社会诉求之间的动态平衡。二是环境适应原则。治理的环境包括共同体的维护所涉及的政治、经济、社会、文化、生态等诸多内容，评价一种治理能力是否现代化，不仅要看治理制度是否精密、治理机构是否合理，更要看制度、机构与社会发展阶段之间是否一致，是否能最大限度地适应政治、经济、社会、文化、生态等系统的发展要求。在现实中，治理能力与治理环境之间的平衡是一种动态的平衡，治理能力适度超前于社会情境从而引领社会发展或社会情境适度超前于治理能力从而促进主体进一步提升治理能力，都是治理发展进程中的常态。事实上，也正是在这种动态平衡中，社会共同体的秩序才能得以确保，治理主体和治理客体的共同发展与完善才能具备坚实的环境基础。

二、推进国家治理体系与治理能力现代化的作用逻辑：以价值、实践、认识三重维度为视角

（一）从价值论维度来看，推进国家治理体系与治理能力现代化，具有重要的动力供给和价值实现功能

首先，推进国家治理体系与治理能力现代化，具有重要的动力供给功能。中国特色社会主义的国家治理实践本质上是一种价值创造行为，其直接目的之一是为了满足社会多元化实践主体的美好生活需要。在价值论意义上，当一定的治理体系的属性完全能够满足社会的需求时，其对于社会就具有绝对的价值；当一定的治理体系的属性只能部分或不能满足社会的需求和欲望时，一定的治理体系对于社会而言就只存在部分价值或不存在价值。在现实的社会发展进程中，治理体系具有绝对的价值或绝对不存在价值的情形都不是常态，在更多的情形下，治理体系往往都只具有有限

的价值，能够满足社会的部分需求。当治理体系的属性不能完全满足社会的需要时，为了实现治理体系与其社会需求之间的最大限度的匹配，就必须进行积极的适应和改造，要么调整自身的需求以适应社会需求，要么引导社会需求以使社会需求适应治理体系的价值创造能力。因此，治理体系的价值创造能力与社会需求满足之间的差异，正是促进治理体系不断完善自身、使其发挥更大价值的动力所在。在这个过程中，影响治理体系价值创造的动力供给因素主要有两个：一是治理体系对自身价值创造的属性和能力把握的准确程度，二是治理体系对社会需求定位的准确程度。社会需求、治理能力决定着治理体系的目标设定，而目标设定的明确，又能够有效地反向作用于治理体系的能力提升，为治理体系的能力提升提供动力来源。因此，完善和发展中国特色社会主义制度、推进国家治理体系与治理能力现代化的重要意义之一，就在于它为治理体系明确地设定了一种适当的目标形态[1]，它在治理体系的理想追求与现实的治理情境、社会需求之间造就了一种适当的张力，从而为其推进改革的实践活动提供了不可或缺的动力；或者说，推进国家治理体系与治理能力现代化概念的提出，本身就意味着在一些领域中由于"思想观念的障碍""利益固化的藩篱"[2]等的存在，使得现实的治理体系与治理能力在一定程度上尚不能完全满足社会发展的要求。推进国家治理体系与治理能力现代化目标的提出，正是为现实的治理实践提出了一幅合适的理想图景，它能有效促使治理主体积极革

---

① 十九届四中全会指出，坚持和完善中国特色社会主义制度、推进国家治理体系和治理能力现代化的总体目标是，到我们党成立一百年时，在各方面制度更加成熟更加定型上取得明显成效；到二〇三五年，各方面制度更加完善，基本实现国家治理体系和治理能力现代化；到新中国成立一百年时，全面实现国家治理体系和治理能力现代化，使中国特色社会主义制度更加巩固、优越性充分展现。见《中共十九届四中全会在京举行》，《人民日报》2019 年 11 月 1 日。

② 《习近平谈治国理政》第一卷，外文出版社 2018 年版，第 87 页。

新现实的治理实践、提升治理主体与治理环境之间的契合性、提升治理能力与社会需求之间的一致性，实现理想的治理实践、治理能力与现实的治理实践、治理能力之间的动态平衡。

其次，国家治理体系与治理能力现代化的推进，具有重要的价值实现功能。在价值实践进程中，国家治理具有双重属性。一方面，在外向性维度上，国家治理作为一种公共性实践，是以促进社会的持续发展、推进民生改善、增进社会福祉为目的的，其具有满足社会需要、引领和助推社会价值实现的功能。另一方面，在内向性维度上，国家治理体系自身作为实践主体，也有其价值实现的需求。这可以从两个方面来理解：其一，国家治理自身的价值实现，体现在它通过完善自身来更好地推动社会价值实现的过程之中，或者说，推动社会价值的实现，就是国家治理体系达致自我价值实现的途径，也正是国家治理体系的目的所在。其二，国家治理实践是由作为主体的人来推进的，他们都有着各自的目标追求和价值实现的需要。因此，国家治理的价值实现，是以参与国家治理的人的价值实现为保障的，只有当治理主体（即参与国家治理实践的人）能够有效提升能力、能够实现其公共性抱负时，国家治理体系作为社会价值实现者的功能才能有效发挥。正因如此，国家治理体系与治理能力现代化的关键之一是人的现代化，因为，人是国家治理体系与治理能力现代化的直接推动者、最终落实者。

（二）从实践论维度来看，国家治理体系与治理能力现代化的核心在于通过主体间关系的调整、通过主客关系的合理定位，来实现治理效果的直接改善，它具有强烈的实践导向性

国家治理体系与治理能力现代化的核心是构成国家治理体系与治理能力的各种要素及其内在结构的现实优化，它的本质不是形而上的理论争论，而是一种以制度和机制改革、理念与素质优化为核心的现实的实践活

动。国家治理体系与治理能力现代化作为全面深化改革实践的总体目标要求，其所要调整的关系及其内在意义主要有以下三个方面。

其一，它要调整共同体内部的主体间关系，以促进社会的和谐稳定。国家治理具有重要的社会整合功能，而社会整合是社会共同体的秩序得以确保的基本前提。推进社会整合的过程，本质上也正是一个主体间关系的调整过程，这是因为，主体间关系正是体现主体的社会本质，体现其交往属性的核心表征。促进社会整合、推进社会和谐，关键就是要优化主体间交往关系，使主体间的交往实现理性化、合理化、有序化。理性、合理、有序的主体间关系达成一方面有赖于个体内在的自治机制的构建，另一方面也有赖于外在的制度性规范的完善。国家治理体系与治理能力的现代化，就是要从如上两个方面着手，以实现对主体间繁杂关系的规范：一方面，它通过多元治理主体的引入，通过对"共建共治共享"逻辑的强调，而将社会个体从国家治理和服务的客体转换成为国家治理的"主客综合体"（既作为治理和服务供给的对象而存在，也作为治理和服务供给的主体而存在）；这种治理身份的转化和确认，使个体能够更好地进行自我管理和自我约束，从而主动地、自发地实现主体的自我行为优化及主体间关系的规范。另一方面，其强调以治理制度和机制的优化为基本抓手，以助推治理效能的进一步提升。推进国家治理体系与治理能力现代化，就是要通过法治国家与法治政府的建设、通过党内法规体系的完善等，使各类调整主体间关系的外在规范性要素得以明确和体系化，推进公平、公正的社会环境与治理环境的生成。这种制度的创设和优化，有助于提升国家治理体系的社会整合能力、提升中华民族共同体意识的构建能力和社会和谐交往的助推能力，从而实现治理效能的进一步提升。

其二，它要致力于调整人与自然的关系，构建一种以"创新、协调、绿色、开放、共享"为主要内容的新发展理念及相应的伦理结构。现代国家治理不仅要调整人与人之间的关系，也要适应现代发展伦理的要求，调整人与自然之间的关系。在实践中，就是要基于"绿水青山就是金山银山"的理念，将"山水林田湖草沙冰"作为一个生命共同体，促进发展的可持续性。就本质而言，人与自然的关系其实是一种代际关系，它归根结底仍是一种主体间关系（当前主体与未来主体间的关系）。推进国家治理体系与治理能力现代化，就要认清人与自然之间的互依性、认清人类社会代际利益关系的实质，并通过生态文明意识的有效提升、制度机制的有效保障来确保代际分配的公平性。

其三，作为个体的社会主体及作为类的人类社会而言，推进国家治理体系与治理能力现代化，就是要促进人的全面自由发展，推进主体在认知上、思维方式上的全面完善。促进人的全面自由发展，是社会主义国家治理的终极目的之一，而这一目的的达成，又是以政治建设、经济建设、文化建设、社会建设、生态文明建设等协调并进为前提的，或者说，政治建设、经济建设、文化建设、社会建设、生态文明建设都是人的全面自由发展得以实现的推动力量，其中每一个环节都对人的全面自由发展进程起着举足轻重的作用。社会主义的国家治理要更好地推动人的全面自由发展，就应综合平衡，以国家治理体系自身的不断完善为出发点，充分发挥其对政治、经济、文化、社会、生态等的正面推动效应，变革阻碍人的全面自由发展的体制、机制，着力促进国家治理的规范化、服务化、协同化。只有当国家治理体系能够更好地成为人的全面自由发展的推动因素时，人的发展的力量才能被全面激发出来、人的全面自由发展的目标也才能真正实现。

（三）从认识论维度来看，基于中国特色社会主义与中国国情的国家治理体系与治理能力现代化，是对马克思主义认识逻辑的确证

首先，它体现了实践与认识之间的辩证关系。如前所述，马克思主

义认识论认为，实践是认识的来源、是检验真理的唯一标准；在实践与认识的关系中，实践是第一性的，而认识（及由此所衍生出来的理论、意识形态、真理等）是第二性的。由实践的第一性所决定，对于中国的国家治理体系与治理能力现代化的认识和评价，只能基于中国的实践而展开，并用中国的实践来加以检验，而不能用西方的经验与实践来代替中国的经验与实践，也不能用西方的理论与评价标准来代替中国的理论与评价标准。也就是说，关于中国的国家治理体系与治理能力现代化问题的认识和评价，必须摆脱西方的普遍主义思维模式的影响，真正从特殊主义的立场来考察中国的问题。之所以要摆脱西方的普遍主义思维模式的影响，原因之一在于，西方所宣称的普遍适用的方法与原理，往往只是西方社会通过其强势的意识形态影响力而构建出来的虚幻的假象，它并未经过实践的证成，并未经过普遍的检验。换言之，西方的普遍主义如果要证明其正确性，就必须通过普遍化的实践检验，而在现实逻辑中，这种检验并不存在，并且，从一些国家的试验现状来看，它已然否证了西方制度体系的普遍适用性。原因之二在于，从共时态视角来看，目前，不同国家、不同地区由于经济发展状况、文化传统、生活习惯等存在着一定的差异，而基于这种差异化背景构建起来的制度体系、真理评价标准等存在差异，也是必然的。因为，在马克思主义的视域中，真理并不是唯一的，每一种实践体系中的人们都可以根据其自身的经验而发展出一种阶段性的、局部性的相对真理，并经由这种相对真理而通达更为普遍的真理层次。所以，对中国式的治理体系与治理能力现代化问题的思考，也正是一个基于中国国情而展开的真理发掘过程和检验过程，这个发掘和检验过程本身就是带有特殊主义色彩的。

其次，它反映了认识的过程性。在马克思主义的认识论逻辑中，认识活动不是一蹴而就的，它要经历从感性认识上升到理性认识的过程，要在历史进程中不断完善、不断发展。从历时态维度来看，不同的历史时期由于社会发展状态的差异，人们的认知水平也必然会存在差异，但总体上，人们的知识是不断累积的，认知水平是不断发展、不断进步的。同样，人们关于国家治理体系与治理能力现代化的认识也是不断发展、不断进步的，随着推进国家治理体系与治理能力现代化实践的不断展开，随着治理主体、治理制度、治理机制、治理能力的不断完善，人们关于善治的标准、关于善治实现路径的认识也必然会不断发展，以使其更符合治理的规律、更符合人类社会发展的需要。事实上，中国特色社会主义的发展过程、中华民族伟大复兴的过程，就是不断探索国家治理体系与治理能力现代化的过程，其中有曲折和艰辛，但所取得的认识发展和成就也是举世瞩目的。因此，在一定的历史阶段上，那些对局部真理的挖掘和正确认识，都是推动人们关于治理的认识不断进步的重要力量。对于推进国家治理体系与治理能力现代化的实践过程而言，我们不能因为现代而否定传统，更不能因为创新而否认传承，因为，人类治理体系与治理能力的进步，都是在发展进程中逐渐累积起来的。

三、推进国家治理体系与治理能力现代化的哲学进路

作为全面深化改革总目标的"完善和发展中国特色社会主义制度，推进国家治理体系和治理能力现代化"是一项复杂的系统工程，必须在实践创新、思维方式转变、价值引领方面综合考虑、通盘着力，才能达成预期的目的、取得预期的成果。

（一）加强实践创新

国家治理体系与治理能力现代化的推进过程，是一个不断改革、不断创新的实践过程。只有坚持全面深化改革、加强实践创新，才能去除阻

碍治理能力发挥的潜在障碍，推动国家治理体系与治理能力的不断提升。加强实践创新，必须从以下两个方面着手。

首先是制度、机制创新。制度、机制表征着人类行为规范的基本形式、表征着事物运转和互动的内在逻辑，它是完善国家治理体系的核心、是提升治理能力的基础。制度、机制创新必须处理好如下两种关系：一是传承与创新的关系。习近平总书记指出，"一个国家选择什么样的国家制度和治理体系，是由这个国家的历史文化、社会性质、经济发展水平决定的。中国特色社会主义制度和国家治理体系不是从天上掉下来的，而是在中国的社会土壤中生长起来的，是经过革命、建设、改革长期实践形成的，是马克思主义基本原理同中国具体实际相结合的产物，是理论创新、实践创新、制度创新相统一的成果"①。中国特色社会主义制度和国家治理体系的发展，既要从历史逻辑中寻找其内在根源和依据，注重传承和坚守，同时也要根据时代的发展而不断创新，在实践逻辑中，要做到既不走"封闭僵化的老路"，也不走"改旗易帜的邪路"，在保持战略定力和制度自信的基础上推动中国特色社会主义制度不断完善、推动行政等相关治理机制不断优化。二是制度、机制创新与文化环境的互构关系。一定的制度、机制的形成、完善与一定的文化环境紧密相关，必须加强对制度、机制创新与文化环境之间的良性互动关系的构建。对于国家治理体系而言，要在适应文化环境的同时，适度发挥其对文化环境的引导功能，坚持以社会主义核心价值观引领文化建设制度，"牢牢把握社会主义先进文化前进方向，激发全民族文化创造活力，更好构筑中国精神、中国价值、中国力量"②，为国家治理进入良性循环提供良好的文化基础。

其次是治理技术创新。在治理技术的发展、借鉴与交流上，必须注

---

① 《习近平谈治国理政》第三卷，外文出版社 2020 年版，第 119 页。
② 《中共十九届四中全会在京举行》，《人民日报》2019 年 11 月 1 日。

意如下两个问题：一是要关注治理技术的适用场景。治理技术的有效性，往往与技术的使用主体和情境紧密相关。在治理技术的创生与借鉴过程中，必须坚持具体问题具体分析、注重因地制宜，防止机械模仿、照搬照抄、本本主义；必须强化治理技术的原创性和内生性，防止治理技术的外部依赖，使治理技术与中国式的治理情境得以紧密关联。二是它具有一定的价值无涉和价值中立性，但是，在技术所强调的价值无涉和价值中立的背后，也可能隐含着技术与方法的双刃剑效应，潜藏着文化与价值的影响。在全球化和技术创新成为基本背景的情形下，应注重挖掘治理技术的创造、借鉴、交流对于治理理念及制度革新的推进意义，同时，也应关注治理技术的创新、借鉴与交流所可能存在的长期的伦理风险及价值与意识形态风险，使治理技术真正为治理主体所用、为中国特色社会主义制度所用，使其成为中国治理效能提升的有效、可靠的工具。

（二）树立正确的思维方式

首先是要树立系统思维方式。所谓系统思维，就是一种"根据客观事物所具有的系统特征，从事物的整体出发，着眼于整体与部分、整体与结构及层次、结构与功能、系统与环境等方面的相互联系和相互作用，以求得优化的整体目标"[①] 的思维方式和分析方法。推进国家治理体系与治理能力现代化的过程必须坚持系统思维，其原因主要在于两个方面。其一，推进国家治理体系与治理能力现代化的过程所涉及的关系是错综复杂的，既包括作为整体的国家治理体系与构成国家治理体系的各种制度、各类治理主体等要素之间的关系，也包括各种治理制度、治理主体等要素之间的相互关系，同时还包括国家治理体系与经济体系、文化体系、社会体系、生态文明体系等环境因素之间的关系。只有树立系统思维、综合考

---

① 陈振明：《公共政策分析》，中国人民大学出版社 2003 年版，第 421 页。

量，才能使国家治理体系既做到内部协调，又能充分发挥其正面的外部效应，使其成为促进内外协调的推动力量。其二，只有树立系统思维方式，才能做到全国一盘棋与具体问题具体分析之间的辩证统一。对于超大型的中国社会而言，一方面，我们必须做到坚决维护党中央的权威和集中统一领导，正确认识"坚持全国一盘棋，调动各方面积极性，集中力量办大事的显著优势"①，在根本问题上保持统一行动、防止各自为政、相互牵制；另一方面也要认识到，受中国经济发展不平衡不充分的现实及不同民族和区域的生活惯习的差异等影响，要实现治理效能的有效提升，就必须坚持具体问题具体分析，防止片面地一刀切。在中央与地方的关系上，必须看到，国家在宏观层面上的顶层设计是协调中央与地方关系、搞好地方政府府际关系的关键。在实践中，必须"健全充分发挥中央和地方两个积极性体制机制"②，在顶层设计层面"处理好中央统一领导与地方自主性的关系"，"理顺中央和地方权责关系"，"明确不同治理层级政府职责，赋予地方政府更多自主权"③。

其次是要树立创新思维方式。治理活动中的创新思维，主要是指治理者"积极探索环境与组织自身发展中的未知领域，开拓和创建组织发展新局面的思维活动"④。它通过突破治理实践中的常规限域，通过新的领域、途径、方法、视角等的开辟，实现问题的化解、效能的提升、目标的达成。治理领域中的创新包括实践创新和理论创新两种形式。在推进国家治理体系与治理能力现代化的过程中，实践创新主要涉及的是如上所述的治理制度、机制、方法等的革新，而理论的创新则主要涉及的是治理实践

① 《中共十九届四中全会在京举行》，《人民日报》2019年11月1日。

② 《中共十九届四中全会在京举行》，《人民日报》2019年11月1日。

③ 任广浩：《充分发挥中央和地方两个积极性的制度内涵》，《中国社会科学报》2019年12月13日。

④ 张康之：《管理活动中的创新思维》，《理论与改革》1999年第1期。

所赖以为基的相关理论体系的发展。一般而言，理论创新从形式上看主要有三个维度：一是宏观层面的哲学、文化理论创新，其主要关注的是国家治理体系与治理能力现代化的方法论、哲学内涵、治理价值论等方面的内容，意在为国家治理体系与治理能力现代化的制度创新、方法创新提供方向指引，为全社会形成对治理的正确认知提供认识论前提；二是中观的制度、机制方面的理论创新，就当前而言，其重点应关注的议题包括国家与社会的互动机制、治理主体间交往机制、国家构建的制度基础、社会矛盾化解机制、基层自治制度、民主协商制度等，这些中观的议题既具有较强的社会热点性，又沟通着宏观原理与微观操作方法，对于推进国家治理体系与治理能力现代化的实践具有举足轻重的作用；三是微观层面的方法创新研究，其主要关注的是解决问题的具体路径的优化，偏重问题、对策式研究，如"放管服"改革、疫情防控等。微观层面的方法研究因其细微性、具体性，对于现实的创新实践具有最直接的指导意义，能为推进国家治理体系与治理能力现代化的实践提供有效的理论参考。

（三）以社会主义核心价值观引领国家治理体系与治理能力现代化

"社会主义核心价值观是当代中国精神的集中体现，凝结着全体人民共同的价值追求"[1]。"推进国家治理体系和治理能力现代化，要大力培育和弘扬社会主义核心价值体系和核心价值观"[2]。之所以必须将推进国家治理体系与治理能力现代化融入社会主义核心价值观的践行实践之中，主要原因在于：首先，社会主义核心价值观为推进国家治理体系与治理能力现

---

① 习近平：《决胜全面建成小康社会 夺取新时代中国特色社会主义伟大胜利——在中国共产党第十九次全国代表大会上的报告》，人民出版社 2017 年版，第 42 页。

② 《完善和发展中国特色社会主义制度 推进国家治理体系和治理能力现代化》，《人民日报》2014 年 2 月 18 日。

代化的实践进程提供了宏观的方向与价值指引。其中，"富强、民主、文明、和谐"，"自由、平等、公正、法治"是对国家治理的制度体系及社会效果（治理目标）所提出的要求，而"爱国、敬业、诚信、友善"则既是对每一个社会个体提出的道德要求，同时也是对作为治理主体的每一个个体所提出的道德要求。这种宏观的价值规范、职业要求和治理目标，一旦落实到国家治理体系与治理能力现代化的实践中，将产生无穷的精神动力。其次，无论是社会主义核心价值观的践行过程，还是国家治理体系与治理能力现代化的推进过程，实际上都是中国特色社会主义制度构建进程的重要组成部分，二者之间能够形成良好的互动关系。社会主义核心价值观的构建能为国家治理体系与治理能力现代化的推进提供有效的观念支撑、精神凝聚、思想动力，而国家治理体系与治理能力现代化的推进，又能为社会主义核心价值观的实践提供空间和舞台、提供良好的榜样示范、提供良好的制度环境。国家治理体系与治理能力现代化的推进与社会主义核心价值观的践行只有相互配合、相互协同，才能形成合力、事半功倍。

第二节　行政之真、善、美：中西语境中的考察

现代公共行政是科学性、伦理性与审美性的统一。这种复合性特质，对于公共行政提出了科学求真、伦理求善、形式求美的要求。① 公共行政对真、善、美的追求，是实现公共行政自我价值的前提，也是达致行政目标、促进行政体系与社会体系良性互动的基础。行政之真、善、美是客

---

① 颜佳华：《行政哲学研究》，湘潭大学出版社 2008 年版，第 36 页。

观性与主观性的统一，这决定了不同主体、不同文化与制度体系对于真、善、美的把握与评价既有其一般性，也有其特殊性。这种一般性与特殊性，意味着对于中西方不同制度与文化体系下的行政之真、善、美的比较不仅是可能的，而且具有重要的理论与实践意义。

一、中西方行政视域中的"真"

在行政体系中，"真"体现的是行政的科学性、客观性维度，所谓求"真"，就是要揭示行政的本来样态和真实意蕴、揭示行政发展的内在规律。行政之真体现的是行政的一般性，但人们认识真理的过程，却要受诸多内在和外在条件的限制，这就使得人们对于行政之真的认识可能存在地方性、文化性与政治性等特征，从而呈现出关于行政之真的不同认知样态。这些不同的认知样态，并不意味着人们关于行政之真的认识是错误的，而是表明行政之真本身及行政之真的获取方法与路径具有多样性、多元性。换言之，人们从不同视角出发所揭示的，可能是行政之真不同侧面的内容，尽管其只是表现为一种相对之真、局部之真，但这种相对之真、局部之真，可能正是达致对行政之真全面认识的基础和前提。

在中西方不同的制度体系与文化环境之下，人们对于行政之真的认识，也存在着诸多差异，形成了各自的特色。

首先，社会性、政治性与行政之真。行政有其社会性，也有其政治性，社会性与政治性都是行政的本质属性，在某种程度上反映了行政之真。行政的社会性表明，行政是内生于社会、依托于社会并服务于社会的。行政是社会为了实现自身的秩序、实现有效的自我保存而形成的一种超越性力量，其应社会需求而产生，因服务于社会而获得认同。

社会性作为行政的一种内生性特质，既具有一定的普遍性，也具有一定的特殊性。从马克思主义的视域来看，社会性特征的普遍性表现在，在国家产生之后和消亡之前的时间范围内，行政在国家发展的任何阶段、在任何国家类型中，都是依附于社会而存在的；在这个意义上，不管是中国语境中的行政，还是西方语境中的行政，都是内生于社会、服务于社会的一种强制性、工具性存在。行政的社会性特征也具有一定的特殊性，这种特殊性的表现之一在于，以国家权力为基础的权力型行政是随着国家的产生而产生、随着国家的消亡而消亡的，也就是说，它是依赖于国家政权而存在的。恩格斯指出，"随着阶级的消失，国家也不可避免地要消失。在生产者自由平等的联合体的基础上按新方式来组织生产的社会，将把全部国家机器放到它应该去的地方，即放到古物陈列馆去，同纺车和青铜斧陈列在一起"①。在这样的社会形态中，以权力为基础的权力型行政将随着阶级分化的消失而消失，取而代之的是一种非权力依赖的、社会化的治理。表现之二在于，在不同的国家类型与制度体系中，行政与社会之间的关系在具体的表现形式上会存在一定的差异。在传统专制国家中，行政与社会之间的关系是行政权力绝对主导型的，由于行政权力的高度集中，使得社会往往成为一种相对于行政权力体系而言的依附性存在；而在现代国家中，行政与社会的关系往往是协作型、共治型的，其以社会利益诉求的实现为中心，行政的社会控制功能被极大地弱化，而其社会服务功能则得到了凸显。

行政不仅有其社会性，也有其政治性。行政的政治性，源于行政权力是依附于国家政权而存在的，或其本身就是国家政权的构成部分，行政作为国家政权的执行体系，要反映特定国家、特定政治体系的价值诉求、政治安排等。具体来看，这种由国家和政治体系的不同而生成的特殊性，

---

① 《马克思恩格斯选集》第 4 卷，人民出版社 2012 年版，第 190 页。

主要有两种形式的表现：一是国家的阶级属性决定了行政的阶级属性。在马克思主义的视域中，不同类型的国家，因掌握政权的阶级不同，其所代表的利益主体也就不同。行政作为执行国家意志的工具，必须在价值上认同国家的价值诉求，使其成为统治阶级意志的执行者、实现者。二是权力的分布。不同国家内部的权力结构可以是多元化的、差异化的。如对于立法权、司法权、行政权、监察权而言，其既可以是一种平行的权力结构，也可以是衍生与被衍生的权力结构。不同的权力结构，会影响行政的行为结构与价值选择，在行政权占主导的国家，其行为选择与价值选择的自主性空间相对更大，而在立法权占主导的国家，行政权力则必须服从于立法权的安排，成为一种衍生性的甚至被支配的权力。

在中西方语境中，人们对于行政之真的理解，由于行政生态、认知逻辑等的不同，也会呈现出一定的差异。

西方对行政本质的理解，是与西方式的权力结构及其特定的选举政治与党派政治紧密相关的。在西方的政治架构下，基于政治与行政相对分离的实践逻辑，行政的执行性和技术性得到了高度的关注。从行政的执行性和技术性特质出发，行政的价值中立也一度成为西方行政学界的基本信条。在行政价值中立者那里，行政主体被理解成非人格化的、机械化的执行者，而其政治性、阶级性、党派性、伦理性等都被弱化和忽视。西方社会对行政的技术性和价值无涉性的强调，意图使行政成为任何党派或政治体系都可以操控的工具，然而，任何技术都是一定的制度安排与价值主张的体现，都体现了技术背后的人的价值、思想、理念与需求。因此，对行政的技术性和非价值性的强调，不仅没有排除行政的价值属性，反而有意或无意地使西方式的潜在价值主张在价值中立的掩盖之下，实现了价值的扩张与操控。近几十年来，随着行政学理论的不断发展，人们对于行政的价值性、政治关联性、目的性等有着越来越明确的认识，但在西方的视域中，或基于对行政本质的错误认知，或基于主观故意，行政始终被一些理论家与实践者认为是一种没有阶级属性的普遍性存在。甚至，在一些持西方中心主义立场的行政价值普遍主义者那里，西方的政治与行政价值被提升成了理想性的、标杆性的价值体系，认为其代表了人类行政哲学与实践发展的一般性方向，并以此为标准，来否定其他形态的行政哲学、理念与实践的合理性。这样的做法，不但没有凸显西方式行政价值的真理性，反而揭示了西方式行政价值所内含的强权逻辑。

而在马克思主义对行政本质与行政之真的理解中，行政一般被理解为是执行国家意志的工具，行政与国家是相伴而生的。因此，国家的性质决定了行政的性质，国家的阶级属性决定了行政的阶级属性。在这样的逻辑中，行政是有其明确的价值诉求的，这种价值诉求本质上反映的是国家及其所对应阶级的价值诉求。西方资本主义国家的行政所反映和维护的是西方资产阶级的利益，提升资本运作的效率、实现资本的最大化增殖、不断满足资产阶级的物化诉求，是西方式行政生活的根本价值追求，也是其获取社会认同的基础；而对于社会主义国家而言，它是无产阶级"通过革命使自己成为统治阶级，并以统治阶级的资格用暴力消灭旧的生产关系"而建立的，在马克思和恩格斯看来，无产阶级在消灭旧的生产关系的同时，"也就消灭了阶级对立的存在条件，消灭了阶级本身的存在条件，从而消灭了它自己这个阶级的统治"①。在马克思主义的视域中，阶级统治的消灭不是一蹴而就的，而是要经历一个漫长的过渡期，在这个过渡期中，无产阶级专政是实现向"无阶级、无国家的共产主义社会过渡"②的必经阶段。因此，马克思和恩格斯在国家观上是区分于形形色色的无政府主义

---

① 《马克思恩格斯选集》第1卷，人民出版社2012年版，第422页。
② 姜正君：《希望还是神话：马克思的国家消亡论阐释》，《马克思主义研究》2011年第11期。

的，这也彰显了马克思主义视域中的国家及其相应的行政的价值性特质。具体到中国而言，中国共产党以马克思主义为指导，建立了工人阶级领导的、以工农联盟为基础的人民民主专政的社会主义国家，强调始终代表中国最广大人民的根本利益，坚持"以人民为中心"，强调民主与专政的有机结合。不同于西方资本主义逻辑中的行政体系对资产阶级的狭隘利益、对资本利益的维护，与中国特色社会主义相对应的行政体系在价值上以解放和发展生产力，消灭剥削、消除两极分化，最终实现共同富裕为根本使命，表现出强烈的包容性和长远性。

其次，行政的客观之真与主观之真。如前所述，行政作为一种实践，既有其客观性，也有其主观性。对行政之真的追求，既要关注客观事实，寻求客观意义上的行政之真，同时也要关注主观现象和主观需要，并从主观现象与主观需要中挖掘客观性因素。对客观性因素的挖掘，就是要使主观准确反映客观，使主客观保持一致；而对主观性因素的关注，则主要是一个意见的汇集过程，在现代社会中，行政的主观之真，主要表现为通过民主形式的完善，来实现主观需要的合理表达和有效集中。事实上，对于现代行政而言，其最根本的目的就在于满足社会的需要，或者说，社会的需要本身就是行政体系所面临的一种客观性因素。因此，在理想状态下，合目的性与合规律性相统一的行政，才是行政之真的最高表现。但是，社会的主观需求却并不必然是符合社会与行政发展规律的，这就往往会引发目的与规律之间的冲突。目的是构建行政合法性的基础，而当目的与规律、自由与必然出现冲突时，如何实现二者的有效调适，就成为行政体系能否保持良性运转的关键。

行政主观之真的获取，于中西方来说，都是极为关键的一个方面。在西方自由主义政治哲学及其相应的行政政策实践中，其主观之真的获取过程，将民主投票作为一个重要的维度与方式。自由主义逻辑下民主投票的关键与基础是多数同意原则。从行政哲学的视域来看，它表明其行政民主的核心在于通过同意某种政策、观点或价值观的主体数量的多少，来证明某种政策、观点或价值是否具有合理性或真理性，数量与同意是证成政策合规律性和合目的性的基础。应该说，西方式自由民主逻辑中的同意式政策证成逻辑，是获取行政的主观之真、反映社会总体意见的一种重要方式，在社会主义的行政民主实践中亦必不可少，但在学理层面与实践逻辑中，我们也必须看到，其并不是完美无缺的；或者说，经由主体数量和同意逻辑所证明的合理性与真理性并不绝对牢靠，这主要是因为：其一，这种逻辑的基本前提在于参与行政决策的社会个体是普遍理性化的，这是西方现代性兴起之后自由主义政治哲学的基本主张，但是，这一前提是否可靠，仍是一个需要质疑和反思的问题。从经验逻辑来看，在西方的现实语境中，多数人的选择并不必然就是理性的、审慎的，仅凭数量的多数，很可能湮没少数理性反思者的声音，从而使行政决策失去科学性、失去切近客观真理的可能性。基于此，列奥·施特劳斯式的精英主义者甚至认为，只有在"全民皆贵族"①的社会中，真正理性的民主才能建立起来，但是，这样的"全民皆贵族"式民主，在一定的社会发展阶段中，其现实可行性并不高；因此，尽管列奥·施特劳斯试图通过自由教育、通识教育来增强社会的民主能力，但总体来看，其整个的理想政治架构仍然具有较强的不可操作性，甚至只是为美国式自由民主的普适性所作的一种绝对主义式的辩护。其二，西方式同意逻辑或票决民主总体上仍是一种被动式行政民主，因为，对于社会而言，人们只是在政府所提供的备选政策方案中选择其一，但在备选政策方案的来源上，民众却缺乏有效的参与和考量，这实际上可能使得一些更符合社会需要、更具科学性、更符合客观规律的政策

---

① 王升平：《自然正当、虚无主义与古典复归——"古今之争"视域中的施特劳斯政治哲学思想研究》，广东人民出版社 2014 年版，第 158 页。

方案并未纳入政府的政策议程之中；此外，在行政实践逻辑中，出于个体投票无法改变政府政策选择的结果等实际顾虑，人们很可能并不热衷于参与投票，而成为搭便车的、"随便如何"式的消极公民，从而使所谓的民主投票过程进一步被虚置化、形式化。其三，在西方的行政实践逻辑中，以数量为基础的求真方式，容易受到利益集团、传媒等的引导和建构，从而使所谓的以同意和数量为基础的主观之真，实际上反映的仍是资本家、利益集团等强势群体的主观意见，而与民众的真实诉求或社会的长远利益等背道而驰。基于这样的逻辑所形成的行政决策，仍然是围绕资本逻辑而展开的，无法确保对于行政真理与规律的现实切近。

在中国语境中，基于全过程人民民主逻辑，行政之真的获取过程更多关注的是行政民主的主动化，强调理性的综合与平衡及行政民主的实质化。这种行政理性的综合与平衡机制及主动化、实质化行政民主的实现，主要经由三条途径加以保障：一是"群众路线"途径。群众路线强调"一切为了群众、一切依靠群众"，强调"从群众中来，到群众中去"，其作为党的生命线和根本工作路线，强调的是社会意见收集的主动化、有效化、真实化。在社会意见的收集过程中，党员干部、行政体系与群众是一体化的、是打成一片的。在这个过程中，党员干部与人民群众都是积极型主体，具有对政策的高度参与性、互动性和调适性，这就有效确保了政策方案对社会意见的准确反映。基于群众路线所形成的政策方案，要在实践中检验其真理性，它要经由自上而下、自下而上循环往复的过程，确保政策方案在实践中得以不断修正、不断完善，从而不断切近社会的主观之真、亦不断切近客观规律之真；与此同时，行政实践中的群众路线也强调通过做群众工作，使党的正确主张转化为人民群众的自觉行动，强调领导干部与人民群众在观念互构中形成良性互动、形成意见共识，这与西方式自由民主的"政策黑箱"逻辑形成了明显的分异。二是民主集中制途径。

在民主集中制的践行过程中，民主是否能确保主观反映客观，需要通过集中的过程来加以再评判和再平衡，如果作出了数量上的多数能够反映客观之真的决断，则行政首长要对自身的决断负责任，这种理性的再平衡过程和负责过程，正是行政实践中民主集中制的精义。三是协商探讨途径。在中国特色社会主义协商民主的运行过程中，社会主体之间、行政体系与社会之间、党派之间的对话、劝服、协商与探讨能为同意逻辑的展开增加信息的供给，提供更为充足的理性来源，从而确保行政过程中所作出的选择是理性的、科学的、具有最广泛的代表性的，同时也是反映客观现实的、切近行政之真的。总体上，上述三种机制的核心都在于要实现意见的有效汇集，充分吸纳民意，但同时也强调社会参与的主动性、真实性，强调意见的再反思与再平衡。一方面，积极型的领导干部、群众积极主动参与以及群众意见的主动化汇集是基础；另一方面，理性的负责机制、理性的反思和平衡机制，是中国行政决策模式化解西方自由主义政治哲学所强调的那种仅以数量和形式来证明行政决策之真的实践所可能存在的偏误，从而确保行政之真可靠性的重要保障。

二、中西方行政视域中的"善"

在行政哲学的视域中，"善"标示着行政体系的伦理与价值追求。从内容上看，行政之"善"可分为公共善与个体善两个维度。其中，公共善是一种公共指向的价值、道德或福祉，公共善维度的行政之"善"既强调行政体系自身在价值与道德取向上的善性，也强调行政对于社会价值原则、道德规范的塑造与正向引导，并致力于保障社会利益与社会福祉的最大化增进；而个体善则是就个体德性与个体价值选择而言的，其强调个体的利他品性、强调"好人"的塑造，并试图基于善性个体的构建，来实现主体间交往的良性化，促进社会总体秩序的有效构建。总体来看，伦理之"善"无论是在西方的行政语境中，还是在中国的行政语境中，都具有基础性意义，但中西方在对行政之善的内涵及其形塑方法等的理解上，又存在着一定的差异，呈现出各自的特色。这种差异和特色，大体可从如下两个方面来把握。

（一）公共善与个体正当（权利）的逻辑关系

如果说善表征的是一种伦理诉求，代表着"有益之可意欲性"①的话，个体正当（权利）表征的则是一种应得或立基于正当性的个体权利。在行政语境中，公共善与个体正当（权利）的关系及其优先性问题，主要涉及两个方面的核心议题。一是行政主体的政策选择问题，即行政体系作为权威性的价值分配主体，在价值与政策选择上是以个体权利的保护为优先，还是以社会性的公共善为优先；二是个体性行政主体的价值选择问题，即在面临个体利益与公共利益的冲突时，是牺牲个体利益来维护公共利益，还是以个体权利（利益）的确保为优先。

在中西方行政语境中，对公共善与个体正当（权利）的追求在一定程度上都是公共行政合法性构建的基础，是行政生活的基本目的之一。但在公共善与个体正当（权利）的具体选择上，中西方也存在着一定的倾向性差异。

以个体正当（权利）为优先，通过对个体正当（权利）的维护来促进公共善的达成，是西方自由主义传统的基本诉求之一。在以哈耶克为代表的新古典主义者看来，社会的良性运转以自生自发秩序的生成为基础，弱化政府理性、减少政府对社会的干预，是防止行政权力对社会所可能带来的权利减损，促进公共善的自发性生成的必然要求。罗尔斯式的新自由主

① 刘清平：《中国哲学语境下的善与正当问题》，《人文杂志》2012 年第 6 期。

义虽然不排斥政府干预，但其逻辑前提也是确保正当与个体权利的优先性。罗尔斯认为，"每个人都拥有一种基于正义的不可侵犯性，这种不可侵犯性即使以社会整体利益之名也不能逾越"①。在公共善与个体正当（权利）的关系问题上，罗尔斯批判了功利主义优先考虑公共善的倾向，明确指出，"由于自我优先于目的，目的由自我确定，甚至一种支配性的目的也是由自我在大量的可能性中选择的。人们不可能超出审慎的合理性。因此，我们应当把目的论学说提出的正当与善之间的关系翻转过来，把正当看作是优先的"②。总体来看，在自由主义者所强调的个体正当（权利）优先于公共善的逻辑中，面对个体权利（利益）与公共善的冲突，个体性的行政主体无须付出超出其底线规范之外的更多的责任，也没有必然的义务来放弃其本来拥有的部分或全部权利以成全公共善。而在行政的社会效果维度上，其主张行政首先应致力于维护和增进社会权利，反对基于公共善的考量而弃置社会正当（权利）的优先性。

　　与西方行政体系更多地强调正当的优先性不同，中国本土的行政体系在思维惯性与实践取向上更多地强调善与正当的平衡性、统合性和灵活性。其主要表现在于：其一，从社会效果维度来看，强调公共善对于社会正当与社会权利现实化的意义。公共善是中国公共行政的基本价值追求，是基于行政的公共性价值取向而必然推衍出的价值选择。但中国社会对公共善的追求，并不是要忽视或拒斥正当（权利），而是认为公共善的实现是确保社会正当与社会权利的手段，没有公共善的有效供给，社会权利就始终是抽象的，而非具体的。因此，在中国的语境中，行政体系一方

① 〔美〕约翰·罗尔斯：《正义论》，何怀宏等译，中国社会科学出版社1988年版，第3页。

② 〔美〕约翰·罗尔斯：《正义论》，何怀宏等译，中国社会科学出版社1988年版，第563页。

面强调要维护最广大人民的根本利益，通过不断解放和发展生产力来促进公共善的增进；另一方面也强调要通过法治政府的构建、通过制度的不断完善、通过司法公正的推进等，来保障人民各项权利的实现。这是一种寻求善与正当（权利）的双重确保、促进人民各项权利真实享有的思维逻辑，其本质上区别于西方自由主义逻辑中的抽象权利观。西方自由主义逻辑中的抽象权利观虽然强调了权利的优先性，但在具体的实现路径上却不可避免地要陷入理论与实践的悖反中。因为如前所述，不同的善观念实际上会影响人们对于正当（权利）的内容及其界域的选择，所谓的正当（权利），往往是以一定的伦理与价值认同为前提的，一旦离开了具体的伦理与价值情境，其立论基础可能也就不复存在。其二，在行政个体维度上，突出个体善与公共善之间的联结。在中国的行政思维惯性中，个体是高度社会化的个体，具有高度的文化与环境相关性，其与西方自由主义所强调的原子式个体形成了明显的区分。对于社会性的行政主体而言，它既要从社会中获取生存、发展的资源，也要以自身的能力来回馈社会，具有高度的社会嵌入性。个体与社会之间的高度互赖性意味着，个体的善性影响着社会的善性，而社会的善性也必然会反作用于个体的善与正当（权利）。在个体善与公共善的互赖关系中，个体善是促进公共善的前提和基础。因而，尽管中国社会也强调通过科层化治理及法治化的推进来弱化个体性因素对组织的影响，但相对于西方而言，其对个体善因素于公共善的正向影响给予了更高的关注。在中国的行政思维惯习中，寻找和培育德才兼备的"好人"，是实现有效治理、增进公共善的关键因素之一。这种对个体善的重视、对公共善的增进过程，在实际的操作上，是以行政主体被赋予了相对于其他社会性主体更多的道德与行为约束为前提的，因而，其具有明显的义务导向色彩。事实上，在中国的行政逻辑中，个体善是对冲权力思维与权利思维的结合所可能带来的行政权力私化倾向的重要工具——只有在个体善的屏障之下，才能使个体性行政主体主动弱化其权利至上思维，进而更加有效地开展奉献与利他行为，促进公共善，实现治理绩效的最大化提升。[①] 在这一逻辑中，行政主体的个体善与公共善是优先于其权利的，这种优先，本质上是为了促进社会层面的正当、权利与公共善的统合，最大程度地促进社会性主体的权利与善，它是行政主体基于自身对善的认知而形成的理性选择，也体现了行政主体（尤其是党员身份的行政主体）的先锋队性质及其不同于其他社会性群体的价值与道德选择倾向。

（二）行政与公共善的供给逻辑

公共善究竟如何实现，这是现代社会不可回避的一个关键问题。就其内涵而言，公共善大体指的是一种社会有利性，在物化层面上，它可化约为公共益品、公共服务与公共利益等的增进，在个体维度上，它与主体对公共责任的承担紧密相关。对于作为社会价值权威性分配[②]工具的公共行政而言，关注公共善的问题，不仅要关注公共善的生产或养成，也要关注公共善的分配，其涉及由谁生产、如何设置生产议程，由谁分配、优先分配给谁，怎样才能提升公共善的供给效率等。中西方对这些问题的解答，存在着一定的差异。

首先是关于公共善的生产、养成与分配。在西方的自由主义逻辑中，基于正当（权利）优先的逻辑，在公共善的生产主体、内容、议程、分配方式等问题上，其基本的思路是：其一，在生产主体上，着力推进公共善（主要指物化层面的公共益品或公共利益）的社会化生产，并通过社会的自生自发逻辑来推进秩序等"公共益品"的生成，政府更多地关注例外情况，充当守夜人角色；其二，在公共善或公共益品生产的议程设置及分

---

① 张康之：《公共行政拒绝权利》，《江海学刊》2001 年第 4 期。

② ［美］戴维·伊斯顿：《政治生活的系统分析》，王浦劬译，华夏出版社 1999 年版，第 26 页。

配上，更多地由社会（至少在形式上或理想层面上）来决定生产什么、什么应当优先生产，谁应当优先享用这些公共善或公共益品的生产所带来的社会效益。所以，西方自由主义逻辑中的政府在公共善的供给与分配上是相对被动的，在理想逻辑中，其主张强化社会的正当与权利，政府更多地关注例外情况与监管职责。可以说，在公共善的生产及分配上，西方自由主义理论强调将行政理性让位于社会理性，而所谓的社会理性，其部分地表现为基于公民同意逻辑而形成的偏好的汇集。而中国社会对于上述议题的回答不同于西方。例如，在公共善与公共益品的供给主体上，与西方自由主义更多地强调社会的自发性供给不同，中国的行政理论与实践体系更多地强调有为政府、有效市场、人人尽责式的协同供给。改革开放以来，尤其是 21 世纪初以来，伴随着对改革开放前高度集中的计划经济体制和政府职能定位的反思、基于社会的自我发展与政府对社会力量的不断培育，公共善与公共益品的供给呈现出主体多元化的趋势，有为政府、有效市场、人人尽责的供给机制正在逐步形成。在有为政府、有效市场、人人尽责式的协同供给逻辑中，行政体系既是公共善与公共益品的生产和分配者，同时也着意于通过公共善与公共益品的保障，来推进社会正当（权利）的实现。比如，行政体系致力于推进经济的快速发展、致力于精准扶贫，以保障社会的生存与发展权利；行政体系通过转移支付等政策工具，来推进公共善的分配正当，保障社会的平等；行政体系通过鼓励社会参与、扶助和引导社会自治组织等的构建与完善，来增强社会的自治能力，提升其自我的权益保障功能等。可以说，在中国的视域中，行政体系通过对公共善的生产与分配逻辑的掌握而推进社会正当（权利）的现实化，是促使社会正当（权利）从抽象走向现实的一种重要路径。其基本逻辑就在于以公共善的实现来确保社会正当（权利）的实现，并以社会正当（权利）的实现来反向助推公共善或"公共益品"（如社会秩序）的供给。在这个过程中，行政体系与社会体系之间是协作型的、共生型的，行政理性与社会理性之间形成了有效的配合与互赖。

其次是从行政之善向公共善的转化逻辑。从行政之善向公共善的转化，是行政体系实现自身价值、促进社会对行政体系的信任与认同的重要环节。在西方的自由主义行政逻辑中，行政之善向公共善的转化，更多的是通过组织善的构建而实现的，其逻辑在于通过行政组织对公共道德、公共价值的明确，来促进组织正向功能的发挥，进而推进公共善的实现。在这一过程中，个体善更多的是一种可选项，而非必选项。个体善如果存在和被要求的话，也更多的只是表现为一种表面化的德行，而不是一种基于内心道德认同的德性。也即，对于西方自由主义逻辑中的行政体系而言，基于个体正当（权利）优先于公共善的逻辑，只要公职人员不作出直接有损公共利益的行为，不在底线性的对错是非问题上作出错误的选择，就是可以接受的。可见，西方自由主义逻辑下的制度化行政伦理本质上是以避恶为旨归的，在扬善、发挥伦理的个体激励效应方面，其并未给予充分的重视。这一点，从西方一些行政伦理规约所强调的重点内容就可以看出。例如，美国的《政府伦理法》的重心是对官员财产申报等具体事宜、伦理办公室的运作、职务雇佣的公共利益诉求等规定，其更多的是一种从组织层面展开的规范，即使涉及个体道德，也大多是针对公务员的职业行为而展开的。事实上，西方文化基因中所形成的"性恶"式的人性假设，使其对行政主体的道德内化、对行政主体成就善性人格存有怀疑，因而将制度化伦理规范的重心转向了组织伦理与职业伦理。在西方的自由主义行政逻辑中，只要个体在职业行为中做到不损害公共利益（而不一定是公共利益优先，或是牺牲个人利益来成全公共利益），公共善的增进就是可预期的。这是一种以组织善来推进公共善的逻辑，它本质上仍是一种外驱式的公共善实现路径。

而在中国的语境中，受文化思维习惯、对个人与组织之间互动机制的体认等多重因素的影响，中国式行政哲学更为强调组织善、个体善、家庭善与公共善之间的交织与互动，其强调的是组织伦理与个体伦理、家庭伦理的多重规范价值，力求构建公共善的内外多重驱动机制。一方面，基于制度规范的组织伦理是中国实现行政主体行为规范的重要路径，其中，职业伦理与职业规范的形塑、权力监督体系的构建，是行政体系达致"把权力关进制度的笼子"、实现腐败预防和主体行为规范的重要方式。在这一层面上，其所要着力推进的是从组织善到公共善的直接转化，这是公共善的外驱机制，是实现公共善的一种保底力量。另一方面，个体善和家庭善是达致公共善的基石和必然要求。其中，对个体的牺牲精神、奉献精神、责任精神、义务观念、公共意识等的高度强调，是中国特色公共行政实践在追求公共善的过程中所呈现出的重要特质。正如前文所述，成为"好人"，是中国式行政主体的基本道德诉求，这个"好人"的标准，包括政治过硬、事业为上、公道正派，敢于负责、勇于担当、善于作为①，积极主动、廉洁奉公、甘于奉献等诸多方面。这是中国行政体系选人用人的基本标准，达不到这样的标准，在道德层面上就不符合行政体系的基本要求，就无法通过行政体系的入职审核。中国式的"好人"，是以道德认同与内化为基础的，它是德性与德行一体、职业生活与私人生活一体、具有强烈奉献精神的"好人"，而非说一套做一套、人前一套人后一套的"两面派"。在中国特色公共行政实践中，只有由真正的"好人"组成的奉献型行政组织，才能承担起增进公共善的重任。在家庭伦理方面，强调家庭伦理与公共善的实现之间的逻辑关联性。习近平总书记明确指出，"领导干部的家风，不是个人小事、家庭私事，

---

① 《党政领导干部选拔任用工作条例》，人民出版社2019年版，第2页。

而是领导干部作风的重要表现"①，因此，"每一位领导干部都要把家风建设摆在重要位置"②，在中国的行政语境中，领导干部在严于律己的同时，管理好家人、子女等，是实现行政权力正确行使的重要内容。可见，中国特色公共行政实践中的伦理，既包含着对于行政组织自身及对于社会的一系列道德规范与伦理要求，也包含着对于组织中的每一个个体、每一个家庭等的伦理要求；既包含着禁止性、预防性的伦理要求，也包含着激励性、奉献性的伦理要求，相对于西方自由主义逻辑下的政府而言，其伦理要求具有更高的标准。在实践逻辑中，个体善与组织善是否相符，是个体能否得到组织认可、能否顺利进入行政体系的关键；而个体是否能达到组织的善性标准，也是组织推进公共善的目标能否得以实现的重要影响因素。在这一过程中，个体善、家庭善、组织善、公共善之间是紧密联结、不可分割的。

三、中西方行政视域中的"美"

公共行政作为一种情感的实践、创造的实践、交往的实践，有其审美的需求。"在行政认识和行政实践中，美的尺度作为一种美的意象、美的追求、美的理想而存在于行政认识和行政实践的目的中，从而使行政活动及其产物具有美的价值、美的意义和美的情感力、创造力"。③ 行政之美是行政灵感的源泉、是行政发展的动力、是行政价值的重要构成，其既取决于行政实践本身的客观性和内在规定性，也取决于主体的审美观念。

---

① 《科学统筹突出重点对准焦距　让人民对改革有更多获得感》，《人民日报》2015年2月28日。
② 《习近平谈治国理政》第二卷，外文出版社2017年版，第165页。
③ 颜佳华：《行政哲学研究》，湘潭大学出版社2009年版，第218页。

主体的审美观念是人们对于行政的应然性价值、行政理想图景、行政交往形式等的认知，它要受人们的行政审美经验、人们所处的文化环境等影响。因此，在不同的行政实践体系与社会文化体系中，人们的行政审美观念也会存在差异。在中西方行政实践逻辑与文化体系中，人们对于行政之美的认知，就具有鲜明的文化色彩，呈现出各自的特色。

首先，在传统的审美观念中，古希腊高度强调了理性与行政审美的内在关联，而中国式的传统行政审美则更注重德、礼等维度。在古希腊传统中，柏拉图与亚里士多德都具有明显的理性主义倾向，可以说，对理性的切近或主体理性运用的有效性与程度，是其行政审美实践中所采用的重要的评价依据。例如，柏拉图区分了理念的世界、感性的世界与艺术的世界，其中，理念的世界是本然性、共相性的世界，它反映的是事物的真实，因而具有最高的审美价值；感性世界是对理念世界的模仿，它是暂时性的、表象性的、非普遍性的，其审美价值次之；而艺术世界由于是对感性世界的模仿，其审美价值最低。[①] 因此，在柏拉图的逻辑中，理念所反映的本质之美、本真之美在等级上要高于艺术的模仿之美，而对理念之美、真理之美的追寻与挖掘，是以理性与智慧为前提的，因而，理念之美的呈现与理性之间紧密相关。古希腊政治理性主义的重要特色，在于其强调通过理性而探寻政治与行政的内在规律，并强调通过理性而实现对理想政治与行政模式的构建。从行政之美的视角来看，在柏拉图那里，以哲学王为核心的治理体系因其实现了理性与治理权力的完美结合，有助于"各司其职、各负其责"式的完美行政形态与社会运行状态的达成，因而具有最高的善与最高的审美价值。亚里士多德对于理性也进行了充分的强调，其所推崇的共和政体是一种高度理性化的政

① ［古希腊］柏拉图：《理想国》，郭斌和、张竹明译，商务印书馆1986年版，第395页。

体；其所推崇的最佳民主状态，也更倾向于是一种经过有效反思的、理性化的民主，而非以数量统计为基础的平民式民主。在对艺术的理解上，亚里士多德对于艺术之审美价值的理解不同于柏拉图，他认为，"知识和理解属于艺术较多，属于经验较少，我们认为艺术家比只有经验的人较明智"，因为"艺术家知道原因而只有经验的人不知道原因。只有经验的人对于事物只知其所然，而艺术家对于事物则知其所以然"①。所以，亚里士多德认为艺术是理性的体现，是对理性的反映和表达。因此，艺术的审美价值和理性的审美价值是相通的，艺术也可以反映理性所构建的政治生活与行政生活的内在逻辑。

在亚里士多德那里，对理性与行政生活关联的探究，使其对行政的结构与形式之美给予了高度的关注。而在中国的传统行政审美逻辑中，行政的结构与形式之美（或者说什么样的行政结构设计更有利于公共善的达成，基于什么样的行政模式更有利于彰显行政决策的科学之美，推进社会福祉等）并不是行政审美的重点，其关注的重心在于如何在当时现行的行政体系中配备良好的行政主体，以行政主体的人格之美来彰显行政之美。而主体的行政人格之美的评价标准，关键在于德性的高低与对礼的遵从程度。其中，德性标示的是内在的心灵之美，这种内在的心灵之美，是外在的行政行为之美的前提。而礼作为一种外在的程序与行为规范，则为行政行为之美提供了类制度化的强制性保障。因此，在中国的传统审美视域中，行政主体的人格之美是内在与外在的统一。

其次，在现实维度上，西方式的行政审美呈现出明显的机械性特质，而中国式行政审美则更强调制度规范前提下的灵活性与人本性。现代西方的行政审美与其理性主义、科学主义传统高度契合，其追求的是整齐

---

① 朱光潜：《西方美学史》（上卷），人民文学出版社 1979 年版，第 74 页。

划一、程式化、制度化和非人格化，强调通过理性的预见而实现制度的完善，进而实现行政绩效的改善与公共善的供给。因此，现代西方的行政审美是过程性与结果性的统一，是制度化与非人格化的统一。如前所述，在这种非人格化逻辑中，行政体系中的人的价值、人的发展不是其关注的重心，其关注的重心在于以理性和预见性为基础的科层逻辑的严密化。这样的科层化逻辑，在有效防止人为因素对于行政生活影响的同时，也在一定程度上使得西方社会中的行政实践对于行政主体而言成为一种机械的工具、一种谋生的手段，它使得行政主体与行政生活之间不再是一体化的，而是隔离性的。这种隔离性，实际上弱化了行政生活本身的审美性价值，对于行政主体而言，其甚至成为一种负累性、枷锁性存在。行政生活对于行政主体而言的负累化，必然会导致行政公共性的贬损，这种公共性贬损，又必然会弱化社会对于行政生活的价值期待，从而在整体上降低行政生活的审美价值，导致行政审美的恶性循环。而中国式的行政审美虽然也强调制度化和预见性，强调了行政职位的制度化与非人格化所具有的审美价值和现实效应，但其也强调了行政体系中的人的根本性价值。因此，以行政德性来弥补理性与制度的不足，以行政主体的经验、灵感来弥补机械化、程式化的制度所存在的欠缺，以适度的基于特定情境的"反科层制"来弥补过度科层化所带来的效率损失，以人的行政交往来实现情感上的满足，实现理性与德性的互补、制度化与灵活性的互补、规范化与现实绩效追求的互补，是促进行政主体与行政生活一体化、实现行政个体审美与行政实践审美相统一的重要路径。因此，中国式的行政审美强调的是科学之美与人文之美的结合，它通过德性化、主动化的行政主体的塑造，通过人的交往性、情感性需求的满足及其规范化，通过强调"以人为本"、强调和谐行政的生成、强调人的创造性和奉献精神，而将行政生活与行政主体合而为一，使行政生活对于行政主体而言具有了更高的审美价值。

最后，对行政理想的审美差异。行政之美体现着人们对行政的理想化追求，行政生活只有当其符合人们对行政的理想期待时，才是美的。中西方的公共行政之美，体现为其在一定程度上都要追求社会自由，追求社会权利，追求社会秩序，追求行政效率，追求公共性价值等，这是现代公共行政的共性，是行政获取社会认同的基础。但是，中西方的文化差异又决定了其对行政审美必然存在着差异。其一，中西方的行政审美差异首先表现为对行政自由主体与类型理解的差异。自由是行政审美的基本维度，是西方社会的根本追求之一。但是，以自由主义为基础的西方社会所追求的行政自由是一种立基于原子式个体的自由，行政之公共性、行政之效率都必须在维护原子式个体自由层面上展开，防止公权力对原子式个体权利的侵害，是其行政哲学的重要目标。这是西方式行政审美的基础。对自由的追求，也是中国公共行政的根本审美标准之一。中国视域中的行政自由更多的是在互助性、社会性的意义上来理解的，与西方的自由主义将人理解为原子式的个体不同，中国的行政自由所追求的是作为社会性的个体的人的全面自由发展。这样的自由与权利是在社会的互助中实现的，是社会依赖性的。而这种社会依赖性，也正是行政作为一种公共性实践所存在的基本依据。这一意义上的行政，是一种积极的行政，对社会自由的促进，正是中国行政之美的重要来源。其二，西方的行政审美是维护性的，而中国在行政价值的审美上，则强调了解放与发展等基础价值的重要性。审美的价值在于其批判性和发展性。在西方资本主义社会中，这种批判性和发展性让位于行政的工业化、理性化，行政审美执着于机械化的程序、执着于官僚制与行政主体的非人格化，这使得行政生活本身成为一种技术，而行政学研究则局限于"行政科学"研究，行政生活与行政学研究都丧失了其批判性、反思性、发展性的一面，行政体系中的人也成为马尔库塞所理解的"单向度的人"①。而在中国的行政视域中，行政之美首先体现在行政所具有的解放性和发展性上。这意味着，一方面，社会主义的行政通过促进政治、经济、文化、社会、生态等发展，从而实现人的不断解放与发展、促进生产力的不断解放与发展，使人从对人的依赖、对物的依赖中解放出来，实现人的"自由个性"与全面自由发展。人的自由个性与全面自由发展，是行政审美的终极目标。这一终极目标的实现，是在不断的反思与批判中实现的，是在不断的历史扬弃进程中实现的。另一方面，行政之美也体现为行政自身的不断解放与发展，行政自身的发展，是依随社会的发展而发展的。它是在不断的改革实践中实现的，是在社会主体与行政主体的思维、认知的发展中而得以发展的，它是一种历史性的审美、进步性的审美。

第三节　德性与治理：基于柏拉图、亚里士多德及孔孟思想的考察

德性是中西方传统思想体系中一个十分重要的议题，无论是以柏拉图、亚里士多德等为代表的古希腊思想家，还是以孔子、孟子等为代表的先秦儒家思想家，都对德性与治理之间的关系进行过深入的考察，其思想中都蕴含着丰富的行政哲学思想资源。对这些思想资源进行比较性考察，有助于厘清中西方行政德性的内生逻辑，也有助于厘清中西方行政德性的演进脉络。本节将从德性与规范、德性的结构与治理、德与位的关系三重视角出发，以柏拉图、亚里士多德及孔孟的德性思想为基础，来考察传统

---

① ［美］马尔库塞：《单向度的人》，上海译文出版社 1989 年版，第 34 页。

中西方德性的治理功能。

一、德性与规范

行政是一种以公权力为基础的公共性实践，离不开一定的规范和约束。有效的规范，是确保行政公益取向的基础、是国家实现有效治理的保证。在传统社会中，由于权力的高度集中、权力规范技术与方法的相对欠缺，使得德性这样一种不成文的、内在规范的重要性得到了凸显。

（一）德性与行政权力的事实性约束[①]

在古希腊与先秦儒家的思维逻辑中，德性既是对社会大众所提出的要求，更是对掌握着公共权力的行政主体所提出的要求。例如，柏拉图的"智慧"之德作为一种上位德性，主要就是针对哲学家及哲学王而言的。在柏拉图的逻辑中，哲学王之所以掌握至高权力而不至于腐化，正是因"智慧"之德使其成为能够把握自然正当与真理的精英式主体；或者说，正是智慧本身使哲学王能够准确把握政治、社会及行政的运转逻辑与规律，从而使其成为行政公共性的主动守护者及社会正义的主动照料者。[②]在亚里士多德那里，不同政体的善性也是以一定的德性为前提的。亚里

---

① 古希腊及中国的先秦时期并没有出现现代意义上的权利观念，也缺乏现代法治意义上的限权观念。但是从古典时期的治理结构上来看，以及从西方的柏拉图、亚里士多德及中国的孔子、孟子的思想所产生的客观效果来看，其事实上能够起到，或其希望能够起到一定的规范行政权力的效果。例如，儒家所强调的修身的过程、克己复礼的过程，都具有规范治理行为、规范权力本身的作用。但是，这种规范是劝导性的，而非强制性的，这与现代社会所强调的法治规范存在差别。因此，我们在这里将其称为一种事实性的约束或规范，以与现代意义上的基于权利和法治观念的规范相区别。

② [古希腊] 柏拉图：《理想国》，郭斌和、张竹明译，商务印书馆 1986 年版，第231 页。

士多德根据是否以公共利益为根本追求及执政者的数量，把政体分为君主政体—僭主政体、贵族政体—寡头政体、共和政体—平民政体等不同类型。[①] 在这些两两对应的政体中，僭主政体、寡头政体、平民政体等在治理的结构、形式上与君主政体、贵族政体、共和政体存在着相似性、对应性甚至同一性，其区分的关键要素在于治理主体及其所拥有的德性和财富等的不同。在君主政体、贵族政体和共和政体中，治理权力与行政权力由德性主体所掌握，其权力的运用过程更多地受德性因素的规范，而僭主政体、寡头政体与平民政体中的执掌者则部分地存在着德性的弱化或治理者才能欠缺等问题，从而使得治理与行政权力只能照顾到某些特殊个体或群体的私利，而无法照顾到全体公民的共同利益。[②] 值得注意的是，在亚里士多德那里，君主政体、贵族政体、共和政体虽然都以德性为基础，但其对于德性的要求却存在着程度上的差异。总体来看，在君主政体中，至善的行政决策要求以至善的君主作为保证，而要达到柏拉图式的理想状态，其现实可能性是极为微弱的；贵族政体中的行政决策由贵族共同作出，其并不要求每一位决策个体的至善性，因而，贵族制实现善治的现实可行性相对要强于君主制；共和制则以"中道"为基础，它试图汇集多数人的德性与才能，在这种政体中，行政决策的参与者都具有适度、却并不突出的财产与德性，但其在数量上的优势足以弥补在财产、德性上的相对劣势，因而具有最高的现实可行性和最好的稳固性。

在先秦儒家那里，不论其德性理论的最终目的是什么，或者说，不论其是否存在着权力约束的自觉，德性都发挥了事实上的行政权力约束

---

① ［古希腊］亚里士多德：《政治学》，颜一、秦典华译，中国人民大学出版社 2003 年版，第 85 页。

② ［古希腊］亚里士多德：《政治学》，颜一、秦典华译，中国人民大学出版社 2003 年版，第 85 页。

功能。在孔孟的思想中，这种行政权力约束主要遵从三种思路：一是基于共治体系的维护而提出的规范与约束，如孔子说"君使臣以礼，臣事君以忠"（《论语·八佾》），即是主张君王要根据礼的要求来对待臣属、臣属要以忠诚来回报君王，这是从德性层面对君臣双方所提出的要求，意在维持君臣交往关系的和谐及行政共治体系的稳定。二是着眼于社会治理的有效性而提出的规范与约束。如孔子说"其身正，不令而行；其身不正，虽令不从"（《论语·子路》），强调的是德性对于政令畅通，构建更高效的治理与行政体制的影响；"道之以政，齐之以刑，民免而无耻。道之以德，齐之以礼，有耻且格"（《论语·为政》），则强调了道德与刑罚作为不同的行政模式及权力运用方式对于社会治理有效性的影响；同样，孟子所强调的"以德行仁者王，王不待大"（《孟子·公孙丑上》），"以不忍人之心，行不忍人之政，治天下可运之掌上"（《孟子·公孙丑上》）及"老吾老，以及人之老；幼吾幼，以及人之幼，天下可运于掌"（《孟子·梁惠王上》），也是把行政主体的德性及相应的行为规范与社会治理的有效性进行了联结。在孔子和孟子那里，社会治理有效性的关键在于行政主体的德性示范，这与古希腊认为社会治理有效性的关键取决于君王的知识掌握程度或政治制度安排的思路存在着一定的差异。三是基于行政合法性的构建而提出的规范与约束。如孔子说，"为政以德，譬如北辰居其所而众星共之"（《论语·为政》）及"远人不服，则修文德以来之"（《论语·季氏》），其着眼于通过德性来构建社会主体对于行政体系的认同；孟子说"以力服人者，非心服也，力不赡也。以德服人者，中心悦而诚服也，如七十子之服孔子也"（《孟子·公孙丑上》），也是强调了行政主体的德性修养对于构建行政体系合法性的影响。无论是孔子还是孟子，其劝导君王接受德性规范的逻辑，都是一种君王—社会导向的逻辑，即基于君王的完善而促进行政体系的完善，进而促进社会利益的构建，这与古希腊思想家基于社会正义结构的实现方式而反推政府治理体系的做法存在着明显的差异。造成这种差异的重要原因之一，在于孔子和孟子所遵循的是一种由现实到理论的逻辑，即基于现实的政府治理模式来推衍社会秩序的构建，而古希腊所遵循的则是一种从理论到现实的逻辑，它并不直接着眼于为现实的政府治理建言献策，而是侧重于从理论逻辑上来推衍最优的政府治理模式，这在一定程度上使其理论要受到现实性、可行性的考问。

（二）基于"好人"的规范

在古希腊哲学家与先秦儒家看来，德性的规范性都是通过培养"好人"，即实质上好的行政主体而实现的。换言之，在对行政主体的要求上，古希腊哲学家与先秦儒家都以其自身对于德性的认同与嵌入程度为考量基础，强调的是内在德性与外在行为的一致性，以德性来确保德行。例如，在柏拉图那里，德性所体现的是灵魂的构成，"人的灵魂里面有一个较好的部分和一个较坏的部分，而所谓'自己的主人'就是说较坏的部分受天性较好的部分控制"①，柏拉图希求通过有效的教育来推进主体的德性内化，以实现不同主体对相应的德性要求的认同，从而成为"事理通达的人"②。因此，对于柏拉图式的哲学王来说，其"智慧"之德绝不是基于外在压力或对惩罚的恐惧而构建起来的策略式行为，而是基于理性实现主体的构成性特质。在亚里士多德那里，德性也是一种内在于主体的规范，但与柏拉图侧重于将德性理解成一种可以传授的知识不同，他同时也强调了风俗、习惯与德性示范对于德性在人的头脑中的内化的影响。换言之，德性不仅是一种可以教导和传授的知识（即所谓理智德性），同时还与风俗

---

① ［古希腊］柏拉图：《理想国》，郭斌和、张竹明译，商务印书馆1986年版，第152页。

② ［古希腊］柏拉图：《理想国》，郭斌和、张竹明译，商务印书馆1986年版，第140页。

习惯等相关，德性规范性的形成，不仅基于人们对普遍化的德性原则的学习与认同而实现，同时也与人们对于德行的模仿与内化紧密相联。

与古希腊一样，中国的先秦儒家也强调了一种以道德认同为前提的德性伦理。其主要表现有：首先，在德性与德行的因果关系上，强调德性对于德行的决定性作用。例如，孔子说，"苟志于仁矣，无恶也"（《论语·里仁》），强调了"仁"德与行政主体的行为选择的关系，其中，"志于仁"是"无恶"的前提，而"无恶"是"志于仁"的结果。孟子也说，"由仁义行，非行仁义也"（《孟子·离娄下》），强调了"仁义"这一德性对于"仁义"之德行的优先性，其中，仁义之德性是仁义之德行的内在驱动力。其次，在德性与德行的相互关系上，由前者可以推导出后者，但由后者并不一定能推导出前者。孔子说，"有德者必有言，有言者不必有德。仁者必有勇，勇者不必有仁"（《论语·宪问》），就是强调对于行政主体而言，尽管德性必然要外化为一定的德行，但仅凭德行并不必然能推导出德性，因为德行是可以伪装的，其存在偶然与必然之分。对于真正的德性主体来说，其德行作为德性的外化，一定是经常性的、长期性的、一贯性的。

基于以上分析并结合前文对儒家思想的考察不难看出，先秦儒家所强调的基于德性而展开的对行政主体的行为规范，至少呈现出如下两个方面的特征：其一，儒家基于德性的行政行为建构实践具有明显的利他性和为公性，它不仅要求行政主体在消极意义上做到"克己复礼"（《论语·颜渊》），做到"己所不欲，勿施于人"（《论语·卫灵公》），从而约束权力的负面效应，同时更要求行政主体积极增进社会福祉，实现"己欲立而立人，己欲达而达人"（《论语·雍也》），充分发挥行政权力的正面效应。这与基于规则的制度性规范更多地关注底线伦理，致力于明确不应如何的行为边界形成了鲜明的对比，制度性规范尽管能有效规定行政主体不能做什么，但在推动行政主体"去做什么"方面，却存在着诸多缺陷和不足。其二，中国传统德性伦理以形塑"好人"为目的，并基于主体德行的持续性来对其进行总体性的评价，这与西方规范伦理形成了鲜明的对比，现代西方规范伦理则以主体对规范原则的理解与认同为基础，其目的主要是"建构有关行为规范的基本原则，以作为我们日常生活中面临道德问题时的行为指导"[①]，在对主体的评价上，它关注的是个殊化的、特定情境中的行为或事件的合规则性，而不试图对主体进行总体性的评价。这种分散化、个殊化的评价，往往容易导致行政主体在面临公与私的身份转换、有监督与无监督的情境转换及公共权利与个人利益的价值选择时，陷入相互割裂的状态，并进而造成行政生活及行政价值选择的不确定性。

二、德性的结构与治理

德性的结构主要指的是德性的内容（德目）分布、主体构成等。古希腊哲学家与先秦儒家对于德性结构的理解与其治理策略的选择之间存在着明显的关联。考察这种关联，有助于厘清德性结构与治理之间的互构性、厘清中西方德性思想的逻辑异同。

（一）德性的主体分化与治理

在古希腊哲学家与先秦儒家那里，德性都具有明显的主体分化特征。不同主体基于身份、受教育程度、个人天赋及努力因素等的不同，在德性高低、德性的构成类目等方面存在着明显的差异。柏拉图对于德性主体分化的理解，主要基于四重逻辑而展开：首先，人的灵魂中存在着"理性""激情""欲望"的不同配比，对应地使主体在"智慧""勇敢""节

[①]　林火旺:《伦理学入门》，上海古籍出版社 2005 年版，第 17 页。

制"等德性上呈现出明显的结构性差异。其次，"智慧""勇敢""节制"之德在不同个体身上具有不同的组合方式，从理论上看，如果考虑程度上的差异，这种组合序列存在无限可能，但总体上看，根据主导德性的不同，可区分为"智慧"主导型、"勇敢"主导型和"节制"主导型。再次，在"智慧""勇敢""节制"中，智慧具有最高的价值，行政体系要确保其正义性，就必须确保智慧的主导性。在柏拉图看来，智慧的最高境界是一种以哲学为志业的、以思考自然与人类社会的普遍规律为基础的形态。因此，一个社会能否有效培养出真正的哲学家，并使其成为价值分配的最高行政主体，是社会正义在行政体系中能否实现的重要因素。最后，在柏拉图那里，一个治理良好的、正义的行政结构，至少应具有两个方面的功能：一是德性的生产功能，即要"能够使节制、勇敢、智慧在这个城邦产生"①，使"每个人都作为一个人干他自己分内的事而不干涉别人分内的事"②；二是德性的维护功能，即要确保德性在产出之后能够得到有效的"保护"，维护其结构的稳定性。不难看出，柏拉图所试图构建的是一种基于德性的主体差异而实现的，以各司其职、各负其责为核心的金字塔型行政治理模式。在这种行政治理模式中，正义的产生与德性的有效运用之间是一个循环体系：社会是否正义决定了德性能否产生，而德性能否产生又决定了正义的分配能否实现。在亚里士多德那里，德性的分布也是非均衡的，这种非均衡性既表现在不同的阶层，如奴隶、自由民、贵族等拥有不同的德性分布，也表现在同一阶层内部的不同个体之间存在着德性与能力的差异。从根源上看，这种德性的不均衡性既与先天的体力、智力结

---

① [古希腊] 柏拉图：《理想国》，郭斌和、张竹明译，商务印书馆1986年版，第156页。

② [古希腊] 柏拉图：《理想国》，郭斌和、张竹明译，商务印书馆1986年版，第157页。

构有关，也与后天的身份、生活方式及学习情况有关。而社会中的德性结构与德性分布的不同，正是导致相应的政体及行政结构差异的重要影响因素："适于君主制的地方有着这样一种群众，从他们中可以自然而然地产生出德性超群、适合作政治领袖的人物；适于建立贵族政体的地方，其群众自然而然地造就一种人，他们能够作为自由人接受那些德性出众、适合政治统治者的统治；适于共和政治的地方，其群众自然地造就出一种人，他们在共和政治中既能胜任统治，又能受人统治，这种统治以法律为依据，处境优裕的人们根据各自的才德分享各种官职"①。可见，在德性、才能结构与治理结构的对应关系中，德性、才能结构等是治理结构的社会基础之一，其中，德性、才能结构的集中与分散，影响着治理结构的集中与分散。

在先秦儒家那里，德性也存在着明显的主体分化性。例如，孔子基于社会地位的差异及主体德性的高低，区分了"君子"与"小人"。"君子"与"小人"在行为选择上存在着明显的差异，如："君子和而不同，小人同而不和"（《论语·子路》），"君子周而不比，小人比而不周"（《论语·为政》），"君子坦荡荡，小人长戚戚"（《论语·述而》）等。在孔子那里，"君子"与"小人"在德性及行为选择上的不同，决定了其在促进公共价值实现方面存在着能力的高低，而选择德才兼备的君子来治国理政，依据德性与才能来分配行政职位，是公共福祉得以实现的前提，也是社会秩序得以实现的关键。在德性的主体分化问题上，孟子的关注点主要在于两个方面：一是在理想状态下，德性的分化与社会分工之间存在着对应关系。孟子区分了"大人"与"小人"及"劳心者"和"劳力者"。在孟子所构想的社会分工体系中，"大人""劳心者"从事着"治人"之业，应具备较高

---

① ［古希腊］亚里士多德：《政治学》，颜一、秦典华译，中国人民大学出版社 2003年版，第 113 页。

的德性，而"小人"与"劳力者"则在德性与才能上相对平庸，是社会中的被治者。在孟子的评价体系中，由在德与才上占优势的主体治理在德与才上处于劣势的主体，是社会正义的重要标识、是区分社会有道与无道的基础，"天下有道，小德役大德，小贤役大贤；天下无道，小役大，弱役强"（《孟子·离娄上》）。二是对于治理体系中的不同社会关系、不同的交往类型而言，其德性要求和德性规则并非同质的，而是存在着类型上的一定程度的分化。孟子所强调的不同关系类型中的德性规范包括"父子有亲，君臣有义，夫妇有别，长幼有叙，朋友有信"（《孟子·滕文公上》），"仁之于父子""义之于君臣""礼之于宾主""知之于贤者""圣人之于天道"（《孟子·尽心下》）等，其大体突出了仁、义、礼、智、信等德目在不同的关系场景中的不同要求。这意味着，尽管不同德目之间具有相通性，但对于不同的主体及不同的关系场景而言，其所应遵循的德目也存在着不同的侧重。对于同时扮演着多重角色的行政主体而言，在不同的身份与角色之中进行灵活切换，做到灵活权变，是评价个体德性的基础。

（二）德性结构的稳定性与治理

在古希腊与先秦儒家，德性结构都被认为具有相对的稳定性。这种稳定性包含着个体层面的稳定与社会结构层面的稳定两层内涵。所谓个体层面的稳定性，指的是德性一旦为行政主体所内化，即成为主体的一种构成性特质，具有良好的持续性；而德性在社会整体层面的稳定性，则指的是德性在社会不同层级中的差异化分布结构是相对稳定的，阶层之间的德性转化即使存在，在一定的时间内，也只能是一种局部的而非整体性的转化。

在古希腊哲学家与先秦儒家那里，德性稳定性的产生主要基于两个方面的理由。一是德性生成的先天性。在柏拉图那里，这种先天性主要表现为人的灵魂结构中存在着"金""银""铜""铁"的不同配比。作为人的本质性构成，灵魂结构的稳定性决定了德性本身的稳定性。在亚里士多德那里，德性差异及与之相对应的阶层差异皆与主体的先天因素紧密相关，"那些要属于他人而且确实属于他人的人，那些能够感知别人的理性而自己并没有理性的人，天生就是奴隶"①，奴隶天然具有服从的灵魂，其"被奴役不仅有益而且是公正"②。同样，自然也赋予了自由人、贵族以不同于奴隶的身体和灵魂，在德性与才能等的总体分布上，奴隶、自由民、贵族等呈现出逐层递进的关系。孔子与孟子对于德性生成的理解，也包含有天命论和自然性色彩。例如，孔子认为"天生德于予"（《论语·述而》），孟子也认为，"恻隐""羞恶""辞让""是非"四心及由此所衍生出的仁义礼智等德性皆"非由外铄我也，我固有之也"（《孟子·告子上》）。这种先天性和本然性不管是出于具有神秘主义色彩的天命，还是出于自然，都表明了德性与人的本体是紧密相关的，它部分地源自人的本性与本能，是相对稳定的。二是来源于严格的教育和德性规制体系。德性的稳定性不仅来源于天性，也来源于后天的教育。不同阶层由于受教育机会的不同，往往会导致德性的阶层固化，进而使德性呈现出阶层之间的稳定差异。在《理想国》中，柏拉图为确保社会整体正义的实现而设计了一整套严格的教育和德性规制机制：如实行儿童的公有公育及从儿童开始的严格的德性教育；规定重要职位仅委任给相对年长的主体，以防止德性结构的片面所导致的公共福利损失；对于德性弱化者，设计严格的甚至是残酷的淘汰和惩罚机制等。③ 这种教育与德性规制体系，一方面从主体的

① ［古希腊］亚里士多德：《政治学》，颜一、秦典华译，中国人民大学出版社 2003 年版，第 9 页。
② ［古希腊］亚里士多德：《政治学》，颜一、秦典华译，中国人民大学出版社 2003 年版，第 10 页。
③ ［古希腊］柏拉图：《理想国》，郭斌和、张竹明译，商务印书馆 1986 年版，第 196—203 页。

德性认知方面强化了主体德性，另一方面也从外部环境及制度规制上为主体德性的维持提供了条件。在对德性的理解上，亚里士多德区分了理智德性与伦理德性，认为理智德性包括理论理性的德性与实践理性的德性，其中，"智慧是理论理性的德性，是人的最高等的德性。明智是实践理性的德性"①。在亚里士多德那里，理论理性的德性与实践理性的德性所反映的都是灵魂中的理性部分且最终都以德性知识的形式表现出来，其经由教导而得以传播和生成。相应地，伦理德性则更多反映的是人的灵魂的非理性部分接受灵魂的理性部分的指导、与理性灵魂相融合而形成的一系列符合中道的品质，它是在德行的长期、反复实践与示范中形成的，具有伦理德性者的行为示范，能助推良好的风俗与习惯的形成。因此，亚里士多德认为，"伦理美德通过风俗习惯养成，……'伦理的'也是从'风俗习惯'这个词演变而来的"②。经由风俗与习惯而养成的伦理德性或对中道的持守，一旦形成就具有一定的无意识性和稳定性。在孔子与孟子那里，德性也与教育紧密相关。德性的稳定性，源自主体自身对于德性的认知，及对于自身行为的不断反思或对于自身名节的持重。如孔子说："三人行，必有我师焉。择其善者而从之，其不善者而改之。"（《论语·述而》）孟子说，"凡有四端于我者，知皆扩而充之矣，若火之始然，泉之始达。苟能充之，足以保四海；苟不充之，不足以事父母"（《孟子·公孙丑上》），都强调了教化在德性生成过程的重要性。这种教化往往不是一朝一夕能完成的，它是一个长期的过程，教化的效果既与先天因素相关，也与教化的方式、主体学习与实践的意愿等相关。而教化是否达到预期的效果，主要应根据主体思想和行为的稳定性来进行判断，在孔子的视域中，就是要做

---

① ［古希腊］亚里士多德：《尼各马可伦理学》，廖申白译，商务印书馆 2003 年版，第 26 页。

② ［古希腊］亚里士多德：《形而上学》，吴寿彭译，商务印书馆 1983 年版，第 35 页。

到"君子无终食之间违仁，造次必于是，颠沛必于是"（《论语·里仁》），在孟子那里就是要做到"富贵不能淫，贫贱不能移，威武不能屈"（《孟子·滕文公下》）。在孔孟那里，一种不稳定的德性，实际上不能称之为德性，也不能成为评判一个人是君子、大丈夫还是小人的标准，只有那种从内心到外在的、一贯性的德性，才是真正的德性。

古希腊哲学家与先秦儒家对于德性稳定性的理解，与其所构设的治理理念有着紧密的关联。这种关联与影响主要可以从三个方面来看。首先，从个体意义上来说，行政体系对于治理主体的选择深刻影响着社会福祉及社会治理的有效性。德性的稳定性标示了德性的生成之难，这一方面体现在德性的养成需要巨大的成本，另一方面也体现在德性培养的效果存在着极大的偶然性和不确定性，一旦失败则可能导致社会福祉的损失。因此，在治理体系的构建过程与行政实践运行过程中，选择真正的德性主体，能够有效防止将德性培养的成本转嫁给行政体系本身，也能够有效避免因德性培养的不成功而导致社会福利损失。这一点，正是柏拉图严格限定哲学王的德性和能力要求的原因。理想国中的哲学王培养是一种社会化的培养，这个培养过程虽然要付出巨大的成本，但一旦成功，所带来的社会福祉也是无可估量的。而亚里士多德对于德性的普遍化养成能否成功则秉持着一定的悲观态度，因而，在现实的行政与治理体系设计过程中，他更倾向于以法制、程序和温和式理性为基础的共和式治理。其次，德性的稳定性也为维持以身份为基础的治理结构的合法性提供了辩护。无论是古希腊还是先秦儒家，德性都与身份紧密相关，如柏拉图的治理者、护卫者，亚里士多德的平民与贵族，孔子的"圣人""君子""小人"等。对于德性稳定性的强调，使德性得以与身份相附着，成为区分和固化阶层差异的一种重要标识，这就弱化了人们在不同身份与阶层之间流转的可能性。德性的阶层固化功能一方面促进了社会秩序的保持，但另一方面也压制了社会的活力。再次，德性在不同层级间分配的相对稳定性及与其相伴随的身份附着意味着，德性的教导是一种自上而下的教导。德性与身份的结合，使得德性成为一种相对集中在行政体系之上层的，由上层所掌握的垄断性资源。这种资源继而转化为行政权力的行使工具，成为社会治理的手段。在这个过程中，德性的影响力是单向的。这种单向性主要表现在，处于权力中心的行政主体的德性对于社会应具有强示范性，应成为社会德性的表率与引导者，而社会则更多地处于被教导的地位。例如，柏拉图区分了真理性的知识与前反思性的意见，其中，知识由知识精英和政治精英所掌握，而大众则依据意见而生活，在正义的社会中，知识是具有独立性的，而意见则要接受知识的指导；在孔子看来，德性的影响关系就像风与草的关系，"君子之德风，小人之德草。草上之风，必偃"（《论语·颜渊》）；孟子也指出，"君仁，莫不仁；君义，莫不义；君正，莫不正。一正君而国定矣"（《孟子·离娄上》）。可见，在古希腊哲学家及先秦儒家的行政理想图景中，其总体上都认为行政德性是社会德性的决定性力量，而社会德性对于行政德性的反向影响，则没有引起足够的关注和重视。

三、德与位的关系

所谓"位"，主要指的是现实的行政职位。对于德性与行政职位之间的关系，古希腊哲学家与先秦儒家皆有所涉及。柏拉图对于德与位关系的理解，表现出一定的矛盾。一方面，在理想层面上，他希望德与位具有完全的对应性，例如，从横向上看，他期望职位的分配取决于德性的类型，不同类型的德性（智慧、勇敢、节制）对应不同类型的职位（治理者、护卫者、工匠）；从纵向上看，他期望具有至德的哲学王在行政结构中处于体系的最顶层、拥有最高的行政权力；从动态过程上看，他期望德性的变化与行政职位的变化相对应，以维持德与位之间的动态平衡，拿护卫者来说，柏拉图认为，"如果护卫者的后裔变低劣了，应把他降入其他阶级，如果低等阶级的子孙天赋优秀，应把他提升为护卫者。这用意在于昭示：全体公民无例外地，每个人天赋适合做什么，就应派给他什么任务"①。但另一方面，在现实逻辑中，柏拉图又对德位一致的行政体制存有怀疑。其中最关键的问题在于：首先，作为爱智者的哲学王虽具有至德，但在真正的哲学家那里，哲学研究本身才具有至高的价值，其并不乐于承担行政工作，或者说，真正的哲学家是"出世"型的②，这样一来，哲学家从不从事行政工作，就完全是偶然性的，这使得德与位之间的关联也成为偶然性的。其次，柏拉图也认为，理想与现实之差距的弥合，会遇到诸多障碍，这使得德与位统一的理想城邦难以实现。除上面所提到的哲学家不愿统治之外，还有大众对这种未知城邦的恐惧和抵制、伪哲学家的存在所造成的干扰，等等。因此，柏拉图认为，理想国的构造对正义问题的讨论"是为了我们可以按照它们所体现的标准，判断我们的幸福或不幸，以及我们的幸福或不幸的程度"③，从根本上讲，它只是一个"词句"中的，而非现实的城邦。这意味着，尽管柏拉图希求一种德与位相统一的理想状态，但他对于这种理想状态实现的可能性也是存有怀疑的。

与柏拉图一样，亚里士多德对于德与位之间的对应关系也存在着犹疑。一方面，亚里士多德强调了社会的多元化、异质化特性，认为社会中的不同主体具有不同的德性，承认"各人的品德应该达到符合于各人所司

---

① ［古希腊］柏拉图：《理想国》，郭斌和、张竹明译，商务印书馆 1986 年版，第 140 页。

② 王升平：《自然正当、虚无主义与古典复归》，广东人民出版社 2014 年版，第 172—176 页。

③ ［古希腊］柏拉图：《理想国》，郭斌和、张竹明译，商务印书馆 1986 年版，第 215 页。

职务的程度"，"统治者的道德品质应该力求充分完善"①；但另一方面，亚里士多德又否定了理想状态下的"德位一致"的现实可能性。首先，亚里士多德所提出的君主政体、贵族政体、共和政体、僭主政体、寡头政体、平民政体六种模式并不全是德位一致的，除君主政体、贵族政体、共和政体外，其余三种皆是以私利为追求的变态政体，以此为基础所构建起来的行政体系亦并非以德性为基础。其次，尽管亚里士多德承认理想状态下的君主政体和贵族政体以德性为行政的根据，但是，他也从历史演进的视角否定了这两种政体及其相应的行政模式在现实运行中的可靠性。在亚氏看来，古代实行君主政制或贵族政制是因为"贤哲稀少""地小人稀"且"诸王都曾经对人民积有功德"②，而随着历史的发展，一些贤良之士渐趋腐化、平民逐渐崛起，使得真正德位一致的理想化行政模式往往难成现实。至于作为贵族政体和平民政体之折中的共和政体，其虽具有较高的可行性，并却不是纯粹的德位合一的行政模式，从形式上看，它是一种既融合贵族德性，同时也融合了"平民同意"这样一种基于数量的行政决断方式的政体，是具有折中性的。

先秦儒家对于德位议题的理解，同样要区分理想逻辑与现实逻辑。在理想逻辑中，先秦儒家也认为德与位应该是统一的，但具体到现实逻辑中，德与位的分离却是一种常态。从理想逻辑来看，先秦儒家对德位一致的追求主要表现在：首先，德是获取位的前提。孔子说："舜其大孝也与！德为圣人，尊为天子，富有四海之内。宗庙飨之，子孙保之。故大德必得其位，必得其禄，必得其名，必得其寿。故天之生物，必因其材而笃焉，故栽者培之，倾者覆之。"（《中庸》）孔子通过对历史的回顾，强调了舜之

---

① ［古希腊］亚里士多德：《政治学》，吴寿彭译，商务印书馆1965年版，第37—38页。
② ［古希腊］亚里士多德：《政治学》，吴寿彭译，商务印书馆1965年版，第166页。

所以得位的德性基础，说明在孔子那里，德是获取行政权力与职位的充分条件——有大德者必有位。这实际上也是指明了个体在"以德定位"的理想情境下进入行政体系，获取行政权力的路径。其次，德与位互证其合法性。在先秦儒家那里，位是德的产物，而德又是位的支撑。孟子说："是以惟仁者宜在高位。不仁而在高位，是播其恶于众也。"（《孟子·离娄上》）在先秦儒家的视域中，只有在德位合一的理想状态中，行政主体才具有最高的执政合法性，也才最有可能成为公共利益的有效维护者。对于行政主体而言，制度上的合法性虽或来自其职位，但社会认可意义上的合法性，却取决于主体的德性；同样，也只有具备制度上的合法性以及由德性而衍生出的社会认可意义上的合法性的前提下，才足以支撑主体行政行为的有效开展。

在现实操作中，先秦儒家的德位统一状态并未实现。例如，孔子本身即在德性修养方面具有至高的造诣，但却并未获得相应的行政职位，同时，孔子所培养的诸多"贤人"与"君子"，亦多存在有德无位的现象。孟子则在德位不一的现实面前，从理论的思辨视角对这种现象进行了论证。他区分了"天爵"与"人爵"，认为"仁义忠信，乐善不倦，此天爵也；公卿大夫，此人爵也。古之人修其天爵，而人爵从之。今之人修其天爵，以要人爵；既得人爵，而弃其天爵"（《孟子·告子上》）。通过天爵概念的引入，孟子为德位合一的理论困境提出了解决方案，其逻辑理路主要在于：首先，在理想状态下，天爵是人爵的前提，有天爵才有人爵，也即有德才有位。但在现实状态下，天爵往往被功利化了，成为追求人爵的工具。孟子认为，如果一旦获得人爵就放弃天爵，必然会导致人爵的丧失，天爵作为人爵之前提的原则是不可违逆的。其次，天爵的存在意味着，德性主体必然会获得相应的福禄，这种福禄可能是物质性的，也可能是精神性的。对于那些具有至高德性却没有获得至高职位的个体来说，天爵本身即是对于德性主体的奖赏，这种奖赏主要可能表现为社会的威望、尊重与认同等精神层面。可见，通过天爵与人爵的区分，孟子赋予了德性自身一定的自足性，这种自足性成为那些德位不一的个体获取精神满足的来源，也成为其开展行为选择的向导。

参考文献

1. 中文著作类

《马克思恩格斯全集》第 1 卷，人民出版社 1995 年版。

《马克思恩格斯全集》第 2 卷，人民出版社 2005 年版。

《马克思恩格斯全集》第 30 卷，人民出版社 1995 年版。

《马克思恩格斯全集》第 46 卷，人民出版社 2003 年版。

《马克思恩格斯选集》1—4 卷，人民出版社 1995 年版。

《马克思恩格斯文集》1—10 卷，人民出版社 2009 年版。

《列宁选集》第 2 卷，人民出版社 1972 年版。

《毛泽东选集》第一至四卷，人民出版社 1991 年版。

《毛泽东年谱》，中央文献出版社 2013 年版。

《邓小平文选》第一卷，人民出版社 1994 年版。

《邓小平文选》第二卷，人民出版社 1994 年版。

《邓小平文选》第三卷，人民出版社 1993 年版。

《江泽民文选》第一至三卷，人民出版社 2006 年版。

《胡锦涛文选》第一至三卷，人民出版社 2016 年版。

《习近平谈治国理政》第一卷，外文出版社 2018 年版。

《习近平谈治国理政》第二卷，外文出版社 2017 年版。

《习近平谈治国理政》第三卷，外文出版社 2020 年版。

胡锦涛：《坚定不移沿着中国特色社会主义道路前进 为全面建成小康社会而奋

斗——在中国共产党第十八次全国代表大会上的报告》，人民出版社 2012 年版。

习近平：《决胜全面建成小康社会　夺取新时代中国特色社会主义伟大胜利——在中国共产党第十九次全国代表大会上的报告》，人民出版社 2017 年版。

中共中央党史研究室编：《中国共产党历史》第 1、2 卷，中共党史出版社 2011 年版。

中共中央文献研究室编：《三中全会以来重要文献选编》上、下，中央文献出版社 2011 年版。

中共中央文献研究室编：《十三大以来重要文献选编》上、中，中央文献出版社 1991 年版。

中共中央文献研究室编：《十三大以来重要文献选编》下，中央文献出版社 1993 年版。

中共中央文献研究室编：《十八大以来重要文献选编》上，中央文献出版社 2014 年版。

中共中央文献研究室编：《十八大以来重要文献选编》中，中央文献出版社 2016 年版。

中共中央党史和文献研究院编：《十八大以来重要文献选编》下，中央文献出版社 2018 年版。

中共中央党史和文献研究院编：《十九大以来重要文献选编》上，中央文献出版社 2019 年版。

《论语·大学·中庸》，陈晓芬、徐儒宗译注，中华书局 2015 年版。

《论语》，金良年译注，上海古籍出版社 2012 年版。

《孟子》，方勇译注，中华书局 2015 年版。

《荀子》，方勇、李波译注，中华书局 2015 年版。

《四书五经》，北京燕山出版社 2007 年版。

《商君书》，石磊译注，中华书局 2011 年版。

《韩非子》，高华平、王齐洲、张三夕译注，中华书局 2015 年版。

《周易今注今译》，陈鼓应、赵建伟注译，中华书局 2015 年版。

（汉）班固：《汉书》，中华书局 1962 年版。

《黄帝四经今注今译》，陈鼓应注译，商务印书馆 2016 年版。

（汉）董仲舒：《春秋繁露》，张世亮、钟肇鹏、周桂钿译注，中华书局 2012 年版。

（宋）黎靖德编：《朱子语类》，中华书局 1986 年版。

（宋）朱熹：《四书或问》，上海古籍出版社 2001 年版。

（宋）朱熹：《朱子全书》，朱杰人、严佐之、刘永翔主编，上海古籍出版社、安徽教育出版社 2002 年版。

（宋）朱熹：《四书章句集注》，中华书局 2005 年版。

（宋）朱熹、吕祖谦撰：《近思录》，斯彦莉译注，中华书局 2011 年版。

（明）王守仁撰：《王阳明全集》1—4 册，吴光、钱明、董平、姚延福编校，上海古籍出版社 2018 年版。

《管子》，姚晓娟、汪银峰注译，中州古籍出版社 2010 年版。

（宋）《张载集》，章锡琛校，中华书局 2012 年版。

（宋）程颢、程颐：《二程集》上、下，中华书局 2004 年版。

（清）皮锡瑞：《孝经郑注疏》，吴仰湘点校，中华书局 2016 年版。

（汉）贾谊：《新书校注》，阎振益、钟夏注，中华书局 2000 年版。

（明）王阳明：《传习录》，王晓昕译注，中华书局 2018 年版。

《二十四史（文白对照精华版）》，线装书局 2015 年版。

张光直：《中国青铜时代》，生活·读书·新知三联书店 1999 年版。

余明光：《皇帝四经与黄老思想》，黑龙江人民出版社 1989 年版。

罗国杰主编：《中国传统道德》，中国人民大学出版社 1995 年版。

余英时：《现代儒学论》，上海人民出版社 1998 年版。

朱仁显主编：《中国传统行政思想》，福建人民出版社 2002 年版。

陈来：《朱子哲学研究》，华东师范大学出版社 2000 年版。

李德顺：《价值论》，中国人民大学出版社 1987 年版。

方克立：《中国哲学大辞典》，中国社会科学出版社 1996 年版。

李泽厚：《说儒学四期》，上海译文出版社 2012 年版。

陈鼓应：《道家易学建构》，中华书局 2015 年版。

傅佩荣：《儒家哲学新论》，中华书局 2010 年版。

许抗生：《道家思想与现代文明》，中华书局 2015 年版。

许抗生：《儒家思想的过去、现在和未来》，中华书局 2015 年版。

陈侃理：《儒学、数术与政治：灾异的政治文化史》，北京大学出版社 2015 年版。

刘述先：《理想与现实的纠结》，吉林出版集团有限责任公司 2011 年版。

《刘述先自选集》，山东教育出版社 2007 年版。

徐复观：《儒家思想与现代社会》，九州出版社 2014 年版。

潘光旦：《儒家的社会思想》，北京大学出版社 2010 年版。

李甦平：《三国儒学本论》，中国社会科学出版社 2016 年版。

韩星：《儒家人文精神》，陕西出版集团、陕西人民出版社 2012 年版。

赵馥洁：《中国传统哲学价值论》，陕西人民出版社 1991 年版。

傅永聚、任怀国：《儒家政治理论及其现代价值》，中华书局 2011 年版。

许建良：《先秦法家的道德世界》，人民出版社 2012 年版。

袁晓晶：《仁心与仁政：孟子》，中州古籍出版社 2014 年版。

潘铭基：《贾谊及其〈新书〉研究》，上海古籍出版社 2017 年版。

唐文明：《隐秘的颠覆：牟宗三、康德与原始儒家》，生活·读书·新知三联书店 2012 年版。

袁保新：《从海德格尔、老子、孟子到当代新儒学》，武汉大学出版社 2011 年版。

汤一介、李中华主编：《中国儒学史》，北京大学出版社 2011 年版。

［美］杜维明：《仁与修身：儒家思想论集》，生活·读书·新知三联书店 2013 年版。

［美］杜维明：《灵根再植：八十年代儒学反思》，北京大学出版社 2016 年版。

［美］杜维明：《道·学·政：儒家公共知识分子的三个面向》，生活·读书·新知三联书店 2013 年版。

［美］杜维明：《体知儒学：儒家当代价值的九次对话》，浙江大学出版社 2012 年版。

王沪宁主编：《政治的逻辑：马克思主义政治学原理》，上海人民出版社 2004 年版。

丛日云主编：《西方政治思想史》第二卷，天津人民出版社 2005 年版。

高建主编：《西方政治思想史》第三卷，天津人民出版社 2005 年版。

张康之：《公共行政中的哲学与伦理》，中国人民大学出版社 2004 年版。

张康之：《寻找公共行政的伦理视角》，中国人民大学出版社 2012 年版。

张康之、石国亮：《国外社区治理自治与合作》，中国言实出版社 2012 年版。

颜佳华：《行政哲学研究》，湘潭大学出版社 2009 年版。

何颖：《行政哲学研究》，学习出版社 2011 年版。

郭济编：《行政哲学导论》，黑龙江人民出版社 2004 年版。

杨贵华等：《自组织：社区能力建设的新视域——城市社区自组织能力研究》，社会科学文献出版社 2010 年版。

秦瑞英：《城市社区演变与治理》，经济科学出版社 2012 年版。

吴兴杰：《行政体制改革的哲学思考：建设适应社会主义市场经济的专业分工型现代法治行政》，中国经济出版社 2014 年版。

罗豪才主编：《行政法学》，北京大学出版社 1996 年版。

黎民主编：《公共管理学》，高等教育出版社 2003 年版。

张成福、党秀云：《公共管理学》，中国人民大学出版社 2001 年版。

庞绍堂、严新明主编：《公共管理学》，天津大学出版社 2010 年版。

夏书章主编：《行政管理学》（第三版），高等教育出版社、中山大学出版社 2003 年版。

叶必丰：《行政行为原理》，商务印书馆 2014 年版。

彭国甫等：《地方政府绩效评估研究》，湖南人民出版社 2005 年版。

孙耀君主编：《西方管理学名著提要》，江西人民出版社 2002 年版。

陈振明主编：《政治学——概念、理论和方法》，中国社会科学出版社 1999

年版。

张立荣：《中外行政制度比较》，商务印书馆 2002 年版。

韦庆远：《中国政治制度史》，中国人民大学出版社 1989 年版。

邓正来：《中国法学向何处去——建构"中国法律 理想图景"时代的论纲》，商务印书馆 2008 年版。

陆晓春主编：《走向善治——上海市社区治理实践案例选编》，文汇出版社 2014 年版。

黄月细：《民主政治视域下的公民政治素质及其培育——社会主义政治文明的主体诉求》，广东人民出版社 2011 年版。

翟学伟：《中国人的日常呈现——面子与人情的社会学研究》，南京大学出版社 2016 年版。

黄光国：《中国人的权力游戏》，巨流图书公司 1988 年版。

王升平：《自然正当、虚无主义与古典复归——"古今之争"视域中的施特劳斯政治哲学思想研究》，广东人民出版社 2014 年版。

姚中秋：《华夏治理秩序史》第一卷，海南出版社 2012 年版。

朱光潜：《西方美学史》上卷，人民文学出版社 1979 年版。

应奇编：《自由主义中立性及其批评者》，江苏人民出版社 2007 年版。

郭济、商红日主编：《行政发展观与行政管理体制改革》，立信会计出版社 2007 年版。

田亮：《中国政治思想史》，中国社会科学出版社 2015 年版。

唐逸：《理性与信仰：西方中世纪哲学思想》，广西师范大学出版社 2005 年版。

慈继伟：《正义的两面》，生活·读书·新知三联书店 2001 年版。

许纪霖主编：《共和、社群与公民》，江苏人民出版社 2004 年版。

吕元礼、谢志强：《权力与个性》，江西人民出版社 1999 年版。

陈炳辉：《西方马克思主义的国家理论》，中央编译出版社 2004 年版。

李景鹏：《中国政治发展的理论研究纲要》，黑龙江人民出版社 2000 年版。

林尚立：《当代中国政治形态研究》，天津人民出版社 2000 年版。

刘健清、李振亚主编：《中国近现代政治思想史》，南开大学出版社1993年版。

刘晓竹：《权力与正当：美国新保守派的全球战略》，中国妇女出版社2007年版。

侯建新、王军、谷延方：《欧洲中世纪城市、乡村与文化》，人民出版社2014年版。

何平立主编：《西方政治制度史》，中国政法大学出版社2015年版。

郭华榕：《法国政治制度史》，人民出版社2015年版。

何炳松：《欧洲大历史》，北京联合出版公司2015年版。

周濂：《现代政治的正当性基础》，生活·读书·新知三联书店2008年版。

石元康：《罗尔斯》，广西师范大学出版社2004年版。

雷传平：《道德运气研究》，中山大学出版社2016年版。

[古希腊] 柏拉图：《理想国》，郭斌和、张竹明译，商务印书馆2009年版。

[古希腊] 亚里士多德：《政治学》，颜一、秦典华译，中国人民大学出版社2016年版。

[古希腊] 亚里士多德：《尼各马可伦理学》，廖申白译，商务印书馆2003年版。

[美] 列奥·施特劳斯：《自然权利与历史》，彭刚译，生活·读书·新知三联书店2006年版。

[美] 列奥·施特劳斯：《关于马基雅维里的思考》，申彤译，译林出版社2003年版。

[美] 列奥·施特劳斯：《古今自由主义》，马志娟译，江苏人民出版社2010年版。

[美] 约翰·罗尔斯：《正义论》，何怀宏等译，中国社会科学出版社1988年版。

[法] 马克·夸克：《合法性与政治》，中央编译出版社2008年版。

[俄] 以赛亚·柏林：《自由论》，胡传胜译，译林出版社2011年版。

[美] 德沃金：《至上的美德》，冯克利译，江苏人民出版社2003年版。

[英] 伯纳德·威廉斯：《道德运气》，徐向东译，上海译文出版社2007年版。

[美] 珍尼特·V.登哈特、罗伯特·B.登哈特：《新公共服务：服务，而不是掌舵》，中国人民大学出版社2004年版。

［法］皮埃尔·莫内：《自由主义思想文化史》，曹海军译，吉林人民出版社 2011 年版。

［加］威尔·金里卡：《当代政治哲学》，刘莘译，上海译文出版社 2011 年版。

［法］卢梭：《论人类不平等的起源和基础》，商务印书馆 1996 年版。

刘小枫编：《城邦与自然——亚里士多德与现代性》，柯常咏等译，华夏出版社 2010 年版。

［美］理查德·塔纳斯：《西方思想史》，吴象婴、晏可佳、张广勇译，上海社会科学院出版社 2011 年版。

［德］尤尔根·哈贝马斯：《合法化危机》，刘北成、曹卫东译，上海人民出版社 2000 年版。

［英］安东尼·吉登斯：《第三条道路：社会民主主义的复兴》，北京大学出版社、生活·读书·新知三联书店 2000 年版。

［加］贝淡宁：《超越自由民主》，李万全译，上海三联书店 2009 年版。

［加］威尔·金里卡：《多元文化公民权：一种有关少数族群权利的自由主义理论》，杨立峰译，上海世纪出版集团 2009 年版。

［德］阿克塞尔·霍耐特：《为承认而斗争》，上海世纪出版集团 2005 年版。

［美］丹尼尔·贝尔：《资本主义文化矛盾》，严蓓雯译，江苏人民出版社、人民出版社 2010 年版。

［美］迈克尔·沃尔泽：《正义诸领域：为多元主义与平等一辩》，褚松燕译，译林出版社 2002 年版。

［德］蒙森：《罗马史：从起源、汉尼拔到恺撒》，孟祥森译，上海三联书店 2014 年版。

［美］全钟燮：《公共行政的社会建构：解释与批判》，孙柏瑛、张钢、黎洁等译，孙柏瑛校，北京大学出版社 2008 年版。

［美］马国泉：《行政伦理：美国的实践》，复旦大学出版社 2006 年版。

［美］库珀：《行政伦理学：实现行政责任的途径》（第五版），中国人民大学出版社 2010 年版。

［美］文森特·奥斯特罗姆：《美国公共行政的思想危机》，上海三联书店 1999
年版。

2. 中文论文类

孙正聿：《解放何以可能：马克思主义本体论革命》，《学术月刊》2002 年第 9 期。

胡雪艳、郭立宏：《马克思主义发展观的坚守与突破：以人民为中心的发展思
想》，《人文杂志》2018 年第 4 期。

汪青松：《毛泽东的群众观与群众路线工作法的当代意义》，《江淮论坛》2014
年第 1 期。

高祖林：《群众路线的意义、问题与时代主题》，《毛泽东邓小平理论研究》2013
年第 6 期。

张成福：《变革时代的中国公共行政学：发展与前景》，《中国行政管理》2008 年
第 9 期。

何颖：《行政哲学的限域》，《中国行政管理》2003 年第 8 期。

何颖：《行政发展的释义及其动因》，《新视野》2003 年第 4 期。

何颖：《行政哲学的图景》，《中国行政管理》2008 年第 6 期。

张康之：《发展行政学要重视加强行政哲学研究》，《中国行政管理》2003 年第
1 期。

张康之、杨艳：《论行政人格的历史类型》，《江海学刊》2004 年第 6 期。

张康之：《论政府的非管理化——关于"新公共管理"的趋势预测》，《教学与研
究》2000 年第 7 期。

张康之：《全球化、后工业化背景下的行政学主题（一）》，《南京工业大学学报
(社会科学版)》2011 年第 2 期。

张康之：《全球化、后工业化背景下的行政学主题（二）》，《南京工业大学学报
(社会科学版)》2011 年第 3 期。

张康之：《公共行政拒绝权利》，《江海学刊》2001 年第 4 期。

张康之：《行政发展逻辑进程中的行政道德》，《毛泽东邓小平理论研究》2006

年第 2 期。

张康之：《论行政发展的历史脉络》，《四川大学学报（哲学社会科学版)》2006年第 2 期。

颜佳华：《行政哲学视野中的政府决策》，《湘潭大学学报（哲学社会科学版)》2005 年第 3 期。

颜佳华：《行政哲学：一个亟待进一步开拓的领域》，《湘潭大学社会科学学报》2000 年第 10 期。

颜佳华：《行政思想史视域中的行政哲学探讨》，《中国行政管理》2007 年第 7 期。

颜佳华、易承志：《内涵、必要性、途径：论行政哲学对管理哲学的借鉴》，《中国行政管理》2005 年第 3 期。

颜佳华、苏曦凌：《行政理性论》，《湘潭大学学报（哲学社会科学版)》2010 年第 5 期。

颜佳华、易承志：《政治哲学与行政哲学的比较分析——从另一种角度探讨行政哲学》，《北京行政学院学报》2004 年第 6 期。

颜佳华、王升平：《国内行政哲学研究述评》，《湖南师范大学社会科学学报》2007 年第 5 期。

颜佳华、周万春：《技术进步与行政发展研究论纲》，《湘潭大学学报（哲学社会科学版)》2013 年第 2 期。

颜佳华、王敬宇：《行政哲学：公共行政学的知识基础》，《中国行政管理》2011年第 10 期。

乔耀章：《行政学中国化与行政哲学思考》，《中国行政管理》2003 年第 8 期。

乔耀章：《问政：新行政观的逻辑起点》，《行政论坛》2013 年第 1 期。

芮国强：《本土化视野中的行政学中层理论构建》，《云南行政学院学报》2013年第 2 期。

芮国强、乔耀章：《行政哲学：研究对象与基本问题》，《北京行政学院学报》2003 年第 5 期。

芮国强、谢玉平：《行政哲学研究的两个主题》，《江苏行政学院学报》2002 年第 4 期。

芮国强:《科际整合方法在行政学研究中的运用:机制、路径及限度》,《江海学刊》2012 年第 1 期。

苏曦凌:《行政技术论》,《内蒙古社会科学(汉文版)》2012 年第 5 期。

苏曦凌:《行政技术主义批判》,《广西师范大学学报(哲学社会科学版)》2014年第 2 期。

苏曦凌:《行政现代性研究论纲》,《学习论坛》2015 年第 5 期。

张乾友:《行政科学还是行政哲学——基于社会治理现实的选择》,《理论与改革》2013 年第 6 期。

毛飞:《实证主义、解释主义到辩证主义:对发展中的行政哲学的新思考》,《理论与改革》2003 年第 3 期。

马骏:《中国公共行政学研究的反思:面对问题的勇气》,《中山大学学报(社会科学版)》2006 年第 3 期。

张桂琳:《当代中国公共行政学研究的本土化问题》,《新视野》2013 年第 3 期。

刘鹏:《中国公共行政学:反思背景下的本土化路径研究》,《中国人民大学学报》2013 年第 3 期。

孔繁斌:《中国行政哲学研究:主要议题析论》,《理论与改革》2012 年第 2 期。

刘碧强:《从发展行政视角透析政治发展》,《福建行政学院学报》2003 年第 2 期。

刘智勇:《走出中国行政学研究国际化的误区》,《四川大学学报(哲学社会科学版)》2015 年第 3 期。

王锋:《论公共行政的价值及其实现》,《马克思主义与现实》2017 年第 2 期。

王友云:《论国家治理体系现代化视域中行政哲学的发展》,《领导科学》2015年第 26 期。

蔡立辉:《中西方法治理念下的政府公共行政比较研究》,《人文杂志》2002 年第 1 期。

吴晓林、郭慧玲:《中国公共行政学研究的最新进展与展望——以〈公共管理学报〉为例的考察(2004—2013)》,《公共管理与政策评论》2014 年第 3 期。

［英］格里·斯托克：《作为理论的治理：五个论点》，《国际社会科学杂志》1999 年第 1 期。

邵腾：《公共行政中的价值多元主义及其批评者——一场学术争论的文本考察》，《甘肃行政学院学报》2017 年第 4 期。

杨宏山：《双轨制政策试验：政策创新的中国经验》，《中国行政管理》2013 年第 6 期。

周黎安：《行政发包制》，《社会》2014 年第 6 期。

周黎安：《官员晋升锦标赛与竞争冲动》，《人民论坛》2010 年第 15 期。

王绍光、鄢一龙、胡鞍钢：《中国中央政府"集思广益型"决策模式：国家"十二五"规划的出台》，《中国软科学》2014 年第 6 期。

赵瑛、郁建兴：《公共行政合法性：概念、结构及危机》，《浙江社会科学》2015 年第 5 期。

赵瑛：《公共行政合法性研究述评》，《公共行政评论》2015 年第 4 期。

陈炳水：《当代政府行政权力的理性思考》，《上海社会科学院学术季刊》2001 年第 1 期。

姚鹏、李才明：《非正式行政权力的性质、来源及运用》，《理论界》2006 年第 2 期。

胡税根、翁列恩：《构建政府权力规制的公共治理模式》，《中国社会科学》2017 年第 11 期。

王春业：《论地方行政权力清单制度及其法制化》，《政法论丛》2014 年第 12 期。

石佑启：《论法治视野下行政权力的合理配置》，《学术研究》2010 年第 7 期。

杨冬艳：《论公共行政权力的基本特征》，《郑州大学学报（哲学社会科学版)》2009 年第 11 期。

张富：《论公共行政权力的属性、异化及其超越》，《四川大学学报（哲学社会科学版)》2007 年第 1 期。

李永忠：《权力结构改革与监察体制改革》，《国家行政学院学报》2017 年第 2 期。

H.乔治·弗莱德克森：《公共行政的美学价值》，何明敏译、曾峻校，《上海行政学院学报》2001 年第 4 期。

颜如春、周海健：《美向行政：关于行政的美学思考》，《探索》2013 年第 3 期。

蓝志勇：《谈中国公共管理学科话语体系的构建》，《国家行政学院学报》2014 年第 5 期。

刘召：《库珀行政伦理理论初探》，《道德与文明》2010 年第 1 期。

李登贵、刘景钊：《"大哲学"观与中国现代的哲学发展——赵敦华教授访谈录》，《晋阳学刊》2006 年第 3 期。

黄文艺：《权利本位论新解——以中西比较为视角》，《法律科学（西北政法大学学报）》2014 年第 5 期。

颜德如、宝成关：《中西方政治学比较论纲》，《吉林大学社会科学学报》2003 年第 1 期。

李大兴：《全球化与人的全面发展》，《北京行政学院学报》2003 年第 1 期。

邓正来：《学术自主性与中国法学研究》，《社会科学战线》2007 年第 4 期。

邓正来：《中国法学向何处去（中）——建构"中国法律理想图景"时代的论纲》，《政法论坛》2005 年第 2 期。

王玉灵、霍有光：《民主　民本　民生理念辨析及理论构建》，《北京行政学院学报》2011 年第 6 期。

陈伟光：《全球化逆动与中国的应对：基于全球化和全球治理关系的思考》，《教学与研究》2017 年第 4 期。

王卓君、何华玲：《全球化时代的国家认同：危机与重构》，《中国社会科学》2013 年第 9 期。

邹志勇：《内在主义的认识论研究》，《社会科学家》2017 年第 6 期。

韩庆祥：《从哲学视阈理解"国家治理现代化"》，《马克思主义与现实》2015 年第 3 期。

姚选民：《中国国家治理现代化向何处去——一种政治哲学层面追问》，《社会科学论坛》2017 年第 2 期。

彭洲飞：《再探国家治理现代化——基于哲学视角的思考》，《新疆社科论坛》

2017 年第 5 期。

桑玉成、熊觉：《论政治妥协与协商民主》，《学术月刊》2015 年第 8 期。

唐文明：《论道德运气》，《北京大学学报（哲学社会科学版）》2010 年第 5 期。

钱圆媛：《对运气的去魅——论亚里士多德的自然目的和运气》，《理论界》2013 年第 5 期。

赵静波、李树燕：《西方道德运气观的三种理论表现形态》，《海南大学学报（人文社会科学版)》2015 年第 5 期。

李天义：《当代伦理学关于运气问题的争论与辩护》，《学术月刊》2014 年第 1 期。

曲蓉：《论运气的道德价值——威廉斯与内格尔道德运气理论之异同》，《江西师范大学学报（哲学社会科学版)》2013 年第 4 期。

吴翠丽：《当代西方运气均等主义的理论演进及其问题》，《伦理学研究》2009 年第 6 期。

萧放：《"人情"与中国日常礼俗文化》，《北京师范大学学报（社会科学版)》2016 年第 4 期。

贺培育、姚选民：《论人情传统的历史成因及其影响》，《南华大学学报（社会科学版)》2015 年第 3 期。

黄金兰：《面子、人情的秩序功能及其当下变异》，《文史哲》2017 年第 1 期。

贺培育、黄海：《"人情面子"下的权力寻租及其矫治》，《湖南师范大学社会科学学报》2009 年第 3 期。

沈毅：《"差序格局"的不同阐释与再定位——"义""利"混合之"人情"实践》，《开放时代》2007 年第 4 期。

柏维春、朱明仕：《当代中国行政发展的政治分析》，《理论探讨》2012 年第 4 期。

马兰起：《国际关系中的关系型权力研究——一种儒家关系主义的视角》，《中国石油大学学报（社会科学版)》2010 年第 6 期。

徐爽：《权力关系中的法治秩序——对西欧中世纪政治结构的分析》，《现代法学》2001 年第 4 期。

刘城：《中世纪欧洲的教皇权与英国王权》，《历史研究》1998 年第 1 期。

赵立行：《中世纪政治中的契约观念——论附庸采邑制》，《历史教学问题》2013年第 5 期。

周赟、赵晖：《从形式之美到价值之美：政治美学的历程》，《华中农业大学学报（社会科学版）》2015 年第 6 期。

骆冬青：《论政治美学》，《南京师大学报（社会科学版）》2003 年第 5 期。

吴俊、周嘉婧：《信念伦理及其在当代中国社会的建构》，《社会主义核心价值观研究》2016 年第 4 期。

曾黎：《中西伦理思想之异同与全球伦理的构建》，《河南大学学报（社会科学版）》2007 年第 4 期。

张师伟：《现代新儒家的诞生——传统儒学现代转换的政治条件与结果》，《政治思想史》2015 年第 4 期。

张师伟：《中国传统政治哲学的逻辑进程》，《政治学研究》2013 年第 4 期。

张秀华：《现代实践哲学与历史唯物主义》，《哲学研究》2015 年第 3 期。

邹诗鹏：《中国道路与中国实践哲学》，《马克思主义与现实》2012 年第 6 期。

徐长福：《实践哲学的若干进路及其问题》，《天津社会科学》2002 年第 6 期。

欧阳英：《关于知识社会学的政治哲学分析——从马克思、舍勒、曼海姆到福柯》，《社会学理论与方法研究》2014 年第 4 期。

虞崇胜：《和而不同：和谐社会政治文明的精髓》，《东南学术》2005 年第 2 期。

丁为祥：《命与天命：儒家天人关系的双重视角》，《中国哲学史》2007 年第 4 期。

郑开：《道家形而上学的理论特质——以"道德之意"为中心的讨论》，《中国社会科学》2017 年第 11 期。

贡华南：《道与盗之辩：老子的价值取向》，《社会科学》2012 年第 1 期。

孔令宏：《道家理想的政治文化及其建设》，《文化艺术研究》2008 年第 2 期。

张海英、张松辉：《先秦道家的天人感应思想》，《华中科技大学学报（社会科学版）》2012 年第 3 期。

李启成：《自崇礼到重法（上）——以先秦士阶层"得君行道"观念为视角》，《政法论丛》2012 年第 4 期。

陈劲松：《传统中国社会中"道统"的功能及其式微》，《天津社会科学》2006年第1期。

张节末：《从道统转向政统的意识形态理论——荀子美学再检讨》，《文史哲》1998年第4期。

徐庆文：《儒家传承中的道统与政统》，《东岳论丛》2011年第11期。

韩星：《重建中国式的道统与政统关系》，《学术前沿》2013年第14期。

晁福林：《从"民本"到"君本"——试论先秦时期专制王权观念的形成》，《中国史研究》2013年第4期。

姜涌：《孟子的民本主义政治哲学》，《广东社会科学》2005年第3期。

杨阳：《中国传统社会权力主导资源分配现象剖析》，《政法论坛（中国政法大学学报)》2005年第3期。

孙小楷：《朱熹论墨子之兼爱说》，《孔子研究》2003年第4期。

郭齐勇：《儒家人文主义与道家自然主义》，《船山学刊》2017年第5期。

李怀春：《自然到虚静：论先秦道家中心价值的转移》，《东方论坛》2005年第6期。

冯兵：《论先秦宇宙观的形成与结构——以阴阳五行说为中心》，《贵州社会科学》2018年第2期。

葛志毅：《重论阴阳五行之学的形成》，《中华文化论坛》2003年第1期。

蒙培元：《何为"格物"？为何"格物"？——从"格物说"看朱熹哲学生态观》，《泉州师范学院学报（社会科学)》2010年第1期。

王国良：《儒家君子人格的内涵及其现代价值》，《武汉科技大学学报（社会科学版)》2015年第2期。

朱凤祥：《"忠孝不能两全"之哲学辨析》，《郑州大学学报（哲学社会科学版)》2003年第5期。

颜炳罡：《泛化与界域：论当代新儒家的定性与定位》，《求是学刊》2001年第2期。

孙勇才：《道不同不相为谋：论余英时与现代新儒家》，《河南师范大学学报（哲学社会科学版)》2005年第2期。

李维香：《先秦道家的行政伦理诉求》，《管子学刊》2013 年第 4 期。

曹胜高：《王制论与周秦儒学的行政意识》，《商丘师范学院学报》2015 年第 11 期。

郭小聪、琚挺挺：《论儒家传统文化的"治道"思想及其现代意义》，《中山大学学报（社会科学版)》2014 年第 5 期。

曹影：《董仲舒的四大历史贡献》，《东北师大学报（哲学社会科学版)》2016 年第 2 期。

吴光：《德主刑辅：董仲舒的治国理政之道》，《衡水学院学报》2015 年第 12 期。

魏义霞：《朱熹的"理一分殊"与和谐构建理念》，《哲学研究》2006 年第 9 期。

陈勇：《"理一分殊"在朱熹伦理学体系建构中的核心作用》，《孔子研究》1993 年第 1 期。

葛荃：《传统儒学的政治价值结构与中国社会转型析论》，《山东大学学报（哲学社会科学版)》2007 年第 6 期。

彭国翔：《从西方儒学研究的新走向前瞻二十一世纪的儒学》，《孔子研究》2000 年第 3 期。

李承贵：《当代儒学的五种形态》，《天津社会科学》2008 年第 6 期。

成中英：《第五阶段儒学的发展与新新儒学的定位》，《文史哲》2002 年第 5 期。

宋清员、汪德荣：《权力的四张面孔——基于先秦儒家政治思想的研究视角》，《理论导刊》2014 年第 11 期。

黄勇军：《权力论：黄宗羲对儒家政治合法性理论的复归与突破》，《湖南师范大学社会科学学报》2012 年第 4 期。

李若晖：《放逐君主：周礼权力结构解析》，《政治思想史》2017 年第 2 期。

徐瑾：《"德性"与"恶性"的形而上学分析——兼与江畅教授商榷》，《道德与文明》2013 年第 3 期。

张刚雁：《王阳明及王学简述》，《资料通讯》2002 年第 3 期。

黄万盛：《全球化视域中的儒家内圣外王之道》，《西安交通大学学报（社会科学版)》2007 年第 9 期。

单江东：《儒家道德权利与政治权利要义》，《北京行政学院学报》2015 年第 4 期。

王锋：《儒家伦理治道逻辑的权治观照》，《东南大学学报（哲学社会科学版)》2016 年第 9 期。

王庆新：《儒家王道理想、天下主义与现代国际秩序的未来》，《外交评论》2016 年第 3 期。

郑维伟：《儒家宪政主义：一个现实的乌托邦？》，《浙江社会科学》2013 年第 1 期。

胡锐军：《儒家政治秩序的基本设计体系》，《孔子研究》2007 年第 6 期。

孙闻博：《东郡之置与秦灭六国》，《史学月刊》2017 年第 9 期。

李若晖：《放逐君主：周礼权力结构解析》，《政治思想史》2017 年第 2 期。

王四达：《"治在道，不在圣"——一个失落的传统：道法家政治哲学发微》，《哲学研究》2013 年第 6 期。

王海成：《从"天命"到"道法"——黄老道家和先秦政治话语的转变》，《山西师大学报（社会科学版)》2013 年第 9 期。

黄静：《道家"无为而治"在公共行政管理中的意义》，《云南行政学院学报》2001 年第 4 期。

陈鼓应：《道家的社会关怀》，《传统文化与现代化》1997 年第 2 期。

吕锡琛：《道家官德论管窥》，《求索》2003 年第 2 期。

梅珍生：《道家视域：政治生活中的"民"》，《哲学研究》2015 年第 7 期。

林贻瑞：《浅谈古代行政管理中的辩证思想》，《中共福建省委党校学报》2001 年第 4 期。

杨泽波：《从以天论德看儒家道德的宗教作用》，《中国社会科学》2006 年第 3 期。

田文军：《德性之"仁"与规范之"仁"——简论早期儒家的"仁"说及其现代价值》，《道德与文明》2010 年第 5 期。

张顺、马骕：《韩非子权力制约观的当代启示》，《社会科学家》2013 年第 11 期。

赵鼎新：《"天命观"及政绩合法性在古代和当代中国的体现》，龚瑞雪、胡婉译，马得勇校，《经济社会体制比较》2012 年第 1 期。

黄书光：《教化权力之争：儒家教化思想主流地位的确立与发展》，《西北师大学报（社会科学版)》2005 年第 2 期。

干春松：《科举制的衰落和制度化儒家的解体》，《中国社会科学》2002 年第 2 期。

张春福、杨兴坤：《论我国传统行政伦理的特点、困境与经验》，《甘肃行政学院学报》2009 年第 2 期。

胡辉华：《论中国传统行政伦理》，《贵州社会科学》2007 年第 11 期。

宋清员、汪德荣：《权力的四张面孔——基于先秦儒家政治思想的研究视角》，《理论导刊》2014 年第 11 期。

李非、杨春生、廖晨、雷杰：《微观权力、法家思想与管理控制研究》，《管理学报》2016 年第 6 期。

唐凯麟、龙兴海：《现代理性视野中的传统行政伦理观——儒家官德思想的合理内核及其价值》，《求索》2004 年第 7 期。

李熠煜：《论道治——〈道德经〉对行政管理的启示》，《湘潭大学学报（哲学社会科学版）》1999 年第 1 期。

杨建祥：《试析儒家德位之辨中的敬位意识》，《上海行政学院学报》2007 年第 3 期。

王治伟：《朱熹公正思想论略》，《理论探索》2013 年第 6 期。

朱承：《论朱熹哲学中的公共性思想》，《哲学研究》2017 年第 5 期。

乐爱国、盛夏：《朱熹"格物"：即物穷理还是择善工夫——王阳明、张履祥的不同解读》，《孔子研究》2017 年第 4 期。

葛志毅：《重论阴阳五行之学的形成》，《中华文化论坛》2003 年第 1 期。

李震：《先秦阴阳五行观念的政治展开：以稷下为中心》，《管子学刊》2017 年第 3 期。

刘沁：《朱熹论"理一分殊"中的同一与差异》，《哲学动态》2020 年第 6 期。

汪学群：《朱熹对命的思考》，《湖南大学学报（社会科学版）》2013 年第 7 期。

龚振黔：《朱熹"气"的学说初探》，《贵州社会科学》1994 年第 2 期。

史少博：《朱熹"禀气"说与人的道德先在性》，《管子学刊》2006 年第 1 期。

周桂芹：《朱熹"格物致知"说学理价值评析》，《江西社会科学》2002 年第 6 期。

王政燃、张伟：《论朱熹的理气观》，《河北学刊》2013 年第 2 期。

石兰荣：《朱熹与王阳明"格物"说探析》，《求索》2012 年第 8 期。

梁韦弦：《儒家学说中的道和道统》，《福建师范大学学报（哲学社会科学版)》2009 年第 2 期。

魏义霞：《朱熹价值哲学研究》，《朱子学刊》2014 年第 1 辑。

杨国荣：《道与中国哲学》，《云南大学学报（社会科学版)》2010 年第 6 期。

3. 中文学位论文

周万春：《技术进步与行政发展研究》，湘潭大学博士学位论文，2015 年。

丁伟峰：《行政组织的自我规制研究》，吉林大学博士学位论文，2017 年。

冯含睿：《论政府理性》，吉林大学博士学位论文，2015 年。

赵瑛：《公共行政合法性：危机及出路》，浙江大学博士学位论文，2015 年。

廖炼忠：《当代中国行政伦理制度化研究》，云南大学博士学位论文，2014 年。

白华：《儒家礼学价值观研究》，郑州大学博士学位论文，2004 年。

宋新雅：《圣人之教——先秦儒家道德教化范式及其现代价值》，陕西师范大学博士学位论文，2016 年。

张亲霞：《先秦儒家君权思想的历史演变》，陕西师范大学博士学位论文，2005 年。

柴永昌：《先秦儒家、道家、法家君道论研究》，西北大学博士学位论文，2014 年。

张建英：《公德与私德关系的历史演进与当代建构》，中国矿业大学博士学位论文，2015 年。

丛日云：《基督教二元政治观与近代自由主义》，天津师范大学博士学位论文，2001 年。

4. 外文论著类

Arrow, Kenneth J., *Social Choice and Individual Values*, New York: John Wiley, 1963.

Borgmann, Albert, *Crossing the Postmodern Divide*, Chicago: University of Chicago

Press, 1992.

Cascardi, Anthony J., *The Subject of Modernity*, New York: Cambridge University Press, 1992.

Cooper, Terry L., N. Dale Wright, ed., *Exemplary Public Administrators: Character and Leadership in Government*, San Francisco: Jossey Bass, 1992.

Denhardt, Kathryn G., *The Ethics of Public Service: Resolving Moral Dilemmas in Public Organizations*, New York: Greenwood Press, 1991.

Foster, Hal, ed., *The Anti-Aesthetic: Essays on Postmodern Culture*, Port Townsend, Wash.: Bay Press, 1983.

Peter L. Strauss, *An Introduction to Administrative Justice in the United States*, Durham, NC: Carolina Academic Press, 1989.

Leo Strauss, *Natural Right and History*, Chicago and London: The University of Chicago Press, 1953.

Christopher Hodgkinson, *Administrative Philosophy: Values and Motivations in Administrative Life*, Oxford: Pergamon Press, 1996.

Herbert A. Simon, *Administrative Behavior: A Study of Decision-Making Process in Administrative Organization*, New York: The Macmillan Company, 1957.

Jun, J., *Public Administration: Design and Problem Solving*, New York: Macmillan, 1986.

Marshall Dimock, *Philosophy of Administration*, New York: New York University Press, 1957.

Terry L. Cooper, *Hand Book of Administrative Ethics* (*Second Edition*), New York: Marcel Dekker, 2001.

Charles Garofalo & Dean Geuras, *Ethics in the Public Service: The Moral Mind at Work*, Washington D. C.: Georgetown University Press, 1999.

James Q. Wilson, *Bureaucracy: What Government Agencies Do and Why They Do It*, New York: Basic Books, 1989.

后　记

本书受 2014 年国家社科基金青年项目"全球化视阈中的本土行政哲学体系构建研究"（编号：14CZZ037）资助。本书是在该项目结项成果的基础上调整、增删部分内容而形成。

我对行政哲学研究的兴趣，源起于 2005 年。在湘潭大学管理学院攻读硕士学位期间，我的导师颜佳华教授把我领进了行政哲学研究的大门。在攻读硕士学位的三年时光中，我的兴趣点主要集中于行政价值、行政文化、治理理论反思等领域，并与导师合作发表了几篇论文，初步完成了行政哲学研究的学术训练。2008 年，我进入复旦大学攻读博士学位。期间，我的导师邓正来教授倡导对"现代化范式"的深度反思，主张一种"根据中国"的研究思路，这样的致思路径深深地影响了我。在踏上工作岗位后，我逐渐将学术关注的重点聚集于中国理论、中国话语与中国问题，尝试基于中国的语境来研究中国、了解中国，而行政哲学与行政学基础理论正是我研究中国问题、提炼中国理论的一个切入点。本书的写作，可以说是我近十年来聚集中国行政哲学研究的一个理论总结。

本书的出版，要感谢学界的前辈和同仁们，本书引用和参考了大量哲学、政治学、历史学、行政学等领域的成果，这些成果为本书研究的展开提供了思路和灵感。感谢颜佳华教授，他的仁爱、友善、睿智、博学，让我无论是在为人还是为学上，都收益良多。感谢邓正来教授，他细致、乐观、专注、广结善缘，他的才识与人格魅力让人折服。尽管邓正来教授英年早逝，但他的思想与人格永远印刻于我的心灵。感谢我的工作单位和同事们，他们的包容、友善让我有着宽松、自由的工作环境。感谢人民出版社各位同志的细心工作和无私帮助。感谢我的家人，他们勤劳善良，为家庭默默付出，让我得以心无旁骛、潜心学术。

体系化的行政哲学研究要求有较高的学术素养和广博的知识，而我自觉才疏学浅、能力有限，虽心向往之努力尝试，但本书的广度和深度离学界的期待还存在着不小的差距，书中的谬误纰漏也在所难免，恳请各位同仁批评指正，以待日后完善。

责任编辑：陈百万
封面设计：徐　晖
版式设计：王　婷

图书在版编目（CIP）数据

中国特色行政哲学研究／王升平　著 . —北京：人民出版社，2022.4
ISBN 978－7－01－024459－4

I.①中… II.①王… III.①行政学－哲学－研究－中国　 IV.① D63－02

中国版本图书馆 CIP 数据核字（2022）第 013346 号

中国特色行政哲学研究

ZHONGGUO TESE XINGZHENG ZHEXUE YANJIU

王升平　著

人民出版社 出版发行
（100706　北京市东城区隆福寺街 99 号）

中煤（北京）印务有限公司印刷　新华书店经销

2022 年 4 月第 1 版　2022 年 4 月北京第 1 次印刷
开本：710 毫米 ×1000 毫米 1/16　印张：22.5
字数：288 千字

ISBN 978－7－01－024459－4　定价：65.00 元

邮购地址 100706　北京市东城区隆福寺街 99 号
人民东方图书销售中心　电话（010）65250042　65289539